传媒经济蓝皮书　BLUE BOOK OF MEDIA ECONOMY

中国传媒经济发展报告

2021

主　编　卜彦芳

执行主编　漆亚林　司思

中国国际广播出版社

中国传统经济发展报告

出品方

中国传媒大学经济与管理学院

中国传媒大学传媒经济研究所

联合出品方

中国社会科学院大学新闻传播学院

中国音乐学院艺术管理系

南开大学新闻传播学院

湖南理工学院新闻传播学院

四川警察学院四川公安舆情研究中心

成都大学传媒研究院

北京美兰德媒体传播策略咨询有限公司

顾 问

专家委员会

编 委 会

杨　勇　郑州大学新闻与传播学院教师、博士

姚　旭　中国传媒大学马克思主义学院副教授、硕士生导师

张学勤　四川警察学院四川公安舆情研究中心主任，博士，四川省广播影
　　　　视高等教育学会副会长

课　题　组

组　长：卜彦芳

副组长：漆亚林　司　思

成　员（按姓氏拼音排序）：

敖　嘉　董紫薇　方　涵　龚逸琳　贾子洋

蒋　含　李秋霖　刘　涛　刘　璇　刘月尚

卢肇学　罗　涛　马戴菲　沈小雨　唐嘉楠

田晓雪　夏阳宇　云　珂　翟春晓　张建友

周恩泽

主编简介

　　卜彦芳，中国传媒大学经济与管理学院教授、博士生导师。主要研究方向为传媒经济、媒介经营与管理、媒体融合、影视产业发展等。2007—2008 年在韩国首尔大学传播系从事博士后研究，2013—2014 年在美国北卡罗来纳大学教堂山分校新闻传播学院做访问学者。主持多项国家社科基金和教育部、北京市、国家广电总局等国家级和省部级课题，包括"形态·基因·模式：网生内容发展动力与趋势研究""三网融合背景下内容提供商的产业地位重塑及发展战略研究""娱乐类节目的内容引导与跨屏传播管理研究""京津冀一体化中的传媒生态位测算及生态圈构建研究"等。在《现代传播》《新闻大学》《中国广播电视学刊》等传媒领域重要期刊发表论文 60 多篇，出版《传媒经济理论》、《传媒经济学：理论与案例》（第一版和第二版）、《广播电视经营与管理》、《文化软实力探析：产业与贸易视角》等著作。主要学术兼职：天津体育学院运动与文化艺术学院客座教授、中广联西部学术研究基地研究员、中国认知传播学会常务理事、国际华莱坞电影学会理事、中国电视艺术交流协会视听艺术教育专业委员会常务理事、中国新闻史学会传媒经济与管理委员会常务理事。

　　漆亚林，中国社会科学院大学新闻传播学院常务副院长，教授、博士生导师。传媒经济学博士，广播电视艺术学博士后。主要研究方向为新闻实务、传媒经济、广电艺术。目前学术研究聚焦于媒体融合和环境传播。主持国家社科基金、教育部人文社科项目、中国青少年研究中心项目、中国社会科学院大学拔尖人才创新支持计划，以及人民网、上海大学等企事业单位委托的项目。在《新闻与传播研究》《现代传播》《电视研究》《中国电视》《新华文摘》等学术期刊发表（转载）论文 70 余篇。著有《中国电视剧农村女性形象研究》《模式与进路：中国都市报发展战略研究》等专著。主要学术兼职：中国传媒大学传媒经济研究所副所长、南开大学与上海大学兼职教授、中国电视艺术交流协会视听艺术教育专业委员会副会长、中国高等院校影视学会影视国际传播专业委员会理事、国际华莱坞电影学会理事、中国认知传播学会理事。

　　司思，中国音乐学院艺术管理系副教授、硕士生导师，艺术管理理论教研室主任。中国传媒大学传媒经济学博士，2008—2009 年由国家留学基金委资助赴美国凯斯西储大学联合培养博士项目，2012—2013 年在英国牛津大学路透新闻研究所做访问学者。历任商务部《中国经贸》杂志社编辑部主任、美国 USA Sino News 驻克利夫兰 NBA 体育记者。主要研究方向为文化艺术经济、产业集群、新媒体与音乐产业等。主持北京市社科重点课题、北京市教委课题、牛津大学路透新闻研究所课题、中国音乐学院课题以及多项横向课题。在英文 EI 索引、英文期刊及其他中文核心期刊发表中英文论文 30 余篇，英文编著 *Media and Entertainment Industry: The World and China* 等。主要学术兼职：中国传媒大学传媒经济研究所副所长、牛津大学路透新闻研究所访问研究员、中国音乐研究基地兼职研究员。

摘　要

《中国传媒经济发展报告（2021）》以中国传媒大学传媒经济研究所（IME）为核心，联合中国社会科学院大学新闻传播学院、中国音乐学院艺术管理系、成都大学传媒研究院等高校及业界、政府部门等众多专家编写而成。本书对中国传媒经济发展中的重要问题进行研究和分析，积极探索传媒内容生产创新、传媒市场发展、传媒商业模式、传媒新业态、传媒规制等相关层面的问题，深入挖掘2020年中国传媒经济的年度热点、最新动态、创新业态，并对2021年中国传媒经济发展态势进行展望。

2020年新冠肺炎疫情的突然暴发，使我国传媒经济的整体发展受到一定波及。而随着后疫情时代的到来，受疫情影响的传媒经济相关领域开始逐渐复苏。此外，过去一年中，我国的传媒经济发展还呈现如下明显变化：一是在内容生产与运营逻辑下，传媒产业坚持守正创新，通过"云综艺""慢直播"等新内容形态，实现了传媒产业的优化和升级；二是在发展与治理逻辑下，传媒产业着力打造新产业、新技术、新经济，进一步将数字经济作为转型发展方向，从数字化转型、技术赋权、生态建设等方面着手为媒体产业规划战略发展方向，形成了资源集约、结构合理、差异发展、协同高效的全媒体生产体系、传播体系、生态体系和产业体系；三是在融合逻辑下，媒体融合加快步入深水区，5G、云计算、AI、大数据、区块链等智能媒体技术的创新应用也为媒体融合向进一步纵深化发展做出了贡献；四是在产能优化逻辑下，传媒组织裁撤冗余部门、淘汰落后产能、再造发展引擎，有效推进了传媒经济领域的供给侧改革和高质量发展。

立足于当前互联网技术集群快速发展背景下的传媒经济发展主要特征

与产业规律，结合后疫情时代传媒经济发展变革的背景与现实条件，本书设总报告、内容生产、传媒市场、商业模式、传媒新业态、传媒规制等篇章，以展开对中国传媒经济的研究。

在总报告部分，对2020年传媒经济发展的五大新成就和推动传媒经济发展的五大新动能进行总结，力图发掘传媒经济的本质特征与关键影响因素，并对2021年传媒经济发展的三大趋势进行展望。

在内容生产篇，深入探讨广播电视、报业、网络视听、数字音乐、数字阅读等传媒经济相关领域的内容创新趋势，结合具体内容产品，对传媒业的内容生产新动态、新风向以及突出问题进行分析探讨，为内容生产创新提供策略建议。

在传媒市场篇，对传统电视、全网剧集、综艺节目、短视频等市场领域的发展现状、市场格局、传播特征及未来演变趋势等重要问题进行探讨，从市场格局变化透视中国传媒经济的显著特征与发展规律。

在商业模式篇，对互联网平台智能广告营销、视频网站超前点播以及直播经济等热点话题进行分析，结合具体实践案例对传媒商业模式创新中呈现的新突破及面临的新问题进行解读，并探讨了相关领域的未来发展趋势。

在传媒新业态篇，一方面，对5G、AI、云计算、大数据等智能技术应用于传媒产业所催生的全新生产力以及与之相匹配的生产关系和经济组织形式进行解读；另一方面，对体育传媒产业等新兴传媒业态的新特征、新模式、新动向进行梳理，既凸显了科技作为经济发展重要引擎驱动传媒产业持续升级的功能，也指明了传媒产业未来将面对的机遇与挑战。

在传媒规制篇，基于上层建筑适应生产力发展需要的视角，从宏观制度层面深度梳理了网络生态和平台经济的治理路径，包括在治理模式上提出多元主体共治的协同规划，在治理机制上形成权责并重、引导和规制相结合的政策运行机制等，展现了一个稳定高效的传媒制度框架正在趋向完备和成熟。

与其他传媒类行业报告相比，《中国传媒经济发展报告（2021）》重点强调后疫情时代传媒经济的新特征与新面貌、传媒经济的未来发展特征、新生产力与生产关系在传媒领域的变革趋势等问题。本书以传媒经济为研究对象，从推动传媒经济发展的五大动能出发，紧扣 2020 年传媒经济的整体运行状况、内容生产、市场结构、商业模式、新业态与规制等方面进行探讨，对于传媒经济的后续学术研究和实践创新具有重要的理论价值和实践参考意义。

关键词：传媒经济；传媒市场；商业模式；传媒新业态；传媒规制

目 录

Ⅰ 总报告

Ⅱ 内容生产篇

Ⅲ 传媒市场篇

| 总报告

B.1
中国传媒经济 2020 年发展回顾与 2021 年前瞻

卜彦芳　刘涛[①]

摘　要： 疫情突然来袭，传媒经济发展在 2020 年开局遭受巨大影响。随后，传媒产业与中国经济一起走出低谷，创造了发展新轨迹，也取得了新的成绩：坚持守正创新，开拓内容与产业运营新形态；做强做优，实现传媒经济发展与治理并重；媒体融合加快步入深水区；强化资源整合，推进传媒经济的供给侧改革和高质量发展。用户、技术、商业模式、内容创新和资本构成了 2020 年中国传媒经济发展的五大新动能。展望 2021 年，传媒经济呈现以下趋势：加强规制，引导传媒经济规范化发展；技术升级，赋能传媒经济智能化发展；遏制垄断，促进传媒经济有序化发展。

关键词： 传媒经济；发展成就；发展动能；发展趋势

一、2020 年中国传媒经济发展五大新成就

（一）走出疫情，传媒经济创造发展新轨迹

2020 年初，新冠肺炎疫情突然暴发，传媒经济不可避免地受到波及和

---

① 卜彦芳，中国传媒大学经济与管理学院教授，主要研究方向为传媒经济、媒介经营与管理、媒体融合、影视产业发展等；刘涛，广州大学新闻与传播学院讲师，中国传媒大学传媒经济学博士研究生。

影响。随着后疫情时代的到来，传媒经济逐步恢复增长和繁荣。

疫情暴发后，随着国民经济的发展受到阻碍，传媒经济也受到极大影响，广告、文化表演、电影、出版等许多行业陷入了发展困境。以电影产业为例，受疫情影响，电影制作与院线营业在 2020 年第一季度急剧下滑，陷入冰冻状态。据统计，2020 年第一季度，24 家在 A 股上市的影视公司中有 17 家的净利润为负。万达集团旗下的万达电影亏损超过 6 亿元，同比下降幅度达到 249.75%，而包括中国电影、华谊兄弟、横店影视和金逸影视在内的 7 家上市影视公司亏损全部超过 1 亿元。[①] 据企查查数据显示，自 2020 年 1 月起，不到半年的时间内，共有 13000 余家影视公司注销或吊销，远超 2019 年全年注销影视公司数量。[②]

经过了一年多的抗疫历程并执行了严密的防控措施，国内疫情基本得以控制，但新增病例仍时有发现，疫情似乎成为一种长期面临的挑战——所谓"新常态"。传媒经济也必须做出更多的应对，在优化内容生产能力、推进传媒数字化转型、创新传媒商业模式、匹配社会生产生活方式、应对市场反弹与激烈竞争等方面，进行持续创新和转型。

我国疫情防控以一种常态化的方式深入社会各个领域，并推动社会经济生活逐渐回归正轨。在这个过程中，国民的心态也发生了重大的变化，由一开始的迷茫与恐慌逐渐转变为稳定与理性。人们在配合国家防疫政策和措施的前提下，认识到在疫情防控常态化场景下应该调整回正常的工作和生活轨道，产业消费规律逐渐回归，许多行业出现了恢复性增长，传媒经济领域受到疫情抑制的相关行业也开始复苏。以电影行业的恢复性增长为例，2021 年春节档（2 月 11 日至 2 月 17 日）票房达 78.45 亿元，观影人次接近 1.6 亿。这一票房表现打破了 2019 年春节档创下的 59.06 亿元票

① 前瞻网 .2020 年中国电影行业市场现状及发展趋势分析 疫情后龙头连锁竞争优势终将凸显 [EB/OL].（2020-05-15）. https://www.sohu.com/a/395311376_114835.

② 新浪财经 .13000 家影视企业"消失"了，2020 年电影行业太难了 [EB/OL].（2020-06-12）. https://baijiahao.baidu.com/s?id=1669309359345317413&wfr=spider&for=pc.

房纪录，创春节档票房新纪录。[①] 必须说明的是，上述票房业绩还是在严格进行疫情防控、人们戴着口罩观影和影院只能开放部分座位的场景下创造出来的。春节电影档的火爆，说明了传媒产业消费规律的回归。

值得注意的是，电视大屏收视在 2020 年获得逆势增长，这被普遍认为和疫情带来的特殊居家视听场景相关。2020 年全年电视收视用户每日户均收视时长达到 5.85 小时（见图 1），同比上涨了 12.9%——这与疫情期间人们减少出行、家庭场景比重上升、电视公信力凸显等因素有关。其中，在疫情暴发最严重的 2 月，受国民减少外出、居家抗疫和社会停工停产等因素影响，电视收视用户的收视时长为全年最高，每日户均收视时长达6.5 小时。[②]

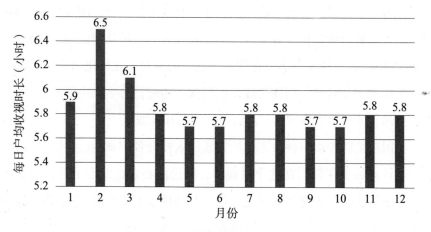

图 1 2020 年全年电视收视用户每日户均收视时长

数据来源：中国视听大数据《2020 年年度收视综合分析》。

在党和国家的领导和部署下，疫情防控措施不断优化，国民经济得到恢复，传媒经济也出现整体向好的趋势。国家广播电视总局统计，2020 年

---

① 中新经纬.创新高！牛年春节档 78.45 亿收官，近 1.6 亿人次观影［EB/OL］.（2021-02-18）. http://www.jwview.com/jingwei/html/02-18/381682.shtml.

② 中国视听大数据.中国视听大数据 2020 年年度收视综合分析［EB/OL］.（2021-01-08）. https://mp.weixin.qq.com/s/lpqJQeilxlpty2ZbBXXnMg.

全国广播电视行业总收入为 9214.60 亿元，同比增长 13.66%。[①] 国家统计局在 2021 年 1 月 31 日发布的数据显示（见表 1），根据对全国 6 万家规模以上文化及相关产业企业的调查，2020 年，上述企业实现营业收入 98514 亿元，按可比口径计算，比上年增长 2.2%（前三季度下降 0.6%）。新闻信息服务营业收入增幅最大，比上年增长 18.0%。其次是创意设计服务。文化娱乐休闲服务营业收入的下降幅度最大，比上年下降了 30.2%。[②]

表 1　2020 年全国规模以上文化及相关产业企业营业收入情况

	绝对额（亿元）	比上年增长（%）		所占比重（%）
		全年	前三季度	
总　　计	98514	2.2	-0.6	100
按行业类别分				
新闻信息服务	9382	18	17	9.5
内容创作生产	23275	4.7	4.1	23.6
创意设计服务	15645	11.1	9	15.9
文化传播渠道	10428	-11.8	-16.5	10.6
文化投资运营	451	2.8	0.2	0.5
文化娱乐休闲服务	1115	-30.2	-39.9	1.1
文化辅助生产和中介服务	13519	-6.9	-9.5	13.7
文化装备生产	5893	1.1	-3.4	6
文化消费终端生产	18808	5.1	0.8	19.1

数据来源：国家统计局网站。

2021 年 4 月 17 日，国家统计局公布了 2021 年第一季度国民经济数据。经初步核算，我国第一季度国内生产总值（GDP）达到 24.93 万亿元，

① 国家广播电视总局 .2020 年全国广播电视行业统计公报［EB/OL］.（2021-04-19）. http://www.nrta.gov.cn/art/2021/4/19/art_113_55837.html.
② 国家统计局 .2020 年全国规模以上文化及相关产业企业营业收入增长 2.2%［EB/OL］.（2021-01-31）. http://www.stats.gov.cn/tjsj/zxfb/202101/t20210129_1812934.html.

按可比价格计算，同比增长 18.3%。① 中国经济的增长在全世界来看表现非常突出，在国家经济保持稳定发展的大环境下，我国传媒经济的发展也将迎来进一步利好。

（二）守正创新，开拓内容与产业运营新形态

从疫情暴发到疫情防控常态化，传媒经济面临着不同阶段的挑战。内容的生产和运营是传媒产业的核心环节，传媒产业必须坚持守正创新，努力开拓内容与产业运营新形态，从而真正实现传媒产业的优化和创新。

在疫情暴发之初，广播电视行业推出了"云综艺""慢直播"等创新手法。以慢直播为例，央视频的大型网络慢直播"与疫情赛跑"采用 24 小时不间断直播的方式，聚焦武汉火神山、雷神山医院的建设现场，凝聚了数千万人的目光，牵动着中华儿女的心。慢直播以一种意想不到的方式被受众接受，并在之后更加广泛地应用在内容生产领域。当疫情对中国电影的生产制作和发行放映构成全产业链冲击的时候，诸多电影公司和电影项目也在纷纷寻找创新路径进行自救。电影《囧妈》一改春节档电影在实体院线公映的传统，进行线上免费公映，引发轰动，一举获得 6.3 亿元合作费和 200 万付费会员。②《囧妈》的线上免费公映同时也引发了各种不同的声音，各方反响不一，有观点表示这是一次创新和自救，也有电影院线人士持强硬的反对态度。这些激烈的争论和探讨，不仅代表着危机来临之时因思维方式不同带来的路径选择差异，而且也可能在后疫情时代触发更多的创新模式与突围方式。

在"疫情防控常态化"语境下，压力与活力、机会与风险共存，构成了传媒产业发展的新语境。守正创新是传媒业始终坚持的原则。2021 年，全球疫情仍然未得到完全阻断，甚至在印度等国家还出现了集中性暴发，

---

① 国家统计局.2021 年一季度国内生产总值初步核算结果［EB/OL］.（2021-04-17）. http://www.stats.gov.cn/tjsj/zxfb/202104/t20210416_1816518.html.

② 周锐.付费用户超 200 万，欢喜传媒与《囧妈》的"阳谋"成功了吗？［EB/OL］.（2021-03-08）.https://new.qq.com/omn/20200308/20200308A0Q38100.html.

病毒变异的情况也更加复杂，疫情防控形势依然严峻，防疫工作容不得半点松懈。如前所述，2021年春节电影档在严格进行疫情防控的形势下获得了优异的票房成绩，除了消费回暖的原因以外，也得益于优质电影作品自身所具备的强大吸引力。这说明，传媒文化产业依然要重视内容创新、服务创新、渠道创新和营销创新，从而在面临疫情挑战时拥有更加健康的产业活力。诚然，越是在充满挑战的时代，人们越需要具有价值的文化内容，社会越需要具有引领力和创新力的内容产品。对于传媒产业而言，这也是加快媒体融合、创新内容产品、优化产业生态、调整产业结构的关键时机。

（三）做强做优，传媒经济发展与治理并重

做强做优，是近年来推动传媒产业发展的重要思路，打造新产业、新技术、新经济，可以带来媒体行业发展的新动能。2020年以来，主流媒体集团从顶层设计出发，进一步将数字经济作为转型发展方向，制定了适应新媒体传播格局和数字经济发展趋势的战略规划，并从数字化转型、技术赋权、生态建设等方面规划传统媒体的战略发展方向，以形成资源集约、结构合理、差异发展、协同高效的全媒体生产体系、传播体系、生态体系和产业体系，重构互联网内容生态，增强发展数字经济的产业能力。2020年11月5日发布的《国家广播电视总局关于推动新时代广播电视播出机构做强做优的意见》中指出，要推动新时代广播电视播出机构做强做优，要坚持旗帜鲜明讲政治，坚持以人民为中心，坚持新发展理念，坚持融合发展，坚持推进治理现代化。

做强做优传媒产业，就是让传媒产业做得更好更强，而不是简单地追求规模的扩大。要提高技术研发水平，要打破小而全、大而全的观念，要积极吸收和充分利用先进的传播技术，通过各种方式和渠道为推进媒体融合发展提供便利条件和坚实保障。

做强做优传媒产业，还要坚持传媒经济发展与治理并重。2020年以

来，一批有针对性的政策相继出台。以直播电商为例，2020 年 11 月 12
日，国家广播电视总局发布《关于加强网络秀场直播和电商直播管理的通
知》，针对大量涌现的网络秀场直播和电商直播提出了相应的指导和监管
措施，旨在加强网络秀场直播和电商直播的规范化运营，强化导向和价值
引领，通过创造一个健康的产业生态，防范并遏制低俗、庸俗、媚俗等不
良风气滋生蔓延。对传媒产业和数字经济而言，在强化监管、加强治理的
环境下实现健康运营，是其持续发展的关键。

（四）深度融合，媒体融合加快步入深水区

2020 年，一系列与媒体深度融合相关的重大文件陆续出台。2020 年 6
月 30 日，《关于加快推进媒体深度融合发展的指导意见》审议通过，强
调推动媒体融合向纵深发展。2020 年 9 月，《关于加快推进媒体深度融
合发展的意见》发布，明确了媒体深度融合发展的总体要求。2020 年 11
月 3 日，《中共中央关于制定国民经济和社会发展第十四个五年规划和
二〇三五年远景目标的建议》发布，提出"推进媒体深度融合，实施全媒
体传播工程，做强新型主流媒体，建强用好县级融媒体中心"，将推进媒
体深度融合作为"十四五"规划中"繁荣发展文化事业和文化产业，提高
国家文化软实力"的重点任务。

当互联网的发展进入下半场，深度融合战略带领媒体发展步入新时
代。主流媒体积极拓展新兴媒介平台，既在新浪微博、微信公众号、抖
音、快手、今日头条、哔哩哔哩等平台上稳住阵脚，实现"借船出海"；
又在央视频、芒果 TV、新闻客户端等自有新型平台的打造上开拓创新，
力求"造船出海"。在内容生产领域，主流媒体更是全面推动融媒体转型，
形态多元、信息丰富、体验更佳的融媒体报道彰显了媒体深度融合发展的
内容生产力。

当疫情暴发之时，来自湖北的长江云平台建立了全国性、战略性的
战"疫"集结号，通过在全国范围内进行召集，首创性地完成了抗疫媒体

矩阵的集结。他们还利用先进技术承办湖北省防控指挥部和国新办在鄂新闻发布会，实现了中国广电 5G 实战应用和无接触式发布机制，堪称全球首创。

当新闻资讯聚合账号凸显庞大价值势能时，以"四川观察"为代表的融媒体账号开始"出圈"。作为四川广播电视台打造的融媒体产品，"四川观察"已经成为国内同级广电媒体进行媒体融合转型的样板。"四川观察"发挥广电媒体在视频制作方面的优势，通过融媒体矩阵进行创新生产和投放，打造品质高、品牌优的 IP，不仅在互联网平台上聚集了海量的粉丝，而且得到央视新闻点赞表扬，引得国内同行和各类融媒体机构纷纷学习借鉴。①

此外，媒介技术的创新应用进一步为媒体融合的纵深化发展提速。媒体融合发展是以技术创新为主导的媒介革命。以"融合"技术为起点，抢占新媒体、新产业、新技术和新经济的制高点，优化平台建设和布局，创新制作和发布内容。媒体不仅是新思想、新观念和新文化的传播者，也是新技术、新技能、新应用的实践者。使用 5G、云计算、大数据、物联网、人工智能、虚拟仿真等技术，可以深化创新思维，更好地适应传媒分众化、个性化和差异化的信息需求，从而在信息无所不及、无处不在、无人不用的时代，充分发挥好全程媒体、全息媒体、全员媒体、全效媒体的功能，进而真正推动媒体融合发展走向纵深。当下，各类新传播技术的出现，为媒体深度融合发展提供了引擎和加速器。

2020 年"两会"期间，新华社使用 5G 和全息成像技术打造令人耳目一新的访谈节目，不仅让用户得到了前所未有的体验，还引发了业界和学界的高度关注。2020 年 5 月 18 日，新华社发布了一系列 5G 全息异地同屏系列访谈，程桔、罗阿英、蔡卫平等来自基层和抗疫一线的全国人大代表以一种全新的方式出现在屏幕上，生动地讲述了他们履职期间的动人故

---

① 杨余. 重磅！2020 年全国广电媒体融合调研报告 [EB/OL]. (2020-12-24). https://lmtw.com/mzw/content/detail/id/196062.

事。5G全息异地同屏系列访谈使用全息成像技术，借助于5G网络传输的千兆级的超高带宽和毫秒级的低延时，让远在外地的全国人大代表们以真人同比例大小的高逼真影像出现在演播间中，与栏目记者实现"面对面"的同屏实时交流，创造了5G时代远程同屏访谈的先河，实现了虚拟现实技术在传媒节目生产领域的创新性运用。2020年5月25日，工信部部长苗圩在十三届全国人大三次会议第二次"部长通道"采访中专门提到了5G的三种应用场景，其中之一就是新华社在"两会"期间推出的5G全息异地同屏系列访谈节目。[1]随着5G网络设施的建设和基站数量的增加，未来将会有越来越多的应用场景，传媒产业将有更多的可能整合运用各种前沿技术，媒体融合的程度将会进一步加深。

（五）"关停并转"，推进供给侧改革和高质量发展

2020年，在进一步做强做精融媒体、推进传统媒体供给侧改革的大背景下，以电视台和报社为代表的主流媒体裁撤冗余部门、淘汰落后产能、再造发展动能，"关停并转"既是无奈之举，也代表着传媒资源整合走进深水区。

报业近些年的整合趋势非常明显。纸质媒体通过休刊、停刊和调整刊期来淘汰过剩产能、优化媒体供给的方式变得颇为常见。2021年元旦之前，又有近30家纸质媒体宣布休刊或停刊，其中包括《铜都晨刊》《益阳城市报》《内江晚报》《皖北晨报》《皖东晨报》《德阳晚报》《广元晚报》《漯河晚报》等一批区域性报刊。《东莞时报》不仅转身为《莞邑少年》，而且出版周期由日报变更为周报。[2]2020年11月5日凌晨，《成都日报》发布《事业单位注销公告》称撤销成都晚报社——《成都晚报》继2019年3月宣布休刊后进一步注销了事业单位编制。

---

① 新华社.苗圩在"部长通道"上点赞新华社5G全息异地同屏访谈［EB/OL］.（2020-05-26）.http://www.xinhuanet.com/info/2020-05/26/c_139088364.htm.
② 张博.近30家纸媒扎堆停刊：只是新闻的破茧 不是道别的时候［EB/OL］.（2021-01-19）.https://mp.weixin.qq.com/s/eHvIqzXwzBPzEIg3S60vaA.

2020 年，广电领域相关的调整动作频频，"关停并转"也颇为引人注意。2020 年伊始，上海广播电视台就拉开了变革的大幕——上海纪实频道和艺术人文频道合并为纪实人文频道，东方电影频道和电视剧频道合并为东方影视频道。2020 年 8 月，上海广播电视台的广播频率又进行了较大的调整，东广新闻资讯广播撤销，原"东方都市广播"调整为"长三角之声"；2020 年 3 月 25 日，湖南广播电视台时尚频道停播；2020 年 8 月 1 日，浙江广播电视集团主动关停了开播近 20 年的浙江电视台第五套节目影视娱乐频道；2020 年 8 月 15 日，广东广播电视台珠江电影频道停播……以关停、合并、转让为主要手段的机构改革只是第一步，接下来的资源整合与再造才是重头戏。在理想状况下，整合后的主流媒体应当能够重新配置资本、人才、技术等要素并将其投入效益最高的生产部门，在取得资源配置效率最优的基础上进一步追求生产效能的提升，实现传媒资源与生存机会的"再造"。2020 年，福建省广播影视集团旗下的海峡卫视与东南卫视合并成立卫视中心，"双卫视"的整合引发社会关注。福建省广播影视集团高层强调，海峡卫视与东南卫视的合并不是简单地做减法，而是探索一种深度融合的路径，通过新成立的卫视中心来整合主流媒体的资源，释放家国情怀、人文情怀和融合传播的价值。[①] 由此可见，传媒机构已经充分认识到"关停并转"并不是权宜之计，而应通过资源的重组来实现传媒竞争力的再造，通过组织结构的变革来理顺体制机制，结合运营模式和分发渠道的创新，来达到理念变革、组织变革、机制变革、流程变革、渠道变革和场景变革的目的。

近年来，推进传媒产业的供给侧改革和高质量发展呼声很高，在媒体融合实践中，结合政策导向、产业发展趋势和媒体具体情况进行相应调整，已经成为媒体改革的突围方向。通过"关停并转"来推动精简精办、

---

① 东南卫视.专访陈加伟、洪雷：东南卫视、海峡卫视如何"双星合璧"？[EB/OL].（2020-10-26）.https://k.sina.cn/article_1592146353_5ee639b101900uah6.html?kdurlshow=1&mod=r&r=0.

淘汰落后产能，是提升媒介运转效率的路径之一，也是集中资源加快媒体融合的有效手段，亦能有效推进传媒产业的供给侧改革和高质量发展。

二、2020 年中国传媒经济发展五大动能

（一）挖掘用户价值：多元因素推动数字用户增长

在各种形势交织的 2020 年，对用户价值的挖掘仍然构成中国传媒经济发展的动能，主要体现在以下几个方面。

首先，网民群体规模继续增长扩充了传媒市场的用户价值。截至 2020 年 12 月，我国网民规模已经达到史无前例的 9.89 亿，相较 2020 年 3 月足足增长了 8540 万。[①] 我国的 9.89 亿网民是世界上规模最大的网民群体，超过七成的互联网普及率也高出全球平均水平。随着互联网的普及和应用水平的不断提高，更多的人可以享受到互联网带来的便利。2020 年网民数量的进一步增加、移动网民数量比例的提升、互联网基础设施的完善，都将使得传媒经济有望获得更大的用户红利。

其次，网络用户结构不断发生明显的变化。在网络用户城乡结构方面，延续了 2019 年的下沉趋势，由于城乡用户结构和区域发展水平不一而带来的数字鸿沟不断被缩小。截至 2020 年 12 月，我国城镇网民规模为 6.80 亿，农村网民规模为 3.09 亿，城镇与乡村地区的互联网普及率差异进一步缩小。在网络用户区域结构方面，出现"从东到西"的迁移特征，中西部网民用户增长较快。截至 2020 年 12 月，中西部网民规模较 2016 年增长 40%，增速较东部地区高出 12.4 个百分点，说明中西部地区的网络用户增长势能更为强劲。在网络用户年龄结构方面，一方面，以"00 后"为主的青少年群体引人注目，新增网民中 20 岁以下网民占比较该群体在网民整体中的占比高 17.1 个百分点；另一方面，"银发族"群体扩大，随着

---

① 中国网信网 . 第 47 次《中国互联网络发展状况统计报告》（全文）［EB/OL］.（2021-02-03）. http://www.cac.gov.cn/2021-02/03/c_1613923423079314.htm.

老龄化社会的到来和中年老人触网用网程度加深，新增网民中 60 岁以上网民占比较该群体在网民整体中的占比高 11.0 个百分点。截至 2020 年 12 月，我国已有近 2.6 亿 50 岁以上网民和 1.6 亿 20 岁以下网民。①

最后，疫情极端化场景催生数字用户价值。疫情推动生活服务行业数字化转型，线下场景加快向线上场景转化。数据显示，2020 年我国社会消费品零售总额下降了 3.9%，但网上实体商品销售总额却增长了 14.8%，占社会消费品零售总额的 24.9%。② 近年来，生活服务业数字化转型步伐加快，为大众的日常生活带来了各种全新的体验，也为社会经济发展注入了全新的动力。2020 年疫情的极端化场景带来的无接触化需求进一步强化了这种数字化趋势，并带来了数字化用户的加快增长。2020 年 7 月，《中国生活服务业数字化发展报告（2020 年）》指出，中国服务业中数字经济占产业增加值的比重达到 38%，是三大产业中数字化程度最高、转型速度最快的。③

（二）推进技术升级：传媒技术全面深化媒体融合

人类传播技术发展史已经证明，新技术的出现与写作、印刷、电子通信等传播模式中的所有变革密切相关。当下，各类全新的传媒技术正在加快研发和应用。2020 年，国家出台的《关于加快推进媒体深度融合发展的指导意见》等文件强调，推动媒体融合向纵深发展必须以先进技术为支撑。以 5G、大数据、云计算、人工智能、区块链、物联网为代表的传媒技术已经构成了推动媒体融合的关键动能。传媒技术的发展在 2020 年还出现了一些新特征。

首先，疫情催动传媒技术协同与创新。在此次疫情信息传播中，新兴

---

① 中国网信网.第 47 次《中国互联网络发展状况统计报告》（全文）［EB/OL］.（2021-02-03）.http://www.cac.gov.cn/2021/02/03/c_1613923423079314.htm.

② 中新经纬.国家统计局：2020 年社会消费品零售总额同比下降 3.9%［EB/OL］.（2021-01-18）.http://www.jwview.com/jingwei/html/01-18/375451.shtml.

③ 韩鑫.我国服务业数字经济占行业增加值比重已达 38% 服务业加速数字化［EB/OL］.（2020-07-29）.http://it.people.com.cn/n1/2020/0729/c1009-31801796.html.

传媒技术在传播创新方面发挥了关键支撑作用。当各类传媒技术不断协同合作并与内容生产相结合时，便产生了广阔的传播应用场景，衍生出一大批新型传媒产品。"云录制"就是疫情催动传媒技术协同与创新的典型应用（见表 2）。"云录制 + 真人秀""云录制 + 音乐""云录制 + 脱口秀""云录制 + 美食秀"等技术和创意的结合方式，创造了"创意驱动"和"技术协同"的新颖价值。"云录制"不仅保证了节目录制和更新的生产效率，而且催化了各类传媒技术的协同联动。[①]

表 2　2020 年疫情期间采用"云录制"的部分综艺

播出平台	节目名称	节目类型
湖南卫视	《天天云时间》	云微综——智趣类脱口秀公益节目
	《嘿！你在干嘛呢？》	云微综——分享互动生活创意秀
	《歌手·当打之年》	真人秀——音乐竞技节目
	《声临其境 3》	真人秀——原创声音魅力竞演秀
东方卫视	《云端喜剧王》	云微综——喜剧竞演综艺
浙江卫视	《我们宅一起》	云微综——增强现实版朋友圈互动分享秀
山东电视综艺频道	《我是大明星》冠军之战	真人秀——金牌达人选秀类
	《百变歌王》	云微综——趣味猜评互动竞唱节目
	《当红不让》	云微综——互动真人秀
爱奇艺	《宅家运动会》	云微综——明星居家体育健身类
	《宅家点歌台》	云微综——音乐治愈互动类
	《宅家猜猜猜》	云微综——明星声音猜想互动秀
优酷	《好好吃饭》	云微综——全明星公益直播节目
	《好好运动》	云微综——"宅生活"直播节目
腾讯视频	《鹅宅好时光》	云微综——明星陪伴抗疫

资料来源：影视制作公众号。

---

① 陈晨，李丹 . 综艺"云录制"并不简单，原来背后藏着这么多技术亮点［EB/OL］.（2020-03-27）. https://mp.weixin.qq.com/s/CS_iV9tG7UylajVUpONOuA.

其次，技术新基建促进传媒经济发展和媒体融合转型。5G是技术新基建的典型代表，在2020年获得了超常规的发展。如果把2019年称为"5G商用元年"，那么根据公开数据显示，2020年中国新建5G基站58万个，已投入使用的5G基站超过70万个，是世界其他国家建设总和的两倍。① 目前，在5G网络的强大支持下，5G信号已基本实现了持续覆盖，各类智能技术应用创新速度不断加快，中国传媒产业已经正式迈入5G智能时代。

在5G智能环境下，以智造、智荐、智享等为特征的新型传媒内容生产与传播格局正在形成。在内容智造环节，5G、人工智能、大数据、云计算等智能技术纷纷投入内容生产中，所造就的技术生产力、数据生产力、场景生产力、连接生产力与融合生产力相叠加，人类智慧与机器智慧的融合程度正在日益加深；在平台智荐环节，智能技术运用于内容精准营销过程中，智能算法与移动计算技术相结合正在使虚拟现实转换、场景无缝对接逐渐变为现实；在用户智享环节，智媒用户的跨平台联动消费、全维度感知消费、人机互动消费等行为特征正在激发传媒新业态、新商业模式的创新活力，场景经济、社群经济、体验经济、零工经济、共享经济、数字经济、耳朵经济等一大批新经济正在迎来爆发期。

经过多年的发展，移动互联网即将迎来新一轮的升级浪潮。从实时通信到音频和视频，各项基础技术已经从研发走向应用，应用成本也大大降低。计算能力的迅速提高将给信息接触和人机交互方式带来更丰富的变化。这是一个从量变到质变的过程，实现了线上线下相结合、物理手段与电子手段相结合、虚拟世界与现实世界相结合。从消费互联网到工业互联网，各类全新的应用场景已经开放。这些与传媒技术密切相关的新基建、新经济和新产业也将进一步全面深化媒体融合发展。

① 刘定洲. 盘点2020之中国铁塔：做好5G共享 两翼展翅高飞［EB/OL］.（2020-12-31）. http://www.c114.com.cn/news/4564/a1149202.html.

（三）寻找盈利模式：直播电商引领商业模式创新

在媒体融合转型的大时代中，传媒产业一直致力于重构其产业生态和商业模式。由于新媒体带来的产业生态变化，传统媒体的用户大量流失，"入口"地位丧失，而各种各样的互联网"超级入口"不断出现，广告主大量转移到互联网，新媒体广告份额不断增加，传媒产业"二次销售"的商业模式持续遭受挑战。近两年，直播电商从"野蛮生长"到全面爆发，充分体现了数字经济时代的发展动能。2020年的新冠肺炎疫情使实体经济大受影响，日常经济生活模式遭到破坏，传统的线下销售模式受到冲击，这些综合因素进一步将直播电商推到了产业爆发的风口。

2020年被称作"直播带货元年"。在技术迭代更新、疫情限制出行、用户规模扩大、网红经济发展与直播平台入局等因素的共同作用下，直播带货成为年度热点话题。在用户规模扩张方面，截至2020年12月，我国网络直播用户规模达到6.17亿，其中直播电商用户规模达到3.88亿（见图2、图3）。[①]直播带货行业发展突飞猛进，成为阿里系、腾讯系、今日头条系等互联网巨头竞相争夺的赛道。无论是从行业规模和商业价值，还是从生活关联度和消费影响力来看，直播带货都构成了一个现象级产业。"网红＋直播＋电商"的组合成为电商渠道最火热的销售模式。

截至2020年12月，我国直播电商用户规模为3.88亿，而上一次统计时（2020年3月），这一数据为2.65亿，9个月的统计周期内足足增长了1.23亿，增长率达46.42%，在各类直播应用中增长速度最快（见图3）。[②]

---

① 中国网信网.第47次《中国互联网络发展状况统计报告》（全文）[EB/OL].（2021-02-03）.http://www.cac.gov.cn/2021/02/03/c_1613923423079314.htm.

② 微热点大数据.2020年度直播电商行业网络关注度分析报告[EB/OL].（2021-02-04）.https://view.inews.qq.com/a/20210204A07SKK00.

图2 2016—2020年中国网络直播用户规模及使用率①

数据来源：CNNIC第47次《中国互联网络发展状况统计报告》。

单位：亿人

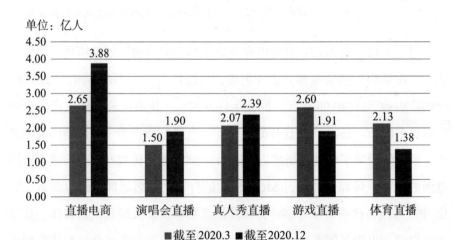

图3 2020年不同网络直播类型用户规模对比

数据来源：微热点大数据研究院《2020年直播电商行业网络关注度分析报告》。

2020年，中国直播电商市场规模达到9610亿元，同比大幅增长121.5%。预计2021年直播电商整体规模将继续保持较高速增长，规模将

---

① 中国网信网．第47次《中国互联网络发展状况统计报告》（全文）［EB/OL］．（2021-02-03）．http://www.cac.gov.cn/2021-02/03/c_1613923423079314.htm.

超过 12000 亿元（见图 4）。①

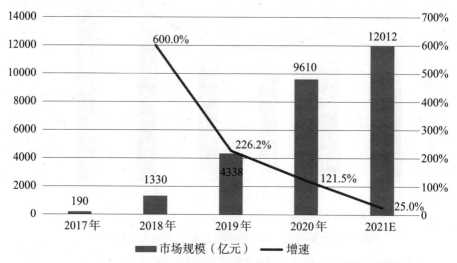

图 4　2017—2021 年直播电商市场规模

数据来源：微热点大数据研究院《2020 年直播电商行业网络关注度分析报告》。

　　对于传媒产业而言，直播电商凸显了巨大的价值。如前所述，传媒产业"二次销售"的商业模式正在坍塌，传统广告收入不断下滑。2020 年，全国广告收入 1940.06 亿元，同比下降 6.52%，其中传统广播电视广告收入同比下降 20.95%。② 在这样的形势下，直播电商作为一种新型的商业模式，给媒体带来了极大的诱惑力。因而，2020 年是传媒产业全面进军直播电商的一年，传媒产业通过 MCN 机构的打造、知名媒体人跨界带货、孵化 IP、与社会机构合作等多种方式涉足直播电商。人民日报新媒体、新华社客户端、央视新闻客户端组成的中央媒体机构和各省市县级媒体机构纷纷在直播电商领域发力，取得了较为火爆的销售业绩。各大媒体也逐渐意识到，直播电商把用户、供应链、内容生产者、广告商等要素串联起来，形成了全新的产业生态，创造了新的盈利模式。媒体当下所面临的困局，

① 艾媒网 . 2020 年 11—12 月中国直播电商行业热点动态及热度大数据监测分析［EB/
　　OL］.（2021-01-23）. https://www.iimedia.cn/c1020/76653.html.
② 国家广播电视总局 . 2020 年全国广播电视行业统计公报［EB/OL］.（2021-04-19）.
　　http://www.nrta.gov.cn/art/2021/4/19/art_113_55837.html.

用户的断裂和失联是非常重要的原因,传统媒体渠道正遭受着巨大冲击。直播电商作为当下媒体环境中的新经济模式,可以帮助媒体重新建立与用户的有效联系,在实现用户连接、积累和沉淀的基础上,探索新的商业模式,找到盈利的空间。[①]

进入 2020 年下半年后,直播带货也遭遇了许多新情况。造假、卖假等乱象引起社会广泛口诛笔伐,来自政府部门的监管重重加码,以及平台处罚力度的增加,令直播带货的"野蛮生长"开始逐步走向规范化。在遭遇一系列负面事件与政府规制后,直播带货如何实现健康发展,将是社会关注的重点问题。

(四)打造内容蓝海:适应传媒环境变化调整生产

内容,是传媒产业提供产品和服务的核心资源。随着传媒环境的剧烈变化,2020 年,传媒产业的内容多元化创新迈进了新的阶段。网络剧、电视剧、综艺节目等各类内容产品创新不断。

网络剧深耕垂直细分领域,精品化趋势明显。随着赛博格化的千禧一代来临,"内容为王"以全新姿态回归视野,以受众为核心的网络剧创作与时俱进,彰显了强大的生命力。网络剧从"野蛮生长"时代发展到"精耕细作"时代,实现了从量变到质变的转变,深耕垂直细分领域内容,深挖小众题材的市场价值,打造口碑和热度兼具的爆款佳品。悬疑剧作为小众题材的代表,突破自身圈层的限制,成为网络剧市场的最强黑马,在播映指数 TOP10 网络剧中占比达 25%,涌现了《重启之极海听雷》《龙岭迷窟》《隐秘的角落》等优质作品,其中《重启之极海听雷》通过"剧情 + 悬疑"的主流题材与小众题材的破壁结合,以绝对优势进入网络剧年度排行榜前列。《隐秘的角落》成为年度"爆梗"口碑王,实现了小众题材的成功"出圈",口碑和热度双丰收,8.9 分的豆瓣评分更使其成为播映指数 TOP10 网络剧中评分最高的网络剧。古装剧在网络剧头

---

① 郭全中.直播电商促媒体重构盈利模式 [J].中国报业,2020(15):53.

部市场中竞争力较强，《琉璃》《三生三世枕上书》占据年度排行榜前五的两个席位。[①]

在电视剧方面，2020 年全年共 81 部（93 部次）黄金时段电视剧每集平均收视率超过 0.5%，主要由 CCTV-1、CCTV-8、北京卫视、东方卫视、浙江卫视和湖南卫视等头部频道播出。值得注意的是，2020 年收视率超 0.5% 的黄金时段电视剧前十位榜单中，除了年度大剧《安家》在东方卫视取得冠军收视率外，其余 9 席均被 CCTV-1 和 CCTV-8 占据（见表 3）。[②]

表 3　2020 年收视率超 0.5% 的黄金时段电视剧前十位

序号	电视剧	频道名称	收视率	收视份额
1	《安家》	东方卫视	2.121%	7.112%
2	《跨过鸭绿江》（1—7 集）	CCTV-1	2.086%	7.840%
3	《装台》	CCTV-1	1.963%	7.597%
4	《奋进的旋律》	CCTV-1	1.886%	6.278%
5	《最美的乡村》	CCTV-1	1.668%	6.830%
6	《一诺无悔》	CCTV-1	1.627%	6.276%
7	《远方的山楂树》	CCTV-8	1.596%	6.187%
8	《我哥我嫂》	CCTV-8	1.570%	6.362%
9	《谷文昌》	CCTV-1	1.568%	5.472%
10	《大侠霍元甲》	CCTV-8	1.533%	6.280%

数据来源：中国视听大数据《2020 年年度收视综合分析》。

作为疫情期间的特殊产物，"云综艺"获得大量好评。《天天云时间》拉开了第一档"云录制"节目的序幕。此后，湖南卫视的《嘿！你在干嘛呢？》、浙江卫视的《我们宅一起》等节目一经播出也引发广泛关注。本

①　周恩泽，吴居嫦．盘点三 | 2020 年电视剧、网络剧市场盘点［EB/OL］．（2021-01-08）．https://mp.weixin.qq.com/s/txRAbhw8tOM6ENFICQnoVA.
②　中国视听大数据．中国视听大数据 2020 年年度收视综合分析［EB/OL］．（2021-01-08）．https://mp.weixin.qq.com/s/lpqJQeilxlpty2ZbBXXnMg.

来因为受疫情影响而推出的"云综艺",在内容制作水平和观看体验上反而令人耳目一新,体现了广电传媒的应急能力与创新能力。在网络综艺方面,视频网站也相继推出"云综艺",优酷推出《好好吃饭》和《好好运动》;腾讯视频推出《鹅宅好时光》;爱奇艺推出《宅家猜猜猜》等"宅家云综"系列,题材十分广泛,为网络用户带来了精彩的居家娱乐网络综艺内容。

(五)资本深度调整:资本市场度过寒冬迎来回暖

2019年的传媒资本市场已经处在回归理性的轨道上,2020年疫情的暴发,使得传媒资本市场面临的压力骤然加大,进入了深度调整周期。自2015年以来,文化传媒板块指数从超过25000点的峰值跌到2020年中的7000点左右,跌幅超过70%。[①] 传媒资本市场近几年一直在挤压"水分",走进调整周期已是大势所趋。传媒资本市场的投资信心、投资方向、投资方式、投资对象和投资领域都面临较大变革。

2020年初暴发的疫情,令全世界经济都受到严重打击,传媒经济也饱受影响,尤其是上半年,整体效益欠佳,传媒行业大多数企业处于亏损状态,传媒资本市场也随之进入寒冬。据投中数据显示,截至2020年12月2日,文化传媒产业领域发生的融资事件共计230起,金额仅319.54亿元。2020年的投融资规模仅有2018年投融资规模的三成左右。文化传媒产业资本退出事件共41起,交易金额规模只有2019年的3%。[②] 这些数据表明,文化传媒资本领域的活力大大降低。虽然由于疫情带来的"宅家"场景使得在线游戏、互联网影音娱乐等子板块表现相对突出,但传媒资本市场整体仍然陷入了低谷。

2020年下半年开始,我国企业全面开启复工复产步伐,市场生产和运作陆续恢复正常。与国民经济的各大部门一样,传媒产业开始复苏,产业

① 孙玮璟.盘点|2020传媒资本市场大变局[EB/OL].(2021-02-23).https://mp.weixin.qq.com/s/jNA1KSCB3pnl053Ka_zkjg.
② 孙玮璟.盘点|2020传媒资本市场大变局[EB/OL].(2021-02-23).https://mp.weixin.qq.com/s/jNA1KSCB3pnl053Ka_zkjg.

活力开始得到释放，陷入低谷之中的传媒资本市场也开始被唤醒，各个细分的子市场开始出现不同程度的复苏。最为明显的表现是 2020 年第三季度传媒产业经营效益开始扭转之前的颓势，受疫情影响最为严重的影视院线板块亏损的幅度也得到一定缓解。

来自政策方面的支持也在推进传媒资本市场的复苏。2020 年 11 月 26 日，国家广播电视总局印发《关于加快推进广播电视媒体深度融合发展的意见》，提出要"用好市场机制"，鼓励广电企业投资互联网企业、科技企业。这些政策也大大提振了传媒资本市场的信心，使得传媒资本的活跃程度有所上升。截至 2021 年 2 月 22 日，105 家已经公布 2020 年业绩的 CS 传媒板块上市公司中，有 57 家上市公司盈利，48 家公司预计亏损，传媒产业继续调整，各子市场、各公司之间的竞争与分化加剧。其中，互联网影视音频和数字阅读行业整体增势强劲。[1] 互联网影视音频行业中，芒果超媒和新媒股份主营业务表现最为抢眼。以芒果超媒为例，其 2020 年度报告期内预计实现营业总收入 140 亿元，同比增长 12.01%；归属于上市公司股东的净利润 19.6 亿元，同比增长 69.79%（见表 4）。[2]

表 4　芒果超媒 2020 年度主要财务数据和指标

单位：万元

项目	本报告期	上年同期	增减变动幅度（%）
营业总收入	1400151.86	1250066.42	12.01
营业利润	198669.98	117773.02	68.69
利润总额	196705.02	117753.41	67.05
归属于上市公司股东的净利润	196330.86	115628.53	69.79
基本每股收益（元）	1.10	0.66	66.67

[1]　山西证券.传媒行业 2020 年报前瞻：业绩预告同比减亏 板块分化聚焦复苏与增长确定性［EB/OL］.（2021-02-24）. http://finance.eastmoney.com/a/202102241819976832.html.
[2]　广电头条.继爱奇艺、B 站后，芒果超媒发布 2020 年业绩快报，显现不同发展路径!［EB/OL］.（2021-02-28）. https://mp.weixin.qq.com/s/vb9bqA4EEJtu4d_Q7ofsAw.

（续表）

项目	本报告期	上年同期	增减变动幅度（％）
加权平均净资产收益率	20.29%	15.68%	4.61
	本报告期末	本报告期初	增减变动幅度（％）
总资产	1932444.90	1707820.61	13.15
归属于上市公司股东的所有者权益	1056912.73	878385.92	20.32
股本	178037.75	178037.75	
归属于上市公司股东的每股净资产（元）	5.94	4.93	20.49

数据来源：芒果超媒《芒果超媒股份有限公司 2020 年度业绩快报》。

三、2021 年中国传媒经济发展新趋势展望

（一）加强规制，引导传媒经济规范化发展

近年来，中国传媒经济发展迅速，取得了诸多标志性成就，且已形成相当规模，但也出现了各种各样的新问题。从传媒经济健康发展、提升经济效益和社会效益的角度，需要运用政策法律手段来规制和引导传媒产业的行为，引导传媒经济规范化发展。

2021 年 3 月 16 日，国家广播电视总局发布《中华人民共和国广播电视法（征求意见稿）》，正式启动对起草的广播电视法的征求意见。传媒业界与学界普遍将该部广播电视法视为中华人民共和国首部真正意义上的广播电视法。此前，广播电视领域一般以《广播电视管理条例》为主要规制条例，以总局下发的其余相关"通知""意见""文""令"等作为行政文件或命令的补充。《中华人民共和国广播电视法（征求意见稿）》严格贯彻《关于加快推进媒体深度融合发展的意见》要求，在《广播电视管理条例》等现行法规基础上，通过深入调查研究，广泛征求各方意见，反复修订完善而形成。该征求意见稿把社会关心的要点

问题和热点问题纳入其中——例如网络电视台监管、提出推行未成年人保护机制和明确节目主创人员酬劳机制等，充分回应了社会关切和现实问题。

在广受社会关注的数据安全、用户隐私保护和算法滥用等方面，有关人士也释放出了更多信号。2021年3月8日，全国政协委员、国家市场监督管理总局副局长甘霖建议，要切实做好顶层设计、打破数据壁垒、加强隐私保护、确保数据安全。目前，在大数据和区块链领域，我国仍然面临着诸多问题，如数据壁垒难以有效打通、数据流通和共享亟待加强、数据保护制度不完善、数据安全风险和隐私保护盲点不容忽视等。为此，需要打破数据壁垒，推动数据跨境融合，推进产业创新升级，全面推进公共数据分类开放，构建重点示范应用，管理和引导行业数据安全合规流通，在合法空间内释放公共数据红利。

2021年3月19日，国家互联网信息办公室副主任杨小伟公开指出，在当前大数据快速发展的环境下，国家互联网信息办公室近年来不断加强数据安全防护和个人隐私保护的力度。《中华人民共和国网络安全法》在全国范围内得以实施，政策、法律、监管等多方面要素的协调得以进一步加强。杨小伟还表示，目前国家相关部门正在加紧制定《数据安全法》和《个人信息保护法》，为数据安全和个人隐私保护提供法律保障。[1] 随着算法在媒体商业活动中的广泛应用，算法的规范成为社会关注的焦点。算法的兴起对法律规制提出了挑战，可能会对人的知情权、个人隐私、自由以及平等的保护构成挑战。算法作为一种人机交互的决策机制，具备可调节、可规制的特性，我们可以构建算法规制的具体制度体系，如算法公开、数据赋权与反算法歧视。[2]

---

① 姜雪颖.数字经济时代，谁来保护用户数据隐私？国家网信办回应海报新闻［EB/OL］.（2021-03-19）. http://www.dzwww.com/xinwen/guoneixinwen/202103/t20210319_8162070.htm.

② 丁晓东.论算法的法律规制［J］.中国社会科学，2020（12）：138-159+203.

（二）技术升级，赋能传媒经济智能化发展

人工智能技术促进了智能媒体产业的形成和发展。全球传媒业正处于由数字化向智能化转型的全新发展阶段。伴随着国家战略布局与政策支持、行业基础性研发的加强、头部传媒机构和相关合作机构的协同发力，中国传媒产业的技术持续升级，并开始赋能传媒经济的智能化发展。以广播电视为例，2020 年 12 月 30 日，国家广播电视总局发布了智能电视操作系统（TVOS4.0），引入多样化、智能化、场景化的人工智能应用，进一步把广播电视引向融合创新、智能发展的视听新业态。

最近一两年，各大媒体先后推出 5G+4K/8K 高清呈现、"智能云剪辑"、3D"新小微"、区块链新闻编辑部、"5G+AI"报道等新技术和新模式，颇为引人关注。以"智能云剪辑"技术为例，中央广播电视总台央视频与腾讯多媒体实验室强强合作，联合开发出基于 AI（人工智能）能力的智能剪辑平台，融入多样化的深度学习技能和时序建模技术，能够准确识别和自动抓取音视频信息，真正完成智能剪辑和推送。人民日报的"智能云剪辑师"则在 2020 年"两会"期间亮相，装备使用 5G+AR 采访眼镜，不仅可以采用第一视角进行现场直播，还可以完成视频录制、直播、拍照等任务，在进行拍摄的同时还能与后台编辑实现屏幕共享和实时互动。[①]

2020 年底至 2021 年初，中央媒体进一步加大了智能化布局力度，以在传媒生态位上抢占技术优势。2020 年 12 月 24 日，"人民日报创作大脑"重磅发布。"人民日报创作大脑"平台由人民日报新媒体中心联合多家关联性头部公司打造。作为一家开放式媒体技术创新平台，"人民日报创作大脑"平台拥有智能写作、语音转写、数据魔方、智媒引擎、视频搜索等多种强大的功能，旨在利用人工智能等技术，为媒体组织和内容生产者提供通用的创作工具，提高内容生产和发布效率。2021 年 1 月 1 日，新华社

---

① 人民日报客户端 . 人民日报"智能云剪辑师"上岗，亮相两会！［EB/OL］.（2020-05-21）. http://media.people.com.cn/n1/2020/0521/c40606-31718365.html.

对"两报两端"进行改版升级，未来将打造全新的、智能化的"网络通讯社"。这是新华社从传统通讯社向新型主流媒体转型的重大举措。新华社旗下的《新华每日电讯》2021年新年改版引起了广泛关注，这份集权威性与准确性于一体的新闻电讯报也开启了融媒传播转型的进程。在可预见的未来，媒体智能技术的发展还将进一步呈现由中央媒体持续引领、省市媒体集体发力、县级融媒体点状突破的整体趋势。

传媒产业的技术驱动已经从早期的辅助创新表达发展到现在的嵌入式融合系统，各类媒体机构都在利用5G、云计算、大数据、算法推荐、人工智能、虚拟现实、区块链等技术进行内容的创新表达、形式的创新运用、场景的创新匹配和用户的创新连接。2021年，如何进一步提高智能融媒体传播技术的研发和应用能力，将是媒体融合转型和传播技术革命的焦点。

（三）遏制垄断，促进传媒经济有序化发展

近年来，互联网及相关基础设施高速发展，我国平台经济也随之崛起，在经济社会整体发展中的地位和作用日益突出。平台经济的健康发展，可以为中国经济的高质量发展和新旧动能转换提供支持。然而，作为一种典型的新经济，互联网平台经济在崛起的过程中也暴露了发展中的许多问题。如民众强烈反映的"二选一"等问题，显露了平台经济在反垄断等方面存在的监管漏洞。遏制垄断，才能促进传媒经济有序化发展。自2020年开始，国家开始稳步推进各种反垄断工作。

2020年11月10日，国家市场监管总局发布《关于平台经济领域的反垄断指南（征求意见稿）》公开征求意见，广受批评的"二选一""大数据杀熟""搭售"等"顽疾"迎来最细致、最明确的规定，中国互联网反垄断监管拥有了有力工具。2020年12月召开的中央经济工作会议明确指出，反垄断、反不正当竞争，是完善社会主义市场经济体制、推动高质量发展的内在要求。2021年2月7日，国务院反垄断委员会出台《国务院反垄断

委员会关于平台经济领域的反垄断指南》(以下简称《指南》)。《指南》旨在防范和制止平台经济领域的垄断行为,保护市场公平竞争,促进平台经济规范有序发展,维护消费者权益和社会公众利益。《指南》的出台,标志着中国数字经济反垄断日趋严格,平台竞争进入了监管治理的新阶段。2021 年 3 月 15 日,习近平总书记主持召开中央财经委员会第九次会议,其中一项重要议题,就是研究促进平台经济健康发展问题。2021 年 4 月 10 日,《人民日报》发表文章指出,垄断是市场经济的大敌,平台经济的规范健康持续发展,尤其离不开公平竞争的环境。

2021 年 4 月 10 日,国家市场监督管理总局对阿里巴巴集团控股有限公司在国内网络零售平台服务市场实施"二选一"的垄断行为做出了行政处罚,责令阿里巴巴集团停止违法行为,并处以其 2019 年中国境内销售额 4557.12 亿元 4% 的罚款,共计 182.28 亿元,这是中国反垄断部门有史以来开出的最大金额罚单。

任何一样新生事物,在发展的进程中总会伴随着各种各样的问题。平台经济也不例外。滥用市场支配地位的垄断行为,显然侵害了平台商家的合法权益,也损害了消费者的合法权益。从维护市场公平、保障竞争活力、鼓励创新发展、构建良性生态的角度,更需要对平台经济发展过程中的资本无序扩张和滥用市场支配地位的行为进行监管。相关部门的监管力度加强,甚至开出巨额罚单,是对平台企业违法违规行为的有效规范。

随着数字经济的发展,各种各样的互联网平台已经成为国家和社会发展的基础设施。除了政府的规制、治理和引导,互联网平台也需要在效率与公平、控制与自由、垄断与分享、商业利益与社会责任等关系视角中做出更多自觉的思考,在规范化、健康化和可持续化的框架下,寻求平台经济的高质量发展,使整个国家和社会共享平台经济发展的创新成果和产业红利。

Ⅱ 内容生产篇

B.2
2020 年中国广播电视内容创新报告

许建华　欧阳宏生[①]

摘　要： 2020 年，一场突如其来的新冠肺炎疫情加速了中国广播电视融媒体走向升级深化的快车道。广播电视围绕抗击新冠肺炎疫情和决战决胜脱贫攻坚等重大主题，以融合表达、融合传播，推动各类题材不断创新表现内容。具体表现在：重大主题主线宣传报道，以融合促进创新，以创新提升舆论引导力；全景呈现脱贫攻坚的伟大成就，展示中国特色的脱贫实践经验；展示社会主义制度的优势，彰显全国人民对社会主义制度的坚定信心；刻画砥砺奋进的中国形象，塑造自强不息的中国精神；盛赞人民英雄和时代楷模，彰显青春风采；不断拓宽中华传统文化的题材领域，呈现大美中国，助力文化旅游业复工复产；关注民生民情，展示时代新貌，书写人间温暖；创新思想政治教育节目表达，以新时代楷模引领青少年健康成长。

关键词： 广播电视；内容创新；脱贫攻坚；抗击疫情

　　2020 年是中国历史上一个壮怀激烈的不平凡之年。决战决胜脱贫攻

---

① 许建华，成都大学副教授、博士，研究方向为广播电视、文艺与传媒；欧阳宏生，成都大学传媒研究院院长，四川大学新闻传播研究所所长、教授、博士生导师，研究方向为广播电视、新闻传播。

坚，全面建成小康社会之年；抗日战争胜利 75 周年；中国人民志愿军抗美援朝出国作战 70 周年；即将迎来中国共产党建党 100 周年等重大历史关键节点，都为广播电视内容提供了许多亮点素材。而一场突如其来的新冠肺炎疫情，加速了中国广播电视融媒体走向升级深化的快车道。在党中央国务院的强有力的领导下，广电 5G+4K/8K+AI 的新技术、新设施快速在全国各地铺开，2020 年，主流媒体的短视频传播发展迅猛，MCN 机构更是驶入发展快车道。广电人在深入贯彻落实党的十九大和十九届二中、三中、四中、五中全会精神的同时，深入实施"六大工程"建设，在新技术、新平台的支持下，勇于拼搏创造，继续做强主题主线、主旋律宣传，在为国家和民族写史立传、讲好中国故事、书写时代精神等主题内容上均获得了不同程度的进展。

一、重大主题主线宣传报道，以融合促进创新，以创新提升舆论引导力

2020 年，脱贫攻坚的伟大成就、新冠肺炎疫情防控宣传、"两会"主题报道、防汛抗洪救灾、中国人民志愿军抗美援朝出国作战 70 周年等重大主题报道，受肆虐全球的新冠肺炎疫情影响而面临严峻挑战。在非常态下，从中央到地方各级广播电视机构，各类节目的广播电视节目制作者，充分依托近年来融媒体的建设成果，借力新技术、新平台，积极整合各种媒体资源，开创融合共享，多平台、多终端发力，创新广播电视新闻、专访、纪录片等节目形态，带给受众新鲜多样的视听体验，创造性地完成了各项重大主题报道，有力提升了主流媒体的舆论传播力和引导力。

（一）充分展示习近平总书记大国领袖风范和人民至上的责任担当情怀

重大的灾情、疫情发生之际，是考验一国执政党执政能力的重要时

机，也是展示大国领袖的人格魅力之际。2020年，新冠肺炎疫情暴发以来，以中央广播电视总台（简称总台）央视新闻中心、央视网、央广网等为主导的平台，及时地在《新闻联播》《今日关注》《新闻纵横》等广播电视节目、栏目中报道习近平总书记带领全党、全国人民战胜疫情，决战决胜脱贫攻坚，防汛抗洪救灾，与世界各国携手抗疫、共谋发展等重大事件，展示了一个大国领袖临危不惧、掌舵千钧的执政定力，以及把人民的生命放在第一位的责任担当情怀。

在钟南山、李兰娟等著名呼吸病学专家对疫情做出正确研判之后，2020年1月20日，《新闻联播》播出了习近平总书记对新型冠状病毒肺炎疫情防控做出的重要指示。通过总台央视的各种平台、节目、栏目，习近平总书记对人民的关怀、对疫情的重视被传播到全国各地，并随后在1月25日中共中央政治局常务委员会、1月28日会见世界卫生组织总干事谭德塞、2月3日中央政治局常委会、2月5日中央全面依法治国委员会等多个场合、多次讲话中被反复强调。习近平总书记每天都对疫情防控工作做出口头指示和批示，显示了以民为本、对人民至深的关切之情。

2020年2月10日，央视网、央视新闻客户端等平台在多个节目中发布了习近平总书记在北京市调研指导新型冠状病毒肺炎疫情防控工作的相关报道。总书记深入社区、医院、疾控中心，了解基层疫情防控工作，并视频连线湖北武汉抗击肺炎疫情前线，慰问奋战在疫情防控一线的医务工作者和广大干部职工。在随后的视频会议上，习近平总书记强调全党全军全国各族人民都同湖北和武汉人民站在一起，湖北和武汉是疫情防控的重中之重，是打赢疫情防控阻击战的决胜之地。在疫情汹涌之际，这一系列举措为做好疫情防控工作和确保社会大局稳定指明了方向。

总台央视新闻频道2020年3月11日发布《时政新闻眼|习近平赴武汉考察，传递哪些鲜明信号？》。3月10日，习近平考察武汉火神山医院，视频连线医务人员代表时说："我看不到你们的真实面貌。但是，你们在我心目中都是最可爱的人！"与感染科病房正在接受治疗的患者连线时说：

"现在你们最应该做的就是要坚定信心。"在东湖新城社区，习近平对居民说："党和人民感谢武汉人民！"这是对人民至上理念的生动诠释。

央视网 2020 年 3 月 18 日发布《联播 +| 危难时刻显担当 习近平向世界分享中国战"疫"经验》，系统梳理疫情发生以来，习近平在短时间内举行了 4 场国家首脑和世卫组织会见，与 18 个国家和地区的领导人通了电话。在习近平的亲自指挥、周密部署下，中国发挥出强大制度优势，以最快速度坚决遏制了疫情蔓延势头。

在紧张的防疫战"疫"期间，习近平总书记一刻也没有放松脱贫攻坚工作。他在 2020 年 1 月 13 日十九届中央纪委四次全会上强调，"坚持以人民为中心的工作导向，以优良作风决胜全面建成小康社会、决战脱贫攻坚"。1 月 19 日，习近平到云南考察深度贫困地区。3 月 6 日，习近平出席决战决胜脱贫攻坚座谈会并发表重要讲话，吹响了决战决胜脱贫攻坚的集结号……

习近平总书记迈着坚定的步履，带领全国人民战胜疫情，摆脱贫困，夺取抗洪救灾胜利，实践人类命运共同体的全球化理念。他的行动充分彰显了一个大国领袖求真务实、运筹帷幄、决胜千里的胸怀气度和对人民的赤诚之心、对国家民族的责任担当情怀。

（二）5G 助力媒体深度融合，"两会"报道精品节目频出

2020 年，受新冠肺炎疫情影响而延迟召开的"两会"，以别样的方式和场景呈现在广大人民面前。5G 技术充分发挥其网络实时传播、超低延迟的技术优势，成为各种媒体、各种平台、各种终端深度融合的加速器。从央视、省级到地方广播电视机构纷纷采用 5G 传输，积极拓展"云思维"，用"云平台"，建"云系统"，做"云录制"，推"云采访、云对话、云访谈"，开"云直播"等，成为 2020 年广播电视最热门的工作方式和常态化工作场景。[①]"云模式"下各种精品"云节目""云栏目"频出，让受

---

① 王晓 . 2020 年全国两会广电融媒体报道观察［J］. 传媒，2020（14）：21-22+24.

众在云互动体验中，深度领会"两会"新闻报道内容。

利用 5G 技术全息异地同屏视频报道，是较为普遍采用的方式。总台央视在原有 20 多种特色视频栏目基础上，在此次"两会"创新推出了《视频日记》《时政 Vlog》《时政 V 现场》等新的栏目样态，以云节目动态报道领袖情怀和"两会"重要精神。总台央视新闻频道推出的《独家视频 | 习近平参加内蒙古代表团审议》《独家视频 | 习近平：你讲的医治 87 岁老人的事情 我印象深刻》《时政微纪录 | 荆楚东风起 浴火正重生——习近平参加湖北代表团审议纪实》等视频节目一经上线，阅读量直线飙升，迅速及时、生动具体地展示了习近平总书记始终将人民的利益放在第一位，始终牵挂人民，执政为民的初心使命。

围绕习近平"下团组"，总台央视多个云栏目及时推出新鲜多样的时政报道节目，如《时政新闻眼》的《从习近平"下团组"看"中国之治"新篇章》《习近平再次"下团组"，阐述新形势下"中国策"》等；《联播 +》的《2020 两会下团组 习近平给出中国经济发展之"策"》《2020 "两会时间" 感受习近平的人民情怀》；《央视快评》《国际锐评》推出《织牢织密公共卫生防护网》《汇聚起强国兴军的磅礴力量》《不慕虚荣 不务虚功 不图虚名》等围绕习近平"下团组"的不同议题，生动地阐释了 2020 年"两会"精神的独特之处。

融合传播模式的升级深化也催生出省级广电的"两会"报道栏目形式内容创新出奇。如黑龙江电视台采用 5G 虚拟全息投影，及时将远在北京参加"两会"的代表的三维立体虚拟影像"投影"在哈尔滨演播室，造成"面对面"采访的效果；北京电视台利用演播室 + 网络访谈录制，推出《代表委员云访谈》节目，代表们只要有手机、电脑就可完成连线采访；江西省融媒体中心在 AI 主播采访、5G 信号回传等技术的辅助下，推出了竖屏视频《人机对话 30 秒》栏目；海南广播电视总台借助 5G+ 虚拟演播室等技术，推出《"远"观两会》《跨屏访谈》《一分钟看两会》等形式、内容新颖的专栏节目……这些富有创造性的节目样式，以更新鲜、更生动、更快捷的方式全景呈现了"两会"动态。

（三）全媒体矩阵化抗疫报道及时、准确、全面，强效引导舆论导向

2020 年初，新冠肺炎疫情暴发后，主流媒体一方面以对突发公共卫生事件的高度专业敏感性，及时、准确、全面地播报相关疫情进展实况。如自 1 月 20 日起总台央视《新闻 1+1》持续报道新冠肺炎疫情，并直播连线钟南山院士，介绍新冠肺炎疫情的基本情况。1 月 26 日新闻频道推出《战疫情特别报道》，全面报道全国抗击疫情动态，公布最新疫情数据。1 月 27 日起，总台在湖北广播电视台设立"战疫情·武汉直播间"。总台广播每天 19 点至 20 点还推出《中国之声抗击疫情特别报道》。[①] 主流媒体全矩阵的主动、及时发声，翔实有力的材料，及时遏制了不实谣言，稳定了人心。

另一方面，从中央到地方各级各类主流媒体积极与新媒体、短视频直播网站联合，及时"同官方全媒体平台与非官方的新媒体平台构建起一个全息化、全景化、全程化、全效化的全媒体传播矩阵，带来快、广、准的强效化传播效果，有效地引导了国际国内舆论"[②]。1 月 31 日，总台央视《新闻联播》进驻快手短视频社区，首次直播的 33 分钟内，累计观看人数近 2000 万人。2 月 1 日起，《新闻联播》开始在新浪微博同步直播，累计观看人数达 1765.8 万人。总台央视纪录频道与总台新闻中心、湖北广播电视台等传统媒体，与二更、快手等短视频合作，迅速推出融媒体短视频纪录片《武汉：我的战"疫"日记》，并通过多个主流媒体新闻发布端播出，央视频平台的累计播放量为 135.5 万次，在第三方平台的累计播放量达 945.6 万次。湖北广播电视台湖北之声的 20 集声音纪录片《档案里的战疫故事》在各大平台播出后，反响热烈，同步推出系列视频、图文等多样态

---

① 高晓虹，蔡雨．畅通信息 增强信心 稳定人心——中央广播电视总台在抗击新冠肺炎疫情中的报道分析 [J]．中国广播，2020（3）：5-10．

② 许建华．抗疫纪录片：传播中国形象的创新实践 [J]．当代电视，2021（2）：40-46．

融合传播产品，全网点击率过亿次。全媒体矩阵传播，权威、准确的信息几乎及时触达每一个受众，发挥了超强的舆论引导力，在疫情汹涌之时，及时疏解了群众的恐慌心理，有效地回应了国际社会的误解、曲解，稳定了社会秩序，激发了全民团结一致抗击疫情的信心。

二、全景呈现脱贫攻坚的伟大成就，展示中国特色的脱贫实践经验

2020 年是决战决胜脱贫攻坚的收官之年，全国人民在党的坚强领导下，克服疫情带来的重重困难，以豪迈的勇气、坚定的毅力、勇往直前的精神完成了脱贫攻坚任务。到 2020 年 11 月 23 日，全国 832 个国家级贫困县全部脱贫摘帽，实现了全面小康的目标。广电媒体以电视剧、纪录片、综艺节目、访谈节目等多种节目形式，向全社会真实生动地反映了脱贫攻坚的伟大成就、伟大经验，创新节目形式，助力乡村脱贫致富。

（一）生动展示全国各地脱贫攻坚所取得的伟大成就

2020 年，脱贫攻坚电视剧均取材于不同地域脱贫攻坚成就与经验，如《花繁叶茂》《江山如此多娇》《枫叶红了》《雪线》《山海情》《阿坝一家人》《一步千年》《索玛花开》等分别展示了贵州、湘西、内蒙古、西藏、宁夏、"三区三州"等贫困程度不同、贫困原因不同的人民在党的领导下奋力战胜贫困的生动故事。《石头开花》采用单元剧的形式，呈现了 10 个贫困地区不同的脱贫故事。这些具有史传性质的脱贫攻坚剧汇聚起来，全面展示了中国广袤土地上发生的举世瞩目的脱贫成就，呈现了 14 亿人民奔小康的美好画卷。

纪实节目则通过真实记录脱贫攻坚的鲜活故事，展现中国脱贫攻坚的经验和成就。如总台央视农业农村频道推出的《攻坚日记》，从 30 个国家级贫困县的 30 个尚未脱贫的村庄中选取 30 个特色贫困家庭，持续跟踪记录脱贫攻坚战进程。广西广播电视台融媒体纪实栏目《我们的小康》，全

景式展现广西各行各业的人们，在决胜全面小康路上的奋斗步履。山东卫视乡村振兴融媒公益真人秀《田园中国》，用短视频"微记录"的方式，讲述乡村振兴下的田园故事，描绘田园美景，展示各地特色产业。新疆广播电视台《这就是我想要的生活》，通过脱贫主人公的讲述，生动展示了新疆贫困地区的人民，在政府的脱贫政策支持下，用勤劳的汗水收获幸福生活的小康故事。

（二）展示中国人民所开创的极具价值的脱贫攻坚实践经验

在长期的反贫困实践中，党和人民开创出了一条精准扶贫、精准脱贫之路。电视剧《最美乡村》《江山如此多娇》《石头开花》《索玛花开》《花繁叶茂》等，展现了党的基层干部如何对贫困户进行精准识别的曲折过程，形成了"精准识别""精准扶持""建档立卡""四个基本"等一系列行之有效的精准扶贫办法。同时，还展示了基层党员干部如何对贫困户"扶贫先扶志"，帮助贫困户摆脱"精神贫困"，重建贫困户的脱贫主体性。对口帮扶政策也是一个富有特色的扶贫方式。《山海情》以时间为线索，全景展示了发生在福建和宁夏两地长达 10 多年的对口扶贫之旅的真实事迹，生动呈现了具有推广价值的"闽宁模式"扶贫经验。上海广播电视台《脱贫之战——走向我们的小康生活》，以大型全媒体新闻行动的形式，见证上海与对口帮扶地区守望相助、携手共创美好生活的故事。

我国幅员辽阔，贫困地区致贫的因素各不相同，基层党员干部带领农民群众，本着求真务实的精神，根据不同地区的实际情况，走出了不同特色的脱贫发展之路。这在电视剧、纪实节目、综艺节目中都有反映，如有的打造乡村旅游业，有的从事家禽饲养业，有的发展有机蔬菜种植业……这些"输血又造血"的脱贫经验得到了国际社会的认可，联合国秘书长古特雷斯就明确表示："精准扶贫方略是帮助贫困人口、实现 2030 年可持续发展议程设定的宏伟目标的唯一途径，中国的经验可以为其他发展中国家提供有益借鉴。"①

（三）融媒体直播带货，助力乡村脱贫致富

2020年，"直播带货"迎来了现象级爆发。广播电视媒体不仅呈现脱贫攻坚的成就和经验，还借助融媒体平台，以新颖别致的节目为贫困乡村直播带货，助力乡村脱贫。如新疆广播电视台广播节目《"杏"福在端午》，通过讲述种植户、企业负责人发展杏产业脱贫的故事，采用广播、网络主播＋县长直播带货的形式，吸引网友互动参与。上海广播电视台《极限挑战宝藏行·三区三州公益季》以综艺节目的形式，明星演员通过亲身体验"三区三州"的扶贫历程，讲述"三区三州"人民奋斗的故事，并采取多样的创新销售方式推销不同的农副特产，助力"三区三州"脱贫致富。江苏广播电视总台《从长江的尽头回家》，以"探访＋公益＋文化＋纪实＋带货"的融媒体公益行动方式，立体展示长江流域经济建设成就和经验的同时，传播脱贫攻坚的奋斗故事，直播推介长江沿线各地丰富多样的特色产品。浙江广播电视集团《奔跑吧·黄河篇》，则以展示黄河流域的脱贫攻坚成果与经验为宣传主线，通过创新游戏设置、直播带货等新形式，帮扶黄河流域一线贫困地区脱贫致富。广电人借助融媒体平台，勇于创新，积极实践精准扶贫政策。

三、展示社会主义制度的优势，彰显全国人民对社会主义制度的坚定信心

2020年，广播电视在突出表现抗击新冠肺炎疫情的重大胜利和决战决胜脱贫攻坚的伟大成就时，以无可辩驳的事实向国际社会展示了中国共产党领导下的中国特色社会主义制度的优势，回击了西方国家对我国制度的误解甚至歪曲，彰显了全国人民对中国共产党领导的中国特色社

---

① 新华网.习近平：在决战决胜脱贫攻坚座谈会上的讲话［EB/OL］.（2020-03-06）. http://www.xinhuanet.com/2020-03/06/c_1125674682.htm.

会主义制度的坚定信心。

新冠肺炎疫情暴发后，以习近平同志为核心的党中央迅速做出了一系列重大的决策部署。总台央视新闻频道、央视纪录频道、中国之声，以及省级电视台纷纷以各种节目形式反映了政府迅速组织全国各地 346 支医疗救援队、4.26 万名医护人员有序奔赴武汉抗疫，大量的抗疫物资、医疗设备、生活用品紧急运往武汉的感人场景。比如，2020 年 1 月 28 日，总台央视新闻频道在 1 个多小时的时间内，连续报道了《全国各地驰援武汉》《江苏、河北第二批医疗队今天下午抵达武汉》《多地捐赠新鲜蔬菜紧急运往武汉》《工信部调拨两万副护目镜等物资驰援武汉》等 9 条相关新闻，真实生动的细节和画面反映了在政府的统筹部署下，全国各地众志成城、驰援武汉、遏制疫情的坚定决心。1 月 27 日晚，央视频对火神山医院和雷神山医院建造过程进行慢直播，24 小时不间断的施工现场的实时画面一时间火遍全国，吸引了超 1.7 亿名网友化身"云监工"，一起见证"中国速度""中国力量"。《同心战"疫"》《中国战疫录》《英雄之城》等众多纪录片或全景呈现，或微观记录，以大量的事实证明，只有在中国共产党领导下的中国特色社会主义制度才能在短时间内，举全国之力有效遏制疫情。

2020 年疫情肆虐之际，脱贫攻坚战一刻也没有停下，广播电视及时报道了党和政府在决战决胜脱贫攻坚收官之年的一系列决策部署。2020 年 1 月 2 日，央视网新闻频道播出《冲锋号已经吹响！2020 年是脱贫攻坚决战决胜之年》，国务院扶贫办首次对深度贫困地区挂牌督战，按照统一部署，对深度贫困地区将加大产业扶贫、就业扶贫、易地搬迁后续扶持力度等措施。《索玛花开》《花繁叶茂》《山海情》《一个都不能少》等脱贫攻坚剧，以电视艺术的形式生动具体地阐释了党领导下的脱贫攻坚具体目标、政策部署、实施办法等，全面展示了只有在中国特色社会主义制度下才能以人民为中心，统筹兼顾，团结一心，战胜困扰中华民族几千年的绝对贫困，全面建成小康社会。

四、刻画砥砺奋进的中国形象，塑造自强不息的中国精神

习近平总书记在第十二届全国人民代表大会第一次会议上指出，中国精神"是凝心聚力的兴国之魂、强国之魂。爱国主义始终是把中华民族坚强团结在一起的精神力量"①。总台《天使日记》、安徽广播电视台《大喇叭又响了》、湖北广播电视台《我们在一起》、陕西广播电视台《出征》等广播节目，在疫情期间用声音刻画了无数将生死置之度外、临危受命、舍小家为大家、积极参与抗击疫情的各行各业普通人的动人事迹。湖北广播电视台《档案里的战疫故事》邀请了十多位曾经奋战在疫情第一线的医生、民警、快递小哥等，讲述他们的战"疫"故事。

纪录片《中国战疫录》中，客机上满载着世界各地华侨同胞花钱购买客机座位运送的口罩、防护服的画面；《钟南山》中，84 岁高龄的耄耋老人临危受命，在急赴武汉的动车餐车中，仰面打盹的画面；《生命至上》中，英雄誓师出征的场面；《冬去春归》中，武汉志愿者冒着生命危险为医院运输物资等无数生动的细节和画面，展示了中国人民在肆虐的疫情面前，从四面八方会聚在一起，众志成城、守望相助，战胜天灾人祸的强大凝聚力。

脱贫攻坚剧《枫叶红了》中的女主人公高娃，《江山如此多娇》中的向喜妹，《山海情》中的马得宝、得福妈、白麦苗等，这些靠着自己勤劳的双手，踏实肯干、奋勇拼搏，最终迎来了美好生活的普通农民，表现了中国人永不向命运低头、永不屈服、不断探索进取的民族精神。海南广播电视总台《老乡话小康》、新疆广播电视台《这就是我想要的生活》、广西广播电视台《民族文化——小康路上 歌声嘹亮》等纪实节目，则是以真

---

① 人民网.习近平在第十二届全国人民代表大会第一次会议上的讲话［EB/OL］.（2013-03-18）.http://theory.people.com.cn/n/2013/0318/c40531-20819774.html.

实的人物来讲述鲜活的脱贫故事，真切地透视了中华民族精神的原色。

上海广播电视台的广播剧《金银潭 24 小时》，讲述了新冠肺炎疫情来临之初，上海首批援鄂医疗队在武汉一线驻守生命防线的故事，展现了医护人员的责任担当。有人听完广播剧在朋友圈发了这样一条信息："今天小孩子和我说，妈妈，如果此时有号召让你或者是我上前线，我们也都会义不容辞地做逆行者，对吗？"这就是流淌在中华民族血脉中代代相传、自强不息、团结进取精神的生动诠释。

五、盛赞人民英雄和时代楷模，彰显青春风采

基辛格在《论中国》中说道："我认为中国最大的幸运，是有生活在这片土地上的人民，中国总是被他们最勇敢的人保护得很好。"[①] 新时代中国社会所取得的辉煌成就，离不开中国革命建设路上一代代人民英雄的无私奉献、流血牺牲。2020 年，广播电视热情赞美在抗日战争、抗美援朝、抗击疫情和脱贫攻坚等重大历史事件中涌现出的无数可歌可泣的英雄人物和时代楷模，传递社会正能量。

为纪念抗日战争胜利 75 周年，讴歌抗战英雄的纪录片《晋察冀边区》再现晋察冀边区军民艰苦抗战历程；《他们与天地永存》讲述抗战英雄为民族独立而英勇牺牲的故事；《伟大的贡献》弘扬中国共产党领导下的抗战精神……电视剧《彭德怀元帅》《太行之脊》《黄河在咆哮》《河山》等以激荡人心的艺术手法和跌宕曲折的故事情节，为英雄立传树碑。总台央视综艺节目《海报里的英雄》，精选 10 部经典的抗战影片，融合了电影、海报、电视等艺术形式，揭示抗战精神的时代价值，致敬那些在抗日战争中，为了民族独立而付出青春和生命的英雄。

在中国人民志愿军抗美援朝出国作战 70 周年之际，电视剧《破局

---

① 中国日报网.【战疫时期的平凡故事】平凡的英雄——纪念武汉疫情中最勇敢的那群人 [EB/OL].（2020-08-28）. http://cn.chinadaily.com.cn/a/202008/28/WS5f48ca39a310084978421f4c.html.

1950》《跨过鸭绿江》《毛岸英》《战火熔炉》等致敬先烈，颂扬抗美援朝精神。《英雄儿女》《抗美援朝保家卫国》《为了和平》《英雄》《不朽的英雄赞歌》等一系列重温艰苦卓绝、气壮山河的抗美援朝历史的纪录片，都创下了不俗的收视率。北京广播电视台的特别节目《记忆的力量·抗美援朝》，吸取影视剧和纪录片的各自特长，截取 16 部经典影视剧中的典型片段，加入对志愿军老战士、名将亲属、专家学者的采访，以及静物拍摄、情景再现等内容，以富有感染力的艺术形式，全景式表现了抗美援朝取得胜利的历史过程。2020 年 10 月 24 日，总台央视隆重推出《英雄儿女——纪念中国人民志愿军抗美援朝出国作战 70 周年文艺晚会》，众多优秀的文艺工作者以多样化的文艺样式，纪念为了人类和平、保家卫国而出国作战的中国人民志愿军浴血奋战的英勇事迹。

《中国战疫录》《金银潭 24 小时》《钟南山》《生命至上》等众多纪录片或新闻报道节目，及时展现了无数冒着生命危险迎难而上的逆行者的身影。湖南广播电视台《青春在大地》、总台央视新闻评书《第一书记的十八般武艺》、新疆广播电视台《青春激扬中国梦》、黑龙江广播电视台《一路有你》等节目，则把镜头对准了脱贫攻坚路上青春飞扬、充满斗志的年轻基层党员干部，他们在带领群众致富奔小康的路上书写着自己的青春华彩，传递着青春正能量。

六、不断拓宽中华传统文化的题材领域，呈现大美中国，助力文化旅游业复工复产

在弘扬中华传统文化的主题上，2020 年，广播电视不断拓宽传统文化的表现题材，以新颖多样的节目形式，多角度、多侧面地展示中华传统文化的丰富内蕴，呈现大美中国。

在选材上着力呈现富有地域特色的传统文化，如山东广播电视台音乐秀节目《我的城 我的歌》，以民谣演唱加普通市民、名人讲述的方式，

展示 16 座城市独具特色的文化。广西广播电视台《民族文化——小康路上 歌声嘹亮》，通过讲述广西各地脱贫致富的典型故事，弘扬广西少数民族丰富多彩的传统民族文化。总台央视《歌声里的中国》，通过传唱祖国各地精彩的民歌，弘扬民歌文化。北京广播电视台广播节目《凝望西山 永定长流系列》，通过探访永定河流域传统村落里的文化特色，让听众感受西山文化厚重的历史底蕴。北京广播电视台文化体验类真人秀节目《了不起的长城》，以真人秀、知识竞答等形式，展示具有丰富象征意蕴的长城文化。北京广播电视台文旅探访体验节目《我的桃花源》，新疆广播电视台《新疆是个好地方》，山西、山东、北京、河南、陕西、四川、宁夏等九省（市、自治区）《大河奔流新时代——黄河流域九省（区）迎新春文艺演出》，纪录片《蔚蓝之境》、《航拍中国》第三季、《记住乡愁》第六季等节目，在展示地域风土人情、文化特色中传承中华传统文化，讴歌祖国壮美河山，助力文化旅游业复工复产。

对近几年大热的诗词文化，进一步深入挖掘传统诗词文化中丰富的文化内涵。安徽广播电视台《诗话二十四节气》，将中国农历中表示季节变迁的"二十四节气"文化知识与古代诗词结合起来，让听众既品味了优美的古诗词，又了解了古诗词中蕴含的文化习俗。浙江卫视文旅探寻类节目《还有诗和远方·诗画浙江篇》，以"诗"为纽带，串联起"浙东唐诗之路""瓯江山水诗路""钱塘江诗路"这三条"诗路文化"，带领受众在赏诗之中赏浙江美景，助力浙江文化与旅游融合发展。江苏卫视《似是故人来》，采用"走访＋对话"的节目形式，通过与某一文化领域的嘉宾深入交流，寻访中华文化之源，展示我国中医、武术、汉字、农耕等多方面的文化特色。广东广播电视台杂技文化节目《技惊四座》，将传统的杂技文化表演融入摇滚、街舞、情景化表演等元素，用全景环绕慢镜头拍摄下杂技表演过程，生动演绎了中国传统杂技"惊、险、奇、美、情"的特色，让传统文化绽放出时尚魅力。

七、关注民生民情，展示时代新貌，书写人间温暖

民生民情是一个国家治理机制的微观表现，中国社会体制每天都在不断地完善进步，人民群众每天都在创新发展，2020年的广播电视以多样的创新型节目聚焦民生民情，展示时代进步、社会新貌，传递人间温情。

上海广播电视台《大城无小事——派出所的故事2019》，以记录不同警种民警的日常工作为切口，讲述警民故事，真实还原城市执法流程，向世界呈现上海城市精细化管理中暖心的微观生态。北京广播电视台《接诉即办》，采用纪实手法全程跟踪拍摄，用有温度的讲述记录街道社区基层干部对民生问题的快速反应，反映了首都高效的基层治理模式。上海广播电视台《神奇公司在哪里》，是第一个抖音直播带货与电视节目并行的综艺节目，采用大小屏互动方式，助力线下经济转入线上发展。北京广播电视台广播节目《北京24小时》，从报道北京市民日常生活的角度出发，反映了北京城市基层治理、文化发展、科技创新等方面的成就，表现了首都人民乐观向上、努力开创美好生活的精神风貌。

2020年5月28日，我国第一部《民法典》正式颁布。黑龙江广播电视台《好好学习民法典》、济南广播电视台《你好，民法典》等节目，借助融媒体平台，采用新颖生动的节目形式，及时向广大群众阐释这部"社会生活百科全书"，帮助百姓了解和使用《民法典》。

新冠肺炎疫情期间，广大人民群众的生活、情绪受到疫情严重影响。湖南广播电视台智趣类脱口秀公益节目《天天云时间》、重庆广播电视台《美好终将来——〈谢谢你来了〉抗疫特别节目》等节目，从不同角度切入，以多样的形式来帮助疫情中的人们获取防疫知识、平复焦虑情绪、鼓舞斗志、守望相助，大屏小屏温馨满满。总台央视户外综艺相亲类节目《喜上加喜》，巧设节目形式，将一档相亲节目置于脱贫攻坚的伟大背景下，摆脱贫困的人们在绿水青山间共结连理，呈现家国同喜、一派祥和的

时代风貌。

八、创新思想政治教育节目表达，以新时代楷模引领青少年健康成长

思想政治教育节目历来是广播电视节目的重要内容之一。2020年的思想政治教育节目，重点选取新时代各行各业的英雄人物、先进人物、行业精英等时代楷模，通过富有现场感的现身说法，用"接地气"的先进事迹、人生经历、事业追求等感召成长中的青少年，帮助他们树立正确的人生观、价值观、世界观。

黑龙江广播电视台《新青年 新思想》，巧选当下年轻人感兴趣的青春分享人，如电影《哪吒之魔童降世》的年轻动漫设计者、哈尔滨工业大学年轻的机器人团队、大兴机场的年轻建筑师等，分享他们的励志成长故事，展示他们的青春风采。总台央视《开学第一课》，采用"云课堂"的全新方式，重点选取有突出贡献的医学专家、逆行的医护人员、平凡岗位的英雄人物、优秀的学生代表等，通过他们的深情讲述，传递"人民至上，生命至上"的价值理念。湖南广播电视台《国旗下的讲话》，邀请医学专家艾宇航教授、北斗卫星导航专家、全国脱贫攻坚奖奋进奖获得者杨淑亭、全国"最美中学生"标兵曾晨希等，讲述他们的人生故事。中国教育电视台《战"疫"，见证中国！》邀请教育界、金融界、医学界等权威学者，通过他们的生动讲述，见证中国共产党的坚强领导、中国的大国担当、中华医药的魅力等。

《思想的田野》第二季延续第一季的表现形式，以"理论宣讲大篷车"为载体和标志，采用"寻访＋解读"的手法，围绕不同的主题深入田间地头，走进人民群众，寻访先进人物，发现感人故事，阐释习近平新时代中国特色社会主义思想的理论内涵，生动描绘新时代祖国各地焕发的新面貌，让理论宣传入情入理。内蒙古广播电视台广播剧《黄河谣》，通过以黄水清为代表的黄河儿女尽心尽力保护黄河生态环境的故事，展示了生活

在黄河流域的人民对黄河的一片深情，突出了"环境保护"的时代主题。江苏广播电视总台《第一粒扣子》，围绕弘扬社会主义核心价值观的理念，以新鲜生动的课本剧表演形式，开展"思想政治课"教育。安徽广播电视台融媒理论节目《学习达人大会》，采用"网上竞答＋打卡实践＋微视众筹"的融媒互动传播，让年轻人在积极的互动中感受全面建成小康社会的中国成就、中国力量，激发年轻人对美好生活的向往和追求。

B.3
2020年中国报业发展模式与创新路径

田晓雪 漆亚林①

摘　要： 2020年，新冠肺炎疫情这一"灰犀牛"事件改变了世界，也在一定程度上考验着报业的内容生产、技术应用、经营模式等方方面面。传统报业面临巨大的转型压力，积极寻求新的商业模式，报业集团融合创新的圈层模式令人耳目一新。在新基建、5G入局、数字经济以及疫情的影响下，报业在机遇与挑战中并行，在夹缝中求生存。中国报业积极探索多种创新路径，拥抱社群经济、数据经济、长尾经济，为未来发展创造了无限的可能。

关键词： 报业；发展模式；创新路径

　　2020年注定是不平凡的一年。一方面，新冠肺炎疫情在全球肆虐，使得中国乃至全世界的经济出现了萎缩，传媒产业也遭受了一定程度的打击。根据国家统计局数据② 显示，2020年第一季度GDP同比下降6.8%，第二季度、第三季度和第四季度的GDP虽稍有好转，但较上一

---

① 田晓雪，上海大学新闻传播学院2020级硕士研究生；漆亚林，中国社会科学院大学新闻传播学院常务副院长、教授，博士生导师。
② 国家统计局.2020年四季度和全年国内生产总值（GDP）初步核算结果［EB/OL］.（2021-01-19）. http://www.stats.gov.cn/tjsj/zxfb/202101/t20210119_1812514.html.

年的增长速度还是存在一定的差距。另一方面，根据中国互联网络信息中心（CNNIC）发布的第47次《中国互联网络发展状况统计报告》显示，我国在量子科技、区块链和人工智能等前沿技术领域不断取得突破，应用成果丰硕，为传媒业的发展提供了技术支撑。[①] 报业就在这样的逆境与机遇交融中曲折发展。

一、中国报业发展模式概述

在上述背景下，一方面，报刊传统的发行渠道受到严重影响，有些报刊采取部分时间段内休刊的措施，有些地方的报刊甚至名存实亡；另一方面，报业发展的模式也进行了或多或少的创新，其信息内容的生产方式、新闻产品传播的渠道以及市场和受众连接、沟通的手段也经历着转型升级。

（一）商业模式：报业转型发展的重要一环

不少学者对商业模式的内涵进行了阐释。蒂莫斯（Timmers）认为，商业模式是关于产品、服务与信息流的系统，其中包括参与者和他们的角色、各种参与者的潜在收益以及来源。[②] 马克·强森（Mark Johnson）等学者指出，商业模式是由为企业创造价值的相互关联的不同要素构成的。[③] 张辉锋和翟旭瑾认为，商业模式即盈利模式，是市场主体获取收益的方法。本文也是借用张辉锋和翟旭瑾的定义与分类，将商业模式分为基本商业模式、关联商业模式和跨界商业模式三大类。[④]

---

① 中国网信网.第47次《中国互联网络发展状况统计报告》（全文）［EB/OL］.（2021-02-03）.http://www.cac.gov.cn/2021-02/03/c_1613923423079314.htm.

② TIMMERS P . Business Models for Electronic Markets［J］. Electronic Markets, 1998, 8（2）: 4.

③ JOHNSON M W, CHRISTENSEN C C, KAGERMANN H. Reinventing Your Business Model［J］. Harvard Business Review, 2008, 86（11）: 50-59.

④ 张辉锋, 翟旭瑾.中国传媒业商业模式类别及创新路径［J］.中国出版, 2019（6）: 3-6.

1. 基本商业模式

基本商业模式指的是仅有传媒业能有效运作的模式，主要有销售内容产品和销售广告资源这两种类别。由于传媒的本质功能是传递信息，因而销售内容产品是传媒业最基本的商业模式。比如免费的报纸，微信、微博上的大部分免费内容信息等都是传媒销售内容产品的表现形式。销售内容产品是早期报纸生存的商业模式，通过"一次售卖"——将内容直接销售给客户的形式——来获取收益。但随着后来黄色新闻的兴起，报价也随之发生了断崖式的跌落，随之兴起的"二次售卖"——将内容售卖给公众，然后将公众的注意力再售卖给广告主——成为报业盈利的主要方式。"二次售卖"销售的其实也就是广告资源。

随着信息技术的快速发展，传统的通过直接售卖内容来换取报纸销量的做法已经行不通了。报业的二元运营模式难以适应新媒体环境下的可持续发展，创新发展模式迫在眉睫。新的内容产品销售形式悄然而生，与"付费墙"类似，比如将纸质版的内容转移到新媒体上，吸纳偏好通过新媒体阅读的用户，用户付费以后才能深入阅读。付费阅读虽然在国内的一些纸媒中也有过尝试，但收效甚微。例如，《人民日报》早在 2010 年 1 月就正式推出了《人民日报》电子版收费阅读服务，但仅维持了 6 年就宣布下线。国外的一些媒体也不断面临被推倒的"付费墙"问题。但在 2020 年这一特殊的年份下，仍有报业突出重围。南方报业传媒集团一反大多数报业惨淡经营的境况，其 2020 年的营收达到 29.41 亿元，净利润达 2.45 亿元，均创历史新高。究其原因，是《南方周末》的内容付费工程进展顺利，产业迭代升级较快，人群定位精准。图 1 是 2016—2020 年南方 + 客户端经营收入。可以看出，作为南方报业传媒集团主要收入来源的南方 + 客户端的营业额在逐年攀升，于 2018 年就已经突破亿元大关。成功的"付费墙"，其核心在于持续为用户提供优质的内容，时刻关注用户的体验，确保用户的付费欲望。这一点，《南方周末》为我们提供了一个范例。

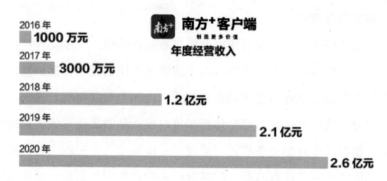

图 1　2016—2020 年南方 + 客户端经营收入 ①

数据来源：蓝鲸传媒。

2. 关联商业模式

关联商业模式指的是在发挥本职功能的基础上，借助自身资源提供的产品获利。这是传媒在发挥本职功能的基础上衍生出来的盈利方式。② 例如活动营销、品牌输出、建设影视基地、提供新媒体打造及运营维护等相关服务。这些虽然不是传媒业的基本商业模式，但是传媒借助专业、资源和品牌优势，可以通过相关多元化拓展价值链，扩大范围经济。

湖南的一家老人报——《快乐老人报》颇为有名。从 2009 年创办至今，该报发行量已经突破了百万大关。这是一家精准定位人群的报纸，同时，其围绕老年人做出的相关内容延伸也颇有借鉴意义。老年人需要自己的"精神家园"，《快乐老人报》设立了怀旧方面的历史话题；老年人想健康长寿，于是养生、保健服务的栏目应运而生③；此外，该报还采取线上线下联动的方式，通过举办有意义的活动来吸引老人参加，使得该报充满了生机与活力。

浙报传媒也致力于打造互联网时代枢纽传媒集团，包括建设大数据工

---

① 黄常开. 营收 29.41 亿元！净利润 2.45 亿元！这家报业集团逆势而上的秘诀是什么？[EB/OL].（2021-03-14）. https://mp.weixin.qq.com/s/3jQomTARFJkXzPTfpJY_dQ.

② 张辉锋，翟旭瑾. 中国传媒业商业模式类别及创新路径 [J]. 中国出版，2019（6）：3-6.

③ 刘庆，范以锦. 转型期报业运营六种模式探析 [J]. 编辑之友，2015（3）：47-50.

程师团队、投资数字体育运营平台、设立传媒股基金及进军影视产业和老年产业等，从而引领传统报媒打造新资源平台，实现多元发展。[①]另外，《都市快报》的快报网、《成都商报》的买购网等电商平台，《厦门日报》以报业旅行社为代表的立体电商平台，包括线上和线下、零售和团购、同城速递网络等服务，这些统称为"媒体、电商、速递"一体的创新盈利模式。

《人民日报》的新媒体模式转型也可以追溯至 2012 年。2012 年 7 月，人民日报官方微博上线，内容涉及以传播《人民日报》观点和信息为主，兼顾国内外重大事件和服务类信息，并适时组织开展微访谈、微直播、微调查等活动，关注社会热点，密切回应公众。此外，人民日报微信公众号和新闻客户端等也相继上线。这三位一体的移动传播布局，形成了融合报纸、杂志、网站、微信、微博、客户端、电子阅报栏、二维码、手机报、网络电视等多种传播形态的现代化全媒体矩阵，大大延长了其报纸的产业链。此外，在 2021 年"两会"报道期间，人民日报智慧媒体研究院研发的集 5G 智能采访、AI 辅助创作、新闻追踪多重本领于一身的人民日报"智能创作机器人"惊艳亮相，令参与"两会"报道的记者编辑"如虎添翼"。通过人机协同，实现了"两会"的精彩报道呈现。这为报纸创新盈利模式提供了新的契机。

报业合理地延伸其产业链，借助科技巧妙地创新新闻内容制作方式，这些不仅能丰富自身的价值模式和盈利模式，也为今后报业的转型提供了可借鉴的发展路径。

3. 跨界商业模式

相对于前两种模式来说，跨界商业模式似乎与传媒本身业务无关。跨界商业模式确实如字面所言，与传媒的本职功能——信息传播没有关系了，而是跨界到了别的行业，进入了其他行业的领地范围。具体的有电子商务、

---

① 令狐克睿，张丹.社群经济下的报业商业模式创新［J］.中国编辑，2018（8）：26-31.

文创产品、资本运作、房地产、电竞、旅游、医疗等各个行业。①

　　浙报传媒是浙江日报报业集团的全资子公司，报刊发行、广告及网络推广、印刷、无线增值服务、游戏运营等一直是其主营业务。自 2012 年以来，由于浙报传媒收购了杭州边锋、上海浩方，其利润来源也发生了一定程度的变化，主要来源是广告及网络推广、在线游戏运营这两部分。2017 年，浙报传媒剥离了传统的报业资产，改名浙数文化，"重点聚焦数字娱乐、数字体育、大数据三大板块，同时着力发展电商服务，隶属服务等具备先发优势的文化产业服务和文化产业投资等业务，努力建设国内领先的互联网数字文化产业集团"②。由此我们可以看出，浙报传媒为了提升盈利能力，其主营业务发生了极大的变化，从传媒转型到更大范围的文化产业，转型后的浙报传媒是一种典型的跨界商业模式。

（二）圈层模式：报业集团融合创新的活力源泉

　　圈层模式是基于传媒集团适应新技术、新业态和新发展而创设的一种系统性运营模式，具有更为强大的资源整合体系和组织保障体系。每一种媒体形态在产生之后都会形成集群，"圈"的概念就是用来描述这种同类媒体发展形成的集群，而"层"的概念用来表示不同形态的、有差异的媒体集群。有学者将报业集团的集群性媒体平台分为"媒体圈"和"非媒体圈"③两大类，媒体圈又进一步分为"传统媒体圈"和"新媒体圈"④。在媒体融合的背景下，不同报业集团可能采取不同的媒体融合战略与模式。其中，上海报业集团、南方报业传媒集团和浙江日报报业集团这三家省级报

① 张辉锋，翟旭瑾.中国传媒业商业模式类别及创新路径［J］.中国出版，2019（6）：3-6.

② 浙报数字文化集团股份有限公司.浙报数字文化集团股份有限公司 2017 年半年度报告［R/OL］.（2018-04-27）.http://www.sse.com.cn/disclosure/listedinfo/announcement/c/2018-04-27/600633_2017_n.pdf.

③ 所谓"媒体圈"是指以传统意义上的新闻资讯为核心形成的媒体集群；所谓"非媒体圈"是指其业务与新闻资讯产品无关，但可能为新闻资讯提供人、财、物等资源服务或市场支撑功能的业务集群。

④ 王学成，刘天乐.我国报业集团叠圈融合模式比较研究——以上海报业集团、南方报业传媒集团、浙江日报报业集团为例［J］.新闻大学，2019（2）：64-85+119-120.

业集团的融合模式既有其相似之处，又有其创新之处，它们的模式代表了三种不同的发展路径。

上海报业集团是由上海原来的两大龙头报业集团——解放日报报业集团、文汇新民联合报业集团——合并而成。从圈层上看，上海报业集团的具体实践分为传统圈衰退期、新媒体圈优化期、APP 圈成长期三个阶段。而上海报业 APP 圈则更是在经历试水、深入、独立三个过程后，逐渐脱离了传统圈，实现了报业集团向新媒体集团的转变。从业务布局看，上海报业集团主要聚焦的是"新闻资讯类业务"，由此便形成了"以新闻资讯为核心的单圈聚焦模式"。同样，王学成、刘天乐也考察了南方报业传媒集团和浙江日报报业集团的模式，通过对其圈层结构和业务布局进行深入剖析，将南方报业的媒体融合发展归纳为"传统圈和新媒体圈并重的双圈协同模式"，而浙江日报则更加市场化，是一种"融合传统圈、新媒体圈和非媒体圈的三圈聚合模式"[①]。

这三个报业集团在媒体融合的过程中，发展模式各有差异，但都涉及了媒体圈及产品之间的继承、创新、协同关系，形成了联系紧密的"网状"结构。这种网状结构有助于不同圈层之间优势互补，发挥不同圈层的"协同增效"作用，为报业集团的融合创新注入生机与活力。

圈层融合模式作为一种特殊的商业模式，在报业集团融合发展的过程中发挥了重要作用，也为今后的报业转型提供了一种新的范式。

二、后疫情时代下中国报业的机遇与挑战并存

时代的一粒灰，落在每个人身上是一座山，落在每个行业则是一道岭。2020 年，传媒行业受到突如其来的新冠肺炎疫情这只"灰犀牛"的巨大冲击，传统报业的经营遭受重创。在经历了近 5 年的断崖式下滑后，报业的经营更是雪上加霜，难以为继。马云曾说："今天很残酷，明天很残

① 王学成，刘天乐.我国报业集团叠圈融合模式比较研究——以上海报业集团、南方报业传媒集团、浙江日报报业集团为例 [J].新闻大学，2019（2）：64-85+119-120.

酷，后天很美好，但很多人却死在了明天的夜里。"2020 年是传统报业优胜劣汰的一年，虽有不少报刊停刊，但仍有报刊通过结构性调整实现了创新发展。

（一）不堪重负：部分传统报刊宣布休停刊

2021 年元旦前，有近 30 家纸质媒体宣布休刊或停刊，有的报刊甚至连休刊词也未曾留下。曾经，手捧报纸阅读新闻信息的现象随处可见。而今，随着智能手机和各种电子产品的普及，利用电子屏获取资讯已成为人们日常生活的常态。在 2020 年新冠肺炎疫情的影响下，不少纸质报业不堪重负，国内多家地方报刊宣布休刊或停刊计划。相比于 2019 年 34 家报刊相继停刊后，2020 年也有 20 余家报刊休停刊（见表 1）。

表 1　2020 年休停刊以及宣布休停刊的报刊

序号	报刊	所在地	停休刊时间
1	《铜陵日报·铜都晨刊》	安徽省	2020 年 12 月 31 日
2	《皖东晨刊》	安徽省	2020 年 12 月 31 日
3	《皖北晨刊》	安徽省	2020 年 12 月 31 日
4	《松原日报 - 晨讯》	吉林省	2020 年 12 月 31 日
5	《德阳晚报》	四川省	2020 年 12 月 31 日
6	《广元晚报》	四川省	2020 年 12 月 31 日
7	《内江晚报》	四川省	2020 年 12 月 31 日
8	《遵义晚报》	贵州省	2020 年 12 月 31 日
9	《漯河晚报》	河南省	2020 年 12 月 31 日
10	《东莞时报》	广东省	2020 年 12 月 31 日
11	《内蒙古旅游报》	内蒙古自治区	2020 年 9 月 25 日
12	《东方卫报》	南京市	2020 年 5 月 29 日
13	《新文化报》	吉林省	2020 年 1 月 23 日
14	《青年时报》	浙江省	2020 年 12 月 31 日
15	《都市消费晨报》	新疆维吾尔自治区	2020 年 12 月 31 日
16	《都市资讯报》	哈尔滨市	2020 年 12 月 31 日

（续表）

序号	报刊	所在地	停休刊时间
17	《遂宁广播电视报》	四川省	2020 年 12 月 31 日
18	《重庆日报·农村版》	重庆市	2020 年 12 月 30 日
19	《益阳城市报》	湖南省	2021 年 1 月 1 日
20	《今日德胜》	浙江省	2021 年 1 月 1 日
21	《湾沚周刊》	安徽省	2021 年 1 月 1 日
22	《金融街周报》	北京市	2021 年 1 月 1 日
23	《飒漫画》	杭州市	2021 年 1 月 1 日

数据来源：笔者整理所得，2021 年 4 月 7 日。

从表 1 可以看出，宣布休停刊的以西部、中部地区的报刊为主，且大多集中在 2020 年末和 2021 年初。在笔者看来，休停刊体现了报业的"断舍离"，是传媒格局深度的结构性调整。通过休停刊来重新配置资源，也不失为一种新的报业更迭方式。同时，这一现象也印证了传播格局的剧烈震荡不停歇，传播格局的重构以及传媒生态的重塑也还未完成。

（二）危机重重：疫情背景下传统报业发展受限

受新冠肺炎疫情影响，我国报业在 2020 年初出现了一波"休刊潮"，一批惯例在春节休刊的报刊延长了休刊日期。即使是那些坚持正常出版的报刊，也因为小区封闭管理等原因，大多无法送达读者手中。但令人叹惋的是，读者似乎对此并不在意，他们大多被更加便捷的手机阅读所吸引。报刊必读性的丧失，是报业面临的一大危机。

近年来，报业经营普遍比较困难，疫情更是令其雪上加霜，主流报刊的广告收入大多出现大幅下滑。据统计，疫情期间，除少数中央类报刊外，地方报刊广告同比呈 80% 以上的跌幅，数天无广告的情形更是比比皆是。[①] 此外，受这次疫情的影响，各地实行严格的封城限行措施，使得

---

① 江波，张维炜. 后疫情时代的媒体经营转型与创新 [J]. 新闻研究导刊，2020，11（6）：79-81.

户外出行的人数大幅度减少，公交、地铁等场所的户外广告的价值明显下降，大型户外广告公司在疫情期间几乎"颗粒无收"。

此外，疫情期间涌现出了更多的竞争者，使得新闻源在一定程度上被分流。网络时代，人人都有麦克风，这消弭了传统主流媒体的话语中心地位，报业的"江湖地位"难以为继。这次疫情中，更是涌现出了一批普通的民众、医护人员等，他们都成了新闻的发布者，有些甚至很专业。比如"i深圳"客户端，凭借强大的技术功能和行政赋能，用户量在短时间内暴涨，日活跃用户数量惊人。这些自媒体、政务新媒体在一定程度上分流了传统报业的新闻源。

（三）突出重围：新媒体线上用户实现超额增长

前途漫漫，困难重重，疫情更是使得报业生存雪上加霜。但是仍有不少报业凭借其独特的优势，杀出重围，实现了自身的价值。

疫情期间，海量网络信息夹杂着诸多虚假的内容，泥沙俱下，令人无所适从。"钟南山院士建议盐水漱口防病毒""双黄连能有效防范病毒"等众多谣言刷爆朋友圈，也加剧了民众的恐慌情绪。央视新闻第一时间派出采访团队深入一线，《解放军报》记者全副武装进入重症病房，湖北广播电视台和《长江日报》等媒体记者走进社区采访基层工作人员等，为全国人民带来第一手的报道；白岩松对话钟南山、冯子健、李兰娟等国家卫健委专家，解读疫情进展，传递防疫信息。[①] 这些都说明传统媒体仍具有不可比拟的优越性。在此基础上，各报业集团新媒体阵营更是赢得了广大用户的好评，实现了用户数量的超额增长。例如人民日报新媒体自 2020 年 1 月疫情以来用户数量增长幅度远远超过以往水平，其中微博粉丝数量增长 1157 万人，微信公众号关注人数增长 275 万人，客户端新增下载量超过 215 万次，抖音账号粉丝数量增长 2357 万人，快手账号粉丝数量增长 850

① 江波，张维炜.后疫情时代的媒体经营转型与创新［J］.新闻研究导刊，2020，11（6）：79-81.

万人。①

三、中国报业未来的创新路径

（一）"价值共创"：社群经济下的报业发展

移动互联网、大数据、人工智能等技术推动媒体版图重构，传统报业在媒体重构大潮的冲击下，不得不直面各种传播平台的异军突起。报业与传统媒体、新媒体、电商、金融、互联网企业合作创新、共创价值将成为报业发展的趋势。②将松散耦合的报业生态中的报媒企业、受众和其他参与者有机组织起来，可以实现报业价值最大化。其中，价值共创中最有代表性的商业模式要数社群经济。

传统报业商业模式最大的困境是用户连接不够紧密，而新媒体时代的社群经济则巧妙地解决了这一难题。社群经济强调人人都能参与内容生产和传播，改变了传统报业的商业逻辑。将社群思维运用到传统报业的商业模式创新中，将促进报业的商业模式组织结构向社会生态系统转变。③例如，报社可组建摄影群，通过微信或报纸版面消息的宣传方式让有相同兴趣的摄影爱好者自愿进群，共同探讨摄影技巧，这期间，媒体可根据群成员的需求开展线上摄影比赛或线下旅游活动等，在维护固有群体的同时创造出更大的群体经济价值。④

在社群经济中，有一种特殊的群体——粉丝，他们通过围绕明星话题、产品或服务聚合而成，形成了粉丝经济。粉丝经济是情感消费占主导地位的经济形态，具有非理性的消费特征，即购买与偶像有关的产品或服务，不以自己的经济状况为依据、不以自己的实际需求为依据，购买量一

---

① 余荣华，朱利. 4855万超常规"增粉"，究竟有啥"料"|战"疫"，给媒体融合带来什么（2）[EB/OL].（2020-03-13）. http://www.zgjx.cn/2020-03/13/c_138874741.htm.
② 令狐克睿，张国庆. 价值共创：传媒重构下的报业转型模式［J］. 中国编辑，2019（12）：44-50.
③ 田斌. 社群经济环境下传统媒体发展策略［J］. 新闻世界，2017（8）：67-70.
④ 田斌. 社群经济环境下传统媒体发展策略［J］. 新闻世界，2017（8）：67-70.

般会超出实际需求。[①]传统的报业也可以开发粉丝经济模式。例如央视新闻的记者王冰冰，凭借清新的外形、出色的谈吐赢得了众多粉丝，还被网友戏称为"央视的收视密码"，使得由她报道的央视新闻热度频频登上热搜，取得了不错的收视效果。

（二）"万物皆媒"：大数据背景下的业态转型

"万物皆媒"时代的逐渐来临，大数据、人工智能、物联网等一批新型技术的不断推进，使得数据的经济效益越来越被人们关注。根据第47次《中国互联网络发展状况统计报告》显示，截至2020年12月，我国网民规模为9.89亿，较2020年3月增长了8540万，互联网的普及率达70.4%。[②]这种虚拟网络社会的迅猛发展态势，不仅为海量数据的持续产生提供了动力源泉，更是在某种程度上塑造了人们虚拟的生活方式与习惯。现实世界与虚拟世界的交融，促进了海量数据的生产与衍变。凭借海量的数据，在法律允许的范围内，媒体可以精准地定位目标人群并满足用户的需求，在广告投放方面，也能实现广告信息在内容、形式与投放上的精准化。

（三）"利基市场"：长尾经济下的垂直细分

2020年以大数据、智能化为特征的头部媒体在拥有巨大的流量后，急于线下落地变现，而各地报业是最好的合作伙伴。在互联网上，用户更加个性化，因此，深耕某一领域的专业性报刊或区域性报刊更能够获得用户的关注。传统报刊利用现有的微博、微信等新媒体平台，搭建起了一个社交媒体矩阵，不仅扩大了影响力，也有利于创新盈利模式。例如，深耕教育领域的《中国教育报》在进行新媒体转型的过程中，对本行业领域进行了垂直细分，搭建了拥有"中国教育报""人民教育""中国教育之声"等

---

① 张辉锋，翟旭瑾.中国传媒业商业模式类别及创新路径［J］.中国出版，2019（6）：3-6.

② 中国网信网.第47次《中国互联网络发展状况统计报告》（全文）［EB/OL］.（2021-02-03）.http://www.cac.gov.cn/2021-02/03/c_1613923423079314.htm.

10 多个微信公众号的微信矩阵，使得旗下的粉丝数量超过 100 万人；杭州《都市快报》搭建了涉及各个垂直行业领域的拥有 88 个产品的微信矩阵，一度成为其所在区域广告主选择新媒体渠道的重要选择。[①] 因此，融合转型中的报业集团，垂直细分市场，聚焦特定人群，形成新媒体矩阵，不失为一种可行的发展路径。

① 贾绍茹.新媒体时代报业商业模式创新路径研究［J］.新闻研究导刊，2020，11（18）：186-187.

B.4
2020年中国网络视听媒体内容创新研究

陈鹏　龚逸琳 [①]

摘　要：网络视听产业作为创新性最强的文娱领域之一，在2020年新冠肺炎疫情面前以变应变，化危为机，产生新的内容生产方式、制作方式和商业模式。"宅经济"激发产业活力，5G、VR、AR等新技术赋能行业革新，产业生态不断健全，融合协同取得新进展，更多高质量、好口碑的网络视听作品不断涌现，网络视听产业繁荣发展的关键点就在于可持续的内容创新能力。本文重点关注网络剧、网络电影、网络综艺、短视频、网络直播和网络音频等行业的内容创新和产业发展，结合具体的视听媒体内容创新产品，对视听媒体的新变化、新动态、新趋势以及行业发展问题进行分析，为中国视听内容产业的发展提供策略建议。

关键词：网络视听媒体；内容创新；网络剧；短视频；网络直播

2020年，突如其来的新冠肺炎疫情在冲击正常经济秩序的同时，也带来了很多生产生活新形态。网络视听行业积极应对疫情影响，围绕"减量

---

① 陈鹏，南开大学新闻与传播学院副院长，研究方向为新媒体传播、影视传播、传媒产业等；龚逸琳，南开大学传播学硕士研究生，研究方向为网络传播、影视文化等。

提质"等关键词探索结构调整，经历重塑考验后实现新突破，网络剧、网络电影、网络综艺、短视频、网络直播和网络音频的内容创作持续繁荣，生产端应用"云+"新业态，消费端发力电商带货实现新增长极，产业链进行新的全生态布局。网络视听行业在内容生产、运营方式、商业模式、海外拓展等方面锐意创新，呈现出新特点、新趋势。

一、2020 年网络视听内容发展基本情况

2020 年中国网络视听行业稳步前进，实现新发展。一方面，网络视听市场用户规模进一步扩大，截至 2020 年 12 月，网络视频用户规模达 9.27 亿，较 2020 年 3 月增长 7633 万，其中短视频用户规模为 8.73 亿，较 2020 年 3 月增长 1.00 亿。[①] 网络视听的网民使用率为95.8%，几乎全体网民都进入了网络视听时代。[②] 另一方面，网络视听产业高速发展，收入持续增长，573 家持证及 70 家备案机构网络视听收入2943.93 亿元，同比增长 69.37%。其中，用户付费、节目版权等服务收入大幅增长，达 830.80 亿元，同比增长 36.36%；短视频、电商直播等其他收入增长迅猛，达 2113.13 亿元，同比增长 87.18%。[③]

（一）网络剧发展情况

总体来看，2020 年网络剧上新数量与前一年相比不减反增，有效播放量趋稳。2020 年全网共上新国产网络剧 292 部，相较于 2019 年的 253 部增加了 15.4%，上新网络剧累计正片有效播放量[④] 共计 881 亿次。2020 年全网剧集正片有效播放量同比下滑 18%，其中电视剧降幅达 25%，而网

---

① 中国网信网. 第 47 次《中国互联网络发展状况统计报告》（全文）[EB/OL].（2021-02-03）. http://www.cac.gov.cn/2021-02/03/c_1613923423079314.htm.

② 中国网络视听节目服务协会. 2020 中国网络视听发展研究报告 [R/OL].（2020-10-12）. http://www.cnsa.cn/home/industry/download/id/813.html.

③ 国家广播电视总局. 2020 年全国广播电视行业统计公报 [EB/OL].（2021-04-19）. http://www.nrta.gov.cn/art/2021/4/19/art_2555_55908.html.

④ 正片有效播放量：综合有效点击与用户观看时长，最大限度去除异常点击量，并排除花絮、预告片、特辑等的干扰，真实反映影视剧的市场表现及受欢迎程度。

络剧正片有效播放量达 1518 亿次[①]，相较 2019 年基本维持稳定（见图 1）。在扶持优质内容的政策引领下，2020 年网络剧口碑和质量提升，佳作频出，深耕垂直细分领域，精品化趋势明显。2020 年豆瓣评分 TOP13 剧目中，网络剧占比高达 84.6%，豆瓣评分在 7 分以上的网络剧数量同比提升 41%[②]，悬疑、甜宠、"她"题材等类型成为年度爆款。

图 1　2018—2020 年网络剧上新部数和正片有效播放量

数据来源：云合数据。

在文化消费日益碎片化和快节奏的背景下，中短篇剧集作品逐渐更受视频网站和网民的青睐。2020 年上新网络剧集数整体向短，24 集以下占比达 58%，25—45 集占比提升至 38%，46 集及以上占比相较 2019 年减少 5%（见图 2）；在集数缩短的同时，网络剧的播出节奏也加快，2020 年 3—4 周完结的网络剧占 61%，而 2019 年集中为 5—6 周完结。[③]

就播放平台而言，爱奇艺、腾讯视频、优酷的头部效应显著，芒果 TV 和哔哩哔哩等新生势力凭借差异化和优质内容组成第二梯队，平台竞争激烈。从数量上看，爱奇艺、优酷、腾讯视频和芒果 TV 在 2020 年分

①　云合数据 . 2020 年网络剧综节目观察 ［R/OL］. https://www.vzkoo.com/doc/29173.html.
②　艺恩网 . 2020 年国产剧集市场研究报告 ［R/OL］. https://www.waitang.com/report/27694.html.
③　云合数据 . 2020 年网络剧综节目观察 ［R/OL］. https://www.vzkoo.com/doc/29173.html.

别上新网络剧 140 部、82 部、74 部和 33 部,其中爱奇艺凭借 402 亿次的
有效播放量和 50% 的市场占有率领跑 2020 年网络剧市场[①],优势明显。各
大视频平台加快对优质内容的争夺,绑定内容公司、加强自有制作人的培
养成为视频平台更为清晰的策略,网络自制剧数量不断增长。整体来看,
2020 年上新网络剧中,平台自制独播内容占七成。

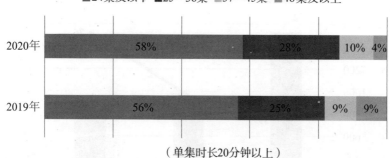

（单集时长20分钟以上）

图 2　2019—2020 年上新网络剧集数分布

数据来源:云合数据。

（二）网络电影发展情况

疫情影响下的 2020 年,电影行业面临巨大挑战,在这一背景下,这
一年的网络电影呈现"减量提质"的趋势。2020 年共上新网络电影 769
部,较 2019 年下降了 2%;2020 年上新网络电影累计正片有效播放量为
76 亿次,同比增长 58%(见图 3)。疫情对用户线上娱乐消费需求的拉升
和对线下影院的冲击,推动网络电影转向"买方市场",加速了网络电影
的精品化进程,"高质量""高成本"成为网络电影产业这一时期发展的典
型特征。投资成本在 300 万元以下的影片由 51% 缩减至 40%,投资成本
在 600 万元以上的影片占比达 34%。告别"低成本"时代后的网络电影市
场潜力进一步释放,网络分账票房破千万的影片共 79 部,占全年上新影

---

① 云合数据 . 2020 年网络剧综节目观察［R/OL］. https://www.vzkoo.com/doc/29173.html.

片数量的 10%，部数较 2019 年翻一番，片方获得网络平台分账票房收益近 14 亿元，达到 2020 年院线电影市场片方分账票房收益的 21%[①]，网络电影对整个电影产业贡献率的提升，已然使其成为中国电影市场的重要组成部分。在创作模式上，网络电影赛道升级，更多专业化影视团队、传统制作团队、知名演员入局，网络电影的影视工业化进程又向前迈出一步。

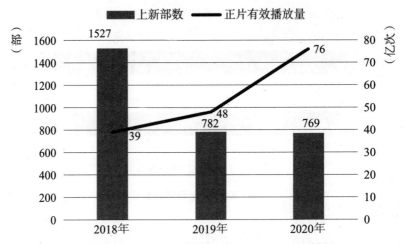

图3　2018—2020 年网络电影上新部数和正片有效播放量

数据来源：云合数据。

（三）网络综艺发展情况

整体来说，2020 年网络综艺市场呈现非匀速发展，上半年受新冠肺炎疫情对录制、编播等流程的影响，多部网络综艺暂停录制，无现场观众的"云录制"形式开始尝试，市场发展缓慢；在疫情稳定的下半年，市场集中回暖并诞生了一批如《创造营 2020》《乘风破浪的姐姐》等爆款节目。从数量上看，2020 年网络综艺呈现上升趋势，上新 134 部，较 2019 年同期增加 5 部，增幅为 3.9%；从口碑来看，网络综艺深入垂直用户，不断提升节目品质，头部综艺引发广泛讨论，使得网络综艺口碑整体

---

① 云合数据. 2020 年中国网络电影行业年度报告［R/OL］. http://www.199it.com/archives/1203961.html.

提升。①

　　网络综艺节目市场题材的多样性满足了不同受众多元化的精神需求。2020 年"她综艺"崛起，偶像选秀类圈层拓展、市场扩大，竞演类 IP 战火延续、价值凸显，悬疑推理类综艺持续发力，紧贴"Z 世代"潮流风向、以《潮流合伙人》为首的潮流综艺迎来小高潮。电商的兴起使得直播带货格外火热，直播带货综艺节目也同步落地开花。"综 N 代"和 IP 效应成为各头部平台稳固自身地位的重要内容策略。以《这！就是街舞》第三季、《奇葩说》第六季为代表的老牌"综 N 代"网络综艺已收获固有忠实粉丝，在 2020 年网络综艺有效播放量 TOP20 作品中，"综 N 代"节目超过半数。各平台也在积极投入开发新节目，如芒果 TV 的《朋友请听好》和优酷播出的《少年之名》，在扩大市场竞争力的同时带来了新的话题和吸引力。

（四）短视频发展情况

　　2020 年新冠肺炎疫情带来的特殊环境，助推了短视频的渗透和迭代增长。从主流媒体入局短视频进行新闻传播，到电商直播搭建营销新渠道、KOL 助力文旅资源开发，再到传统广电纷纷布局 MCN 发展新风口，疫情的冲击助力打造短视频内容的新生态。8.73 亿短视频用户继续扩大了市场规模，使用时长的迅速增长更延伸了市场价值。截至 2020 年 6 月，短视频在网络视听产业中市场规模占比最高，为 1302.4 亿，同比增长 178.8%；以人均单日 110 分钟的使用时长超越了即时通信位居第一。② 短视频除了以在泛娱乐行业中高达 87% 的渗透率成为新的国民级应用行业之外，还正在向电商、直播、教育、娱乐、广告等各领域不断叠加和渗透，将加速推动整个网络视听行业格局的变化。

---

① 李初晴，李悦 . 盘点四 | 2020 年电视综艺和网络综艺市场盘点［EB/OL］.（2021-01-11）. https://mp.weixin.qq.com/s/usXRP0SLuDM0stA1SvrIfA.

② 中国网络视听节目服务协会 .2020 中国网络视听发展研究报告［R/OL］.（2020-10-12）. http://www.cnsa.cn/home/industry/download/id/813.html.

（五）网络直播发展情况

疫情期间，网络直播在线上授课、疫情资讯播报、电商带货、科普宣传等方面发挥了重要作用，网络直播行业蓬勃发展。截至 2020 年 12 月，中国网络直播用户规模达 6.17 亿，较 2020 年 3 月增长 5703 万，占网民整体的 62.4%；其中电商直播成为增长最快的互联网应用，截至 2020 年 12 月，电商直播用户规模为 3.88 亿，较 2020 年 3 月增长 1.23 亿，占网民整体的 39.29%。[1] 直播与电商的结合凭借信息传播优势、粉丝经济规律等诸多特点迅速成长为当前的热门领域，更是在疫情"宅经济"的催化下不断升温，赋能经济社会发展和行业格局演变。从内容细分领域来看，除占据第一细分市场的电商直播外，真人秀直播、游戏直播等传统网络直播依然具有较高的用户黏性，用户规模分别占网民整体的 24.2% 和 19.3%；体育竞赛、演唱会等线下空间容量有限的大型活动，在直播领域也依然维持了非常广泛的受众基础，分别占 19.2% 和 13.9%。[2]

（六）网络音频发展情况

2020 年，中国网络音频行业覆盖用户规模不断扩大，据 iiMedia Research（艾媒咨询）数据显示，如果将数字出版、数字阅读、听书、文字转语音等音频延伸形态计算在内，2020 年中国在线（泛网络）音频用户规模达到 5.7 亿，比 2019 年增长了 16.33%，2022 年有望升至 6.9 亿（见图 4）。[3] 在耳朵经济应用场景更加多元、声音社交逐渐兴起的背景下，多家平台进军网络音频领域，扩大了泛网络音频的产业链条，推动其转型升级。2020 年 3 月，中央广播电视总台的音频客户端"云听"APP 上线，入

---

① 中国网信网.第 47 次《中国互联网络发展状况统计报告》（全文）［EB/OL］.（2021-02-03）. http://www.cac.gov.cn/2021-02/03/c_1613923423079314.htm.

② 中国网信网.第 47 次《中国互联网络发展状况统计报告》（全文）［EB/OL］.（2021-02-03）. http://www.cac.gov.cn/2021-02/03/c_1613923423079314.htm.

③ 艾媒大文娱产业研究中心. 2020—2021 中国在线音频行业研究报告［R/OL］.（2021-03-31）. https://www.iimedia.cn/c400/77771.html.

局网络音频赛道；4月，腾讯音乐推出长音频品牌"酷我畅听"，进军长音频领域，之后以 27 亿元收购懒人听书 100% 股权；5月，中文在线与蜻蜓 FM 达成战略合作，布局有声音频新生态。随着网络音频行业发展进入下半场，用户对优质内容有了更高诉求，优秀创作者的引进培养、知名 IP 的打造、优质内容的版权维护等成为未来网络音频平台内容竞争的重要角力场。

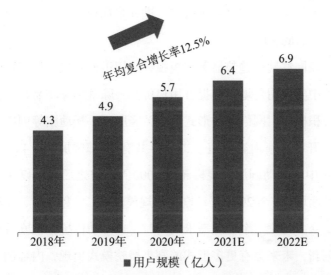

图 4　2018—2022 年中国在线音频（泛网络音频）用户规模及预测

数据来源：艾媒数据中心。

二、2020 年网络视听媒体内容多元创新

（一）网络剧布局竖屏剧、互动剧新形式，深耕剧场运营，提升品牌效应

2020 年，网络剧的发展重心转移到内容品质的持续提升、类型题材的不断创新和商业模式的继续探索上。在制作内容方面，网络剧深耕垂直细分领域内容，各头部平台开启剧场化运营，以实现优质内容与知名平台的双向赋能。爱奇艺深挖悬疑剧作为小众题材的市场价值，推出"迷雾剧

场"，以 5 部各 12 集的精品短剧持续输出高口碑内容，该剧场的《隐秘的角落》和《沉默的真相》分别以 8.9 分和 9.2 分的豆瓣高分创 2020 网络剧口碑峰值，引起悬疑热潮，使得爱奇艺"精品悬疑厂牌"的品牌形象深入人心，推动视频平台剧场化运营模式新升级。优酷"悬疑剧场""宠爱剧场"，芒果 TV"季风计划"等多平台打造的剧场模式使得剧场化运营竞争加码，以精品化优质内容、精准化受众定位、快节奏排播方式和全方位营销手段打造剧场口碑，实现长尾效应，进一步提升网络剧工业化水平和网络剧内容行业的成熟度。

面对互联网移动化趋势显著、短视频应用迅速发展，长视频平台亟待在存量竞争中实现用户增长、提升用户价值。除继续深耕品牌、自制内容外，各平台积极探索网络剧的形式创新，竖屏剧、互动剧等创新形态剧集开始起步，开辟全新内容赛道。2019 年共有 17 部竖屏剧、4 部互动剧上线，2018 年中国互动剧用户规模超过 4000 万，这之后每年以 73.2% 的复合增长率高速增长，2020 年互动剧用户规模过亿。[1]竖屏剧、互动剧的兴起在满足受众多元化、个性化需求的同时，也带动传统影视剧行业内容和技术上的创新，未来会有更多形式的剧集播映模式出现，内容创作模式和受众互动模式都将迎来变革。

（二）网络电影的"院网"融合加速，优质内容进入主流影视市场

2020 年的新冠肺炎疫情给中国乃至全球电影产业带来了严重打击，而这一年，网络电影迎难而上，呈现提质减量、产能优化、院网融合加速等特点，成为特殊市场环境下中国电影产业发展不可忽视的一股力量。互联网正逐渐影响电影产业的走向，2020 年网络点播或院网同步的播出方式使得院线电影与网络平台的结合更加紧密。如疫情期间，《囧妈》《大赢家》

---

[1] 艾媒大文娱产业研究中心 . 2019—2020 中国互动剧产业现状剖析及用户行为调查报告 [R/OL].（2019-11-14）. https://www.iimedia.cn/c400/66772.html.

等院线电影转网络免费播放，以及《肥龙过江》《春潮》等通过网络单片付费观看等形式的出现，开启院线电影从线下转向线上播出的新模式，院网融合进一步加速。除院线电影转网络外，网络电影的发行方式也从"独家发行"向更多"拼播模式"转变，使得受众覆盖面更广、影响力更大，如《奇门遁甲》《龙虎山张天师》以拼播分账模式播出，取得优异票房。①

在国家广播电视总局支持和扶持网络视听行业的政策引导下，网络播放平台出台了一系列优质内容激励措施，如爱奇艺"网络大电影"计划、优酷"年度激励政策"、腾讯视频"网络电影内容激励计划"，推动网络电影精品化内容生产。2020年的网络电影除喜剧、悬疑、冒险等传统类型外，现实主义题材和主旋律题材迎来创作高峰，网络电影题材呈现多元化趋势，2020年上线的"我来自北京"系列、《东北往事：我叫刘海柱》等现实主义题材和《奇袭地道战》《狙击手》等军事题材网络电影获得了一定的口碑和流量。在2020年10月4日的中国网络视听大会上，国家广播电视总局公布"庆祝中国共产党成立100周年"精品网络视听节目片单，《毛驴上树》《春来怒江》《重启2020》等一批优秀网络电影位列其中②，网络电影迸发出更为蓬勃的生命力。

（三）科技赋能网络综艺革新，直播带货网络综艺拓宽内容变现方式

面对疫情初期停工停产带来的节目缺口，网络视听平台积极探索复工复产的新方式，创新推出一系列"云录制"综艺节目，采用同框连线、Vlog第一视角等发布方式，如爱奇艺的系列综艺《宅家点歌台》《宅家运动会》，优酷的《好好吃饭》《好好运动》和腾讯视频的《鹅宅好时光》，配合疫情防控需要的同时也丰富了宅家观众的精神生活。3D建模、全息

---

① 网络大电影. 网络电影2020：77部票房破千万，行业正在发生变革［EB/OL］.（2021-01-09）. https://kuaibao.qq.com/s/20210109A02SNZ00.

② 人民网. "庆祝中国共产党成立100周年"精品网络视听节目创作展播活动正式启动［EB/OL］.（2020-10-14）. http://media.people.com.cn/n1/2020/1014/c40606-31891997.html.

成像等新技术的发展赋能网络综艺的创新，虚拟偶像市场加速发展，2020年《跨次元新星》通过虚拟与现实的交互，为用户打造跨次元新偶像；总台央视综艺《华彩少年》的参赛选手中也出现了虚拟偶像。

直播带货融入网络综艺成为视听行业商业模式的创新举措，据国家广播电视总局监管中心数据显示，2020年全网共上线播出《爆款来了2》《鹅外惊喜》《奋斗吧！主播》《爆款星主播》《你的带货王2020》《来自手机的你》等9档网络带货综艺。[①] 这种把商品售卖与综艺内容巧妙融合的形式，是对如何把高流量转化为直接购买力的一项探索，拓宽内容变现方式，赋予网络综艺更大的商业价值。

（四）短视频持续深耕垂直类内容，推进长短共融的生态布局

短视频在发展中不再局限于娱乐性质，而是深入生活，承担起更加多元的角色，新闻资讯、生活技巧、教育学习、科技等视频类型都进入用户喜爱的视频类型前列。2020年，在疫情的推动下，短视频的垂直类领域持续深耕，垂直类内容不断精细化发展。2020年，在短视频内容生产方面，除UGC（用户生产内容）、PGC（专业生产内容）和PUGC（UGC+PGC）外，MCN行业取得了长足发展，据iiMedia Research（艾媒咨询）数据显示，2020年中国MCN市场规模达到245亿元。目前，中国MCN产业以内容生产和运营为两大基础业态，为包括短视频在内的多家媒体平台提供不同内容，进行内容设计、生产、包装和运营，包括营销、电商、经纪、社群/知识付费和IP授权的其他五大业态作为变现外延，MCN产业逐渐朝着专业化、垂直化、多元化方向发展。

中视频、微剧、微综艺等融合长短视频优势的产品形态日渐兴起，成为各平台重点布局的新领域。长视频平台在短视频的竞争压力下纷纷进军短视频领域，加速布局如"腾讯视频号"、"爱奇艺随刻版"APP等短视频

[①] 彭锦.【观察】网络视听产业发展新特点新趋势［EB/OL］.（2021-02-28）. https://mp.weixin.qq.com/s/9W05hTnL6_6EFltZtT5N2Q.

业务，寻求新的增长点。短视频平台也开始进入长视频竞争赛道，如抖音和快手在 2020 年均开放了 5—10 分钟或更长的视频时长，西瓜视频等平台在影视、短剧等方面均有发力，推动平台内部资源循环。这种新内容形态推动建立长短互促、大小屏共生的内容布局，以满足用户的不同需求。

（五）"宅经济"助推"直播＋"拓宽场景，电商直播引领新型消费

2020 年，网络直播行业在疫情期间"宅经济"的刺激下发展势头迅猛，从纯娱乐发展到娱乐性与实用性相结合的内容体系，"直播＋"逐渐渗透到社会多个行业，进一步拓宽直播新场景。火神山、雷神山医院建设的慢直播在主流舆论场带动全国网友的"云监工"和"云守望"；《人民日报》、新华社等权威媒体开启新闻直播，告知群众一线新闻资讯；教育、医疗、文旅等垂直行业借助网络直播实现知识和内容生产传播的"云"模式；汽车、房产、大家电等传统大宗商品也开始进入直播间线上交易……5G 赋能下，直播＋各行各业成为可能，不断拓展细分领域。"直播＋"模式在重构传统场景、创新商业模式的同时，也在不断输出社会价值。

作为网络直播与电子商务两种新兴互联网业态的强强联合，直播电商具有较强的经济属性。网络直播带货是网络视听行业整体转型升级、商业模式多元发展的重要举措，在补齐企业服务能力短板、助推传统产业数字化转型、扩大内需和经济增长等方面具有独特的应用价值。[①]2020 年，在抗疫救灾、脱贫攻坚的目标下，除李佳琦、薇娅等知名带货主播外，总台央视主持人康辉、朱广权等主流媒体主持人，演艺明星，各地乡县政府和行业领导也纷纷开启"直播带货"，一些县长、局长等政府官员也开启带货模式，助力复工复产、决战脱贫攻坚，在拉动内需、引领新型消费方面取得显著成效。

---

① 周恩泽，贾子洋.盘点九 | 2020 年网络直播市场盘点［EB/OL］.（2021-01-22）. https://mp.weixin.qq.com/s/PEFSm8VNO_1v-Dvpej6YMw.

三、网络视听行业内容发展新变化

（一）商业模式更加成熟多元，内容变现渠道精细化

从内容变现的方式来看，网络视听平台的收入结构不断调整，2018年以来，网络视听平台的广告业务下滑，但会员付费人数和收入稳步提升。市场对用户付费习惯的培养以及疫情居家隔离期间用户娱乐消费需求的刚需，推动了用户付费比重的增长，使得用户为优质内容付费成为常态。2020年，互联网视频年度付费用户为6.9亿，互联网音频年度付费用户达到了1.1亿。[①] 付费内容既包括音频也包括视频，还有知识付费、教育付费等内容。2020年，各平台商业模式更加多元化、精细化，网络剧综方面，长视频平台开启新一轮会员付费升级，超前点播、单期付费、分层会员模式日益常态化；网络电影自2020年开始尝试采用会员+PVOD模式[②] 推动建立院网融合新生态；网络音频行业形成了以会员付费、广告费、打赏、硬件销售为主的盈利模式。网络视听与移动电商的结合，推动网络直播带货以及网络综艺带货这种"人""场""物"结合的商业模式成为网络视听产业新的增长极。内容变现新渠道的升级越来越体现出网络视听对其他经济行业的辐射力和驱动力，将推动行业形成会员收入、广告收入、版权收入与销售收入并存的多元商业格局。

（二）网络视听触角延伸至各领域，"视听+"跨界合作成为新业态

2020年，网络视听行业的领域范围和衍生业务进一步扩大，网络视听内容显现出越来越强劲的和其他产业的跨界融合能力。目前，网络视听已

---

① 国家广播电视总局. 2020年全国广播电视行业统计公报［EB/OL］.（2021-04-19）. http://www.nrta.gov.cn/art/2021/4/19/art_113_55837.html.

② PVOD模式：高端付费点播（Premium Video on Demand）。国内将纯网发行、先网后院、院网同步的国产电影，以及院线窗口期少于1个月或同步流媒体上线的海外院线电影，称为PVOD模式发行影片。

深入渗透电商、社交等各个应用领域，与各种生活场景深度融合，尤其是直播，已与社交、电商深度融合并重造重塑这些行业，"视听 +"模式不断迭代升级，产生很多跨界新玩法。[①] 如"直播 + 扶贫"模式成为乡村发展和助力脱贫的新工具，乡镇企业家和地方政府直播带货带来实际的经济效益；"抗疫 + 电商"为疫情下复工复产刺激消费提供新方式，央视新闻"谢谢你为湖北拼单"公益直播销售额超 4000 万元；"直播 + 文旅 + 城市"模式助力文旅产业融合发展，提供文化赋能消费新路径；"视听 + 教育"提供便捷优质的教育资源，在线教育、在线培训、在线办公等已经成为部分网络视听平台强劲的增长点。2020 年，网络视听不再局限于内容消费或娱乐业，其触角已经延伸到电商产业、在线教育、医疗健康、文化旅游等各领域，网络视听平台正以互联网综合性服务工具的姿态，撬动各行各业。

（三）网络视听成为出海生力军，规模化文化输出取得新突破

随着中国网络视听有越来越多的精品呈现，以及国内市场趋于饱和，各网络视听平台加速"造船出海"步伐，越来越多的视听产品通过更加多元的方式走出国门。《唐人街探案》《鬓边不是海棠红》等网络视听作品在不同国家和地区上线，在海外引起观剧热潮；网络剧《隐秘的角落》入围美国《综艺》杂志评选的 2020 年全球 15 部最佳剧集，成为中国剧集出海新力量。网络视听的文化出海呈现题材多元化、常态化特征，实现剧集从免费到付费、综艺从内容输出到模式输出的转变，网络视听平台的出海战略也从单纯的内容输出转向规模化的平台输出和品牌输出，海外影响力不断扩大。2020 年 2 月 29 日，腾讯视频海外版 WeTV 宣布已经进军泰国、印度尼西亚、越南、印度和马来西亚等多个国家和地区；2020 年，"爱优腾芒"的海外布局，从东南亚国家和地区进一步拓展到欧美等地；2020 年 4 月，快手在海外上线 SnackVideo，5 月，在美国上线 Zynn；抖音海外版

---

① 国家广电智库.【综述】聚焦新时代责任 探索"视听 +"模式新可能［EB/OL］.（2020-10-17）. https://mp.weixin.qq.com/s/5abjHYsgIDfrXknNl2-u9Q.

TikTok 在 2020 年上半年以将近 6 亿次的下载量稳居短视频榜首，成为覆盖全球的爆款产品。从内容输出到"造船出海"再到打造品牌，出海模式也逐步走向深化和规模化，标志着中国网络视听行业开启规模化文化输出的新时期。未来，更多地参与国际市场上的竞争将成为新趋势。

四、网络视听产业长效发展的问题与对策

（一）加强网络视听生态管理，推动短视频行业有序发展

随着移动通信技术的发展，短视频凭借碎片化、移动化和交互性的特征，越来越成为大众网络消费的重点内容。但随着短视频用户的需求不断增长，与此相对的却是短视频内容生产的混乱。当今的短视频行业主要存在以下几个问题：第一，短视频内容的版权问题突出。短视频为获得大众广泛参与，对各种生活场景视频、影视剧片段等多元的内容进行二次剪辑、加工，甚至"洗稿"，在这个过程中，表现手法多样、传播渠道多元、创作主体来自各行各业，这就对短视频的内容保护造成了巨大的困难，甚至引来长视频艺人和团队在版权方面的集体声讨。短视频创作者缺乏版权知识，一方面容易侵犯他人版权，另一方面难以保护自身权益。第二，短视频平台用户规模巨大，视频内容存量庞大，但短视频的质量参差不齐，造成网络生态环境恶化。在这种背景下，低质量的短视频内容在各大平台流窜，给社会造成巨大的消极影响，扰乱社会公序良俗。

为此，需要加强专门针对网络短视频的法律法规建设，完善既有的管理手段和程序，更好地为短视频产业的发展保驾护航。针对短视频的行业生态建设，需要推进政府管理部门和内容平台有关部门的协同，加强管理规定的全网覆盖传播，加强对短视频内容生产者的宣传教育。同时，由平台方积极推进内容管理，借助算法、人工智能等数字化技术，加强内容生态的管理，推动自身的版权保护制度建设，对侵权的短视频内容大胆说"不"，缔造清朗的网络空间。当前虽然已经有一些政策开始出台，但具体

的效力如何，还需要在实践过程中不断完善。

（二）深耕网络剧、网络综艺和网络电影市场，加快原创优质影视内容产出

网络剧、网络综艺和网络电影是中国网络视听市场的主要内容，也是大众喜欢的消费产品。近年来，中国的网络影视行业经过繁荣发展，已经培育了一批具有较高素质的用户群体。大众对视听产品的要求越来越高，但当下的影视市场却存在着优质原创内容缺乏、口碑不足的窘境。这就要求中国的网络影视产业加快推进优质内容的生产。就网络影视供给而言，也存在着制作方式相对"粗放"、制作周期过短、产业链条不健全、价值链条过短等问题。此外，网络视听产业的一些制作商为了吸引眼球，堆砌暴力、桃色、灵异等题材和元素打造内容，而不是靠着优质内容进行竞争，严重危害视听行业秩序。

因此，对于网络视听产品供应商和平台服务商而言，必须积极注意市场反馈，不断调整战略布局。具体而言，一方面，网络视听行业需要加快推进产业链的重构，加快形成"内容服务—集成—发布分销—终端—消费"的视听新媒体产业链，以更好地推动市场主体的价值链拉长加宽；以新的方式整合产业链，推进跨平台的内容营销策略，注重"终端＋内容＋应用"的经营模式，以内容生产者自身为核心，完成对产业链上下游的整合，进而更好地延伸视听产业的价值链条。另一方面，网络视听行业需要加快推进原创内容的培育，提前布局内容市场，积极洞察市场走向，以更好地满足受众需求。对于平台乱象，需要网络平台和相关管理部门加强规制，加强宣扬优质产品、抵制劣质产品。

（三）加快打造网络直播优质内容产品，推进多渠道产业链的价值挖掘

在数字媒体技术快速发展的背景下，网络直播成为大众和媒体组织重点经营的场地。近年来，网络直播行业的发展越来越火热，但在这一繁荣

景象的背后，却隐藏着种种矛盾和问题，直接影响网络直播行业的深入发展。首先，直播内容良莠不齐，低俗内容屡禁不止。同时缺乏有效管理，直播行业从业人员为了利益往往盲目满足受众需求，打擦边球以对抗网络生态管理规定。其次，网络直播行业在经历"野蛮生长"之后，出现了经营模式僵化、变现方式单一，以及相互之间竞争同质化等问题，直播行业的盈利模式亟待创新。当前的直播行业吸引了大量的专业人员和业余跟风者加入，在注意力资源越来越稀缺的情况下，直播行业面临经营困局。如何打造优质内容，挖掘直播产业价值，成为当下的重点问题。

对于直播行业而言，优质的内容是吸引大量用户的关键，也是在直播浪潮中能够生存的唯一途径。因此，需要大力发展直播行业的优质内容，寻找差异化的发展策略，打造具有独特品牌效应的精品节目。要实现这一目标，可以积极寻求与其他网络视听产业相结合，积极引入其他渠道的优质 IP，进行延伸开发，进而释放其在直播领域的深度价值。也需要加强行业领域直播人才的培养，加快推进直播行业 PGC 内容和 PUGC 内容的生产，以支撑网络直播平台的内容输出和供给能力。还需要加快平台的内容生态治理，淘汰劣质内容，对一些盲目追求注意力的直播账号进行控制和限流，甚至可以考虑对账号采取分级制管理，通过分级＋限流的方式抑制低质、低俗内容传播，鼓励对优质内容的流量倾斜，进而建立良性的网络直播生态圈，实现价值增值。

（四）加快推进精品音频内容建设，打造全场景产品格局

随着用户规模的不断扩张，用户数量增长速度的不断加快，网络音频已经成为当前网络视听行业的重要生态构成之一。在数字化技术、5G 通信技术以及智能技术的共同助推之下，网络音频的生态场景更加多元，发展的方式也更加多样。但与此同时，网络音频的发展也存在着不可忽视的问题。首先，相比于在线音乐，网络音频的整体用户规模较小，市场规模仍有发展空间，这主要是因为网络音频的内容供给不足，不能满足广大用

户的多元化需求。其次，网络音频也存在版权开发和侵权的相关风险，严重制约了网络音频的长效发展。因为网络音频所涉及的版权内容众多，版权授权过程复杂，这就导致近年来版权侵权问题不断发生。此外，网络音频平台也为一些低俗内容的滋生提供了土壤，严重影响网络视听生态。

因此，对于这样一个具有巨大发展潜力的网络音频市场，必须加强网络空间治理，还原良好的内容生产环境，加快推进多元化的内容产品建设。一方面，网络音频行业需要加快推进精品内容建设。当下，网络音频的发展与数字化技术的全场景应用密切联系，比如，更便捷且具备性价比的智能配件日益普及，这为网络音频的发展提供了场景基础，使音频市场有了更加多元的产品生态环境，可以根据大众需求和全场景环境进行多元化的内容制作和传播。另一方面，需要加快推进政府管理部门和平台的联合治理，制定行业细分的管理规定和政策，保证音频市场的版权开发有序进行，以更好地满足音频市场的发展需求。

结语

总体而言，2020 年网络视听行业虽受到疫情的冲击，但也迎来了更多机遇。我国网络视听媒体产业以"减量提质"为关键词，以精品化、专业化为发展趋势，为用户提供更加高质量的网络视听内容。网络视听平台基于自身的优势与劣势，不断完善平台生态、提升内容质量、优化商业模式、拓展海外市场、延展产业价值、增强市场竞争力。可以预见的是，随着新一代数字通信技术和智慧科技的发展及深度应用，"科技 + 文化"将成为网络视听行业未来的重要特征和趋势，在政府政策的引领和扶持下，网络视听行业在传媒阵地当中的中坚地位将会更加突出。我国网络视听产业朝着更健康、更高质量的方向发展与转型，需要整个行业的共同努力。

B.5
2020年中国数字音乐产业发展报告

司思①

摘　要： 对于数字音乐产业来说，2020年的市场充满挑战，同时迎来机遇。基于国家对数字音乐产业的扶植政策，对《中华人民共和国著作权法》的修正和颁布，以及互联网用户规模的日益增长和居民文化消费水平的日益提高，在诸如5G、区块链和数字音频技术等数字技术飞速发展的今天，我国数字音乐产业的发展在政策层面、法律层面、技术层面、市场层面、受众层面等都具备了良好的外部条件、内生动力和技术支持。2020年，数字版权环境更加清朗，数字音乐产业稳步提升，产业规模未因新冠肺炎疫情而缩减，产业结构优化调整，产业形态及盈利模式创新发展，数字音乐产业呈现共享、有序、创新、繁荣发展的特点。本文以产业数据和市场分析为基础，剖析数字音乐产业发展环境，梳理过去一年的市场概况和行业特征，展望我国数字音乐产业发展的未来走向。

关键词： 数字音乐产业；数字音乐平台；数字音乐版权；著作权法

---

① 司思，中国音乐学院艺术管理系副教授，硕士生导师，牛津大学路透新闻研究所访问研究员。

音乐产业分为核心层、外围层和相关层，数字音乐产业属于核心层的重要部分。数字音乐是指在数字技术手段下使用数字格式进行创作和编辑，并通过数字存储、通过互联网传输的音乐。数字音乐的特征是能够被多次下载、上传、复制、播放，产品成本不会增加，音乐品质不会发生变化。数字音乐产业化的过程，即基于新媒体互联网的服务，用数字格式在互联网上传播音乐作品，并根据用户对音乐作品的版权订阅使用情况收费。本文主要研究对象是在线音乐用户使用移动终端设备，以音乐流媒体平台为载体，从互联网音乐平台上获取数字音乐服务，即移动音乐功能的实现（不含电信增值业务）。

2020 年对于全球的数字音乐产业来说，是坚守市场、逆势上扬的一年。全球唱片市场流媒体占比已达到 62.1%，亚洲地区历史上第一次流媒体收入超过 50%。[①] 对于中国数字音乐产业来说，则是产业市场结构逐渐整合，产业盈利模式逐渐清晰，产业生态布局趋于完善。

一、数字音乐产业发展环境分析

（一）国际环境

根据国际唱片业协会（IFPI）2021 年 3 月 23 日发布的《2020 年全球音乐报告》显示，2020 年全球录制音乐市场规模总增长 7.4%，总收入为 216 亿美元（见图 1），虽然新冠肺炎疫情令全球很多乐迷无法观看音乐演唱会或现场表演，但全球录制音乐市场仍保持上行，这已是连续第 6 年保持增长态势。音乐市场的增长，流媒体是主要动力，尤其是付费订阅流媒体，收入增长 18.5%。截至 2020 年底，付费订阅用户规模为 4.43 亿。流媒体音乐总收入增长 19.9%，达到 134 亿美元。流媒体收入占主体，占全球录制音乐总收入的 62.1%，在全球 48 个市场中，这一占比均超过 50%，较 2019 年增加了 12 个市场。与此同时，实体音乐收入下降 4.7%；受新冠

---

① 参见：国际唱片业协会《2021 年全球音乐报告》。

肺炎疫情影响，表演权收入下降 10.1%（见图 2）。①

　　根据国际唱片业协会的报告预测，全球唱片行业收入要想恢复到 2001 年 236 亿美元的峰值水平，任重而道远，并且 2020 年因受全球新冠肺炎疫情的影响，音乐演出行业全年总收入也面临巨大考验。

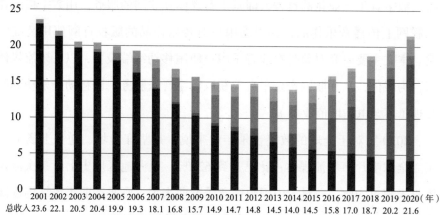

图 1　2001—2020 年全球唱片业收入

数据来源：国际唱片业协会《2020 年全球音乐报告》。

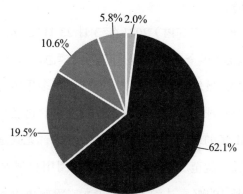

图 2　2020 年全球唱片收入市场细分

数据来源：国际唱片业协会《2020 年全球音乐报告》。

①　参见：国际唱片业协会《2021 年全球音乐报告》。

根据国际唱片业协会的市场数据可知，虽然整个行业受 2020 年新冠肺炎疫情影响，全球数字音乐市场仍呈上升趋势，全球音乐市场已实现连续 6 年增长。与此同时，传统唱片行业收缩，流媒体收入涨幅明显。在唱片行业萎缩的情况下，唱片公司也在进行数字音乐发展策略调整，基于音乐内容本体以及版权的核心业务，调整业务战略发展方向，调整和创新线上音乐内容形式，以适应数字音乐时代的到来。

（二）政策环境

新冠肺炎疫情暴发后，数字经济发展为缓解疫情影响、弥补实体经济不足做出了重要贡献。在文化产业繁荣兴盛的大背景下，音乐产业得以迅猛发展，得益于国家对文化产业、音乐产业的政策支持，音乐产业相关主管部门在文化艺术作品创作和传播的过程中，出台了多项相关举措，加强方向引领和政策扶植，引导作品创作方向，提供艺术发展基金，持续优化艺术创作和音乐传播环境。

根据国家统计局公布的数据显示，2020 年，全国居民人均教育文化娱乐消费支出 2032 元，占人均消费支出的比重为 9.6%。受新冠肺炎疫情的影响，人均教育文化娱乐消费支出比去年同期的 2514 元下降 19.1%。[①] 疫情之后，我国的教育文化娱乐消费有明显的反弹攀升，这是疫情后相关产业复工持续健康发展的结果，也是文娱产业消费升级的必然体现，同时也是数字音乐产业在 2020 年稳增的原因。

2020 年是全面建成小康社会和"十三五"规划收官之年，国家在"十三五"规划中提出要加强文化产业建设，将"音乐产业发展"列入"重大文化产业工程"之中，即把音乐产业作为新兴战略文化产业。2021 年为"十四五"规划的开局之年，规划中提出"文化强国"战略以及文化产业数字化战略，加快发展新型文化企业、文化业态、文化消费模式，为

---

① 中国经济网.国家统计局：2020 年人均教育文化娱乐消费支出 2032 元［EB/OL］.（2021-01-18）. http://www.ce.cn/culture/gd/202101/18/t20210118_36234995.shtml.

未来"十四五"期间音乐产业发展指明了方向。

国家政策持续释放红利，并有文化产业发展专项资金支持，给予数字音乐产业政策和资金支撑。各级行业协会持续发力，如中国音像与数字出版协会、中国音乐著作权协会、中国音像著作权集体管理协会等，对数字音乐产业市场发展进行保护和监督。此外，还有来自各级政府的政策支持，如北京市政府于2020年初颁布《关于推动北京音乐产业繁荣发展的实施意见》，确立了将北京建设成为国际音乐之都和华语音乐全球中心的发展目标，提出力争到2025年，北京市音乐及其关联产业年产值超过1200亿元，同时培育一批龙头企业，形成一批示范园区，并明确了做好音乐产业布局规划、推进示范产业园区建设、激励优秀原创音乐作品、加快数字音乐产业发展、促进音乐科技融合创新、加强音乐产业版权服务等10项重点工作。同时，北京市还将加大对音乐产业的资金扶持力度，依托北京文化投融资服务体系，为重点音乐企业做好金融服务支持。[1]

（三）版权环境

2021年是"十四五"规划的开局之年，历经十载修订的《中华人民共和国著作权法》也于2021年6月1日起施行。2020年11月11日，第十三届全国人民代表大会常务委员会第二十三次会议通过了《全国人民代表大会常务委员会关于修改〈中华人民共和国著作权法〉的决定》，修改后的《中华人民共和国著作权法》共6章67条。新修订的著作权法完善了互联网领域著作权保护的相关规定，为数字音乐的创新、创造、创作提供更加良好的法治环境，更好地为广大音乐人的合法权益提供保障，为未来打造更加清朗的数字音乐市场。

近年来，我国在法律以及行政法规上对数字音乐著作权逐步加强了完善和监管。2015年，国家版权局发布《关于责令网络音乐服务商停止未经

---

① 中国经济网. 政策扶持音乐产业发展 北京力争2025年产值超1200亿元［EB/OL］.（2020-01-03）. http://www.ce.cn/culture/gd/202001/03/t20200103_34036633.shtml.

授权传播音乐作品的通知》,"剑网行动"之前,数字音乐流媒体平台呈现"野蛮生长"、抢占地盘的状态,数字侵权现象较为常见。众所周知,数字音乐版权的侵权成本低、侵权行为难以取证,侵权源头难以追寻。而且在维权过程中,对于数字音乐的播放量和下载量,以及发生金额等都难以核算和取证。

为净化网络音乐环境、规范音乐版权体系,《中华人民共和国著作权法》多次进行修正,逐步修改和完善了对著作权在法律以及行政法规上的监管。各大互联网音乐平台纷纷整改,在巨额版权费的压力下选择采取联盟、共享等方式整合平台音乐版权资源,逐步规范行业标准,限制部分音乐在线下载权限,引导用户版权付费。[①] 自此,中国数字音乐产业由散乱无序的"野蛮生长"时代,迈入有序发展、正版付费的新时代。

二、中国数字音乐产业发展概况

(一)疫情下产业持续稳步增长,网络音乐用户规模扩张

根据国际唱片业协会的数据显示,我国录制音乐市场在 2020 年继续保持快速扩张,市场规模位列全球第 7 位。2020 年,亚洲地区历史上第一次唱片市场流媒体收入超过 50%。我国录制音乐市场位于全球音乐唱片市场的第 7 位(见表 1)[②],即使在疫情期间全球经济下行的大环境下,仍然保持稳步扩张。

表 1 2020 年全球几大音乐市场增长情况

全球音乐市场	市场增长率(%)	流媒体市场增长情况
美国和加拿大地区	+7.4%	美国市场增长 7.3%,流媒体收入增长 12.9%,居于全球音乐产业增长市场第一;加拿大市场增长 8.1%,流媒体收入增长 17.8%,订阅流媒体收入增长 18.2%

---

① 司思. 数字化时代在线音乐用户付费特征分析 [J]. 中国版权,2019(3):41-46.
② 参见:国际唱片业协会《2021 年全球音乐报告》。

（续表）

全球音乐市场	市场增长率（%）	流媒体市场增长情况
欧洲	+3.5%	流媒体收入增长 20.7%，抵消了其他音乐消费格式的下降，全球第二大音乐市场
亚洲	+9.5%	数字音乐收入占总收入首次超过 50%。若不考虑日本（收入下降 2.1%），亚洲将是增长最快的地区，增长率为 29.9%；其中韩国 K-Pop 推动韩国增速 44.8%，成为 2020 年增长最快的主要市场
拉丁美洲	+15.9%	全球增长最快的地区，流媒体收入增长 30.2%，占该地区总收入的 84.1%
澳大拉西亚	+3.3%	澳大利亚流媒体收入增长 12.8%，订阅流媒体增长 14.3%；新西兰流媒体收入增长 3.9%，订阅流媒体增长 4%
非洲和中东	+8.4%	市场受中东和北非地区增长（37.8%）的带动。流媒体占主导地位，收入增长 36.4%

数据来源：国际唱片业协会《2020 年全球音乐报告》。

中国音乐产业近年来实现了持续快速的增长，根据中国音像与数字出版协会和中国传媒大学发布的《2020 中国音乐产业发展总报告》显示，2019 年中国音乐产业总规模达 3950.96 亿元，同比增长 5.42%。中国数字音乐产业规模在 2019 年达到 664 亿元，同比增长 8.4%（见图 3）。[①]

数字音乐市场的稳步攀升，主要收入源自快速增长的付费用户以及订阅流媒体收入。5G 音乐的多媒体流量业务，数字音乐平台的多元化盈利模式如音频内容服务以及付费会员、付费专辑，未来都是拉动数字音乐产业发展强有力的推动力。根据中国互联网络信息中心（CNNIC）发布的第 47 次《中国互联网络发展状况统计报告》显示，截至 2020 年 12 月（受新冠肺炎疫情影响），我国网民规模已经达到了 9.89 亿，互联网普及率为 70.4%。网络音乐用户规模为 6.58 亿，较 2019 年底增长 3066 万，占网

[①] 参见：中国音像与数字出版协会和中国传媒大学艺术学部音乐与录音艺术学院《2020 中国音乐产业发展总报告》。

民整体的 66.6%；手机网络音乐用户规模达到 6.57 亿，较 2019 年底增长 5101 万，占手机网民的 66.6%（见图 4、图 5）。①2020 年，我国数字音乐市场用户版权付费习惯逐步养成，版权收入成为在线音乐平台重要收入来源之一。可见，中国数字音乐产业市场总体规模在发展，在线音乐用户规模巨大，消费市场潜力无限。

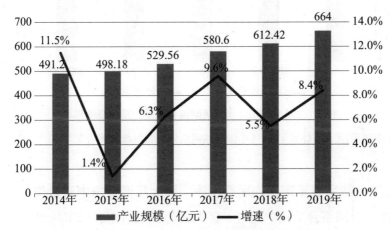

图 3　2014—2019 年中国数字音乐产业市场规模对比图

数据来源：《2020 中国音乐产业发展报告》。

图 4　2016—2020 年网络音乐用户规模及使用率

数据来源：CNNIC 第 47 次《中国互联网络发展状况统计报告》。

① 中国网信网 . 第 47 次《中国互联网络发展状况统计报告》（全文）［EB/OL］.（2021-02-03）. http://www.cac.gov.cn/2021-02/03/c_1613923423079314.htm.

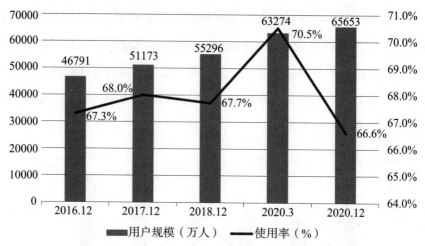

图5　2016—2020年手机网络音乐用户规模及使用率

数据来源：CNNIC第47次《中国互联网络发展状况统计报告》。

（二）数字音乐市场构建新秩序，两大厂商竞争中有合作

在一个网络音乐用户超过6亿人次的巨大数字音乐市场中，市场主体不可能一家独大，任何一家经营在线音乐产品的厂商，都在经历了市场的激烈竞争和市场割据过程，优胜劣汰之后，会存在几家厂商各自占有市场、长期共存的局面，数字音乐产业整合布局呈现共享、有序、创新、繁荣的发展态势。

我国的数字音乐市场，经过几大音乐公司和互联网音乐平台的长期竞争和市场角逐，截至目前，腾讯音乐和网易云音乐这两家互联网音乐巨头两分天下的市场格局已初步形成（见表2）。很多中小型的、版权资源匮乏的、竞争力较差的、资本实力缺失的互联网音乐平台，要么是在市场竞争中破产关停，要么是被大集团并购。例如，2021年2月，阿里巴巴集团旗下的虾米音乐宣布停止服务下架，这也意味着阿里巴巴在数字音乐平台的退出；与此同时，阿里与太合音乐集团达成数字音乐内容合作，向音乐版权、智能设备、在线K歌等领域发展。数字音乐平台布局的变化，使腾讯音乐和网易云音乐逐渐形成寡头垄断市场，双方在市场竞争中基于自身定

位和特色，开发和整合唱片公司资源，抢夺版权资源。

表2　腾讯音乐和网易云音乐的音乐版权布局

厂商	客户端	主要唱片公司	主要歌手
腾讯	QQ 音乐、酷狗音乐、酷我音乐、全民 K 歌	环球、华纳、索尼、英皇、华谊、华研、丰华、杰威尔、独立音乐版权公司 peermusic、Merlin Network、The Royalty Network，日本独立厂牌 SPACE SHOWER 等	周杰伦、陈奕迅、林俊杰、碧昂丝、蕾哈娜、贾斯汀·比伯、张学友、张根硕等
网易	网易云音乐	环球、华纳、索尼、滚石、华研、YG、AVEX 等	王力宏、滨崎步、S.H.E、林宥嘉、苏打绿等

资料来源：根据网络公开资料及调研数据整理。

在国家版权局的推动下，两大厂商音乐版权的竞争与共享并举，2018年2月，阿里音乐与网易云音乐宣布达成音乐版权互相转授权合作。这是继 2017 年 9 月腾讯音乐与阿里音乐宣布达成音乐版权互相转授权合作之后，在线音乐巨头再次签约合作。国家版权局推动腾讯音乐与网易云音乐达成版权合作，截至目前，腾讯、阿里与网易旗下在线音乐平台之间已经相互达成版权合作。

（三）优质版权为核心竞争优势，原创音乐成为新竞争点

2020 年虾米音乐的下线，使腾讯音乐与网易云音乐在数字音乐市场上两分市场的现状明晰。由上文可知，在国家版权局的推动促进下，腾讯音乐、网易云音乐两大在线音乐平台双方签约，暂停了曾经火热的版权之争，尤其是对独家版权的争夺。未来，各大音乐平台将进入稳定发展阶段，积累音乐版权，积累原创音乐资源，逐步过渡到以开发用户体验为主。毋庸置疑，基于腾讯音乐与网易云音乐的部分版权联盟共享，其他二线音乐平台的生存空间将受到更加残酷的挤压，或将迎来在线音乐平台的大洗牌。

腾讯音乐娱乐集团，以音乐版权为核心，主营业务包含数字音乐平台、移动 K 歌、短视频、长音频、泛娱乐直播等，在"泛娱乐"领域打

造数字音乐娱乐生态群落。同样，网易云音乐，以音乐版权为核心，在版权运营、音乐社交、音乐排行榜、泛娱乐、UGC 多渠道营利等方面持续发力。可见，两大音乐巨头的多种经营业务都是围绕着音乐版权全面展开的，因此，价值链前端的唱片公司、音乐制作公司以及音乐人所提供的音乐版权是音乐平台的必争之地。与此同时，双方都开始培育原创音乐人、独立音乐人，制订音乐人扶植计划，向自有音乐版权方向发力。

（四）高科技手段支持乐迷优质体验，创新线上线下音乐形式

随着我国数字音乐产业的持续快速发展，数字音乐的发展以及数字音乐平台的竞争要鄙弃同质化的发展模式，并以个性化、小众性、社交化的创新产品为出发点，增强用户黏性。尤其是疫情期间，很多线下的文化娱乐活动变为不可能，数字音乐的在线传播特点得以发挥出来。一方面，由于疫情影响，数字音乐平台的订阅量和付费率增加；另一方面，各音乐平台在高新科技手段的支持下，创新音乐形式和乐迷的音乐体验。

在全球疫情"宅经济"发展的同时，音乐和相关演出，甚至排练，也开始走向线上化道路，2020 年也被音乐行业视为"线上演唱会元年"。例如，疫情期间，面对全球病毒肆虐，2020 年 4 月 18 日，由歌手 Lady Gaga 策划，世界卫生组织和 Global Citizen 组织联合主办了 One World：Together at Home 全球线上公益演唱会，进行了一场长达 8 小时的线上直播，被乐迷称为"群星璀璨、见证历史"。

根据艾媒咨询数据显示，2020 年上半年，中国在线音乐演出观看的用户规模已经突破 8000 万。[①] 疫情期间，腾讯音乐旗下的 TME live 品牌推出将线下演出与线上直播相结合的超现场演出。2020 年，TME live 线上演出 55 场次，通过高清直播技术和节目制作质量，吸引了大量线上乐迷，获得好评。2020 年中国网络直播用户达 6.17 亿人，较 2019 年同比增

---

① 艾媒大文娱行业研究中心．2020 年中国在线音乐演出市场专题研究报告［R/OL］．（2020-08-16）．https://www.iimedia.cn/c400/73574.html.

长 42.49%（见图 6），同时，线上演出也持续吸引国内外的知名音乐人参加，如刘德华、陈奕迅、五月天、张韶涵、刘若英、Jessie J、R1SE 和花泽香菜等，创新的线上演出模式逐渐成形。

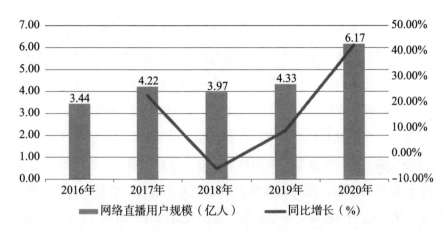

图 6 2016—2020 年中国直播用户规模统计

数据来源：中国互联网络信息中心、智研咨询。

（五）唱片公司专注于音乐版权，内容付费仍为平台主要盈利

音乐产业以实体唱片业和数字音乐产业两部分为主，中国的数字音乐产业几乎占据了整个产业份额。然而，即便在数字化革命如此彻底的今天，唱片公司仍然有独特的竞争资源，即音乐内容。虽然实体唱片售卖市场急剧萎缩，但手握大量音乐艺人、音乐创作者、音乐制作人以及音乐版权的唱片公司仍然是各大在线音乐平台、音乐社交平台及短视频平台追捧的对象。因此，在音乐市场上，唱片公司不再以实体唱片的经营销售为主，而是作为音乐内容提供方，将其音乐版权以独家或非独家的形式签约给数字音乐平台。

对于数字音乐平台来说，内容制作并不是强项，他们的大部分版权来自上游的唱片公司。数字音乐平台在探索盈利模式的时候，既遵循传统的互联网思维，又希冀在盈利方式上有创新和突破。目前，数字音乐的大部

分收入来源于用户的线上付费。因此，在市场格局初步稳定后，几大数字音乐巨头将进一步进行数字音乐产业创新发展以及经营手段的探索，以期开发多元化的数字音乐盈利模式。

第一，传统盈利模式为线上广告。数字音乐产业中最传统的盈利模式是广告，广告主经由第三方广告公司或者本公司广告营销部门，在数字音乐平台投放广告，平台基于自身的用户数量、流量、点击率等大数据方式，为广告主发布广告、提供服务。产生的广告收入一般由在线音乐平台与音乐内容提供方以及第三方广告公司、承包商等按比例分账。[1]

第二，在线盈利模式为内容付费。经由国家对版权环境的改善，以及行业协会的努力，受众版权意识逐渐提高，版权付费也已逐渐成为在线音乐平台使用的常态。常见的在线音乐付费方式有付费会员、付费音乐包、数字专辑、数字单曲等。根据前瞻产业研究院的分析结果，2020 年我国数字音乐用户中打赏过音乐类主播的用户比例为 83.7%，进行过音乐内容付费行为的用户比例为 82.5%。[2]2020 年现象级的数字单曲肖战的《光点》，截至目前销售额已达 1.6 亿元，还有若干千万级别的数字专辑或单曲领衔市场（见表 3）。

表 3 腾讯音乐和网易云音乐的音乐版权布局

排行	歌手	专辑/单曲	发行日期	销售量/张	单价/元
1	肖战	《光点》	2020.4.25	11562230	3
2	蔡徐坤	《YOUNG》	2019.7.26	67929550	5
3	华晨宇	《好想爱这个世界啊》	2019.12.4	65159898	3
4	王一博	《无感》	2019.12.30	49320843	3
5	张艺兴	《莲》	2020.6.1	44653140	20

① 司思. 2019 年中国数字音乐产业报告［M］//卜彦芳. 中国传媒经济发展报告（2020）. 北京：中国国际广播出版社，2020.
② 前瞻产业研究院. 2020 年全球及中国录制音乐产业发展现状分析 国内数字音乐维权难度较高［EB/OL］.（2020-12-30）. https://bg.qianzhan.com/report/detail/300/201230-1482abfd. html.

（续表）

排行	歌手	专辑 / 单曲	发行日期	销售量 / 张	单价 / 元
6	周杰伦	《周杰伦的床边故事》	2016.6.24	39664920	20
7	张艺兴	《HONEY》	2019.6.14	37955396	8
8	李宇春	《哇》	2019.7.24	36890240	20
9	R1SE	《就要掷地有声的炸裂》	2019.8.8	36235812	12
10	Taylor Swift	《Lover》	2019.8.23	34794458	20

资料来源：根据网络公开资料及华经网数据整理。

第三，开发"音乐 +"多元消费模式。除常见的"平台会员付费 + 数字音乐在线消费"的内容付费模式，音乐以其内容经营为出发点，各大平台逐渐开始挖掘受众多种消费模式。立足于音乐版权及其他内容版权基础上，QQ 音乐和酷我音乐推出长音频有声书服务，成绩不俗；很多特定平台的音乐需求采取定制化服务；此外，音乐社交平台赠礼、打赏音乐人，甚至是购买硬件或音乐演出门票等多种在线服务，打造"音乐 +"多元消费模式。以粉丝经济角度为出发点，还能够推动粉丝应援物品、明星商品、明星联名款等音乐衍生品的线上线下消费，从而开发线上线下共同经营 +衍生品开发的多元消费形式，为数字音乐单一的盈利模式拓展新渠道。

三、中国数字音乐产业发展趋势

（一）版权市场更加规范，产业健康有序发展

对于众多内容从业者而言，2020 年是里程碑式的一年。对于音乐从业者来说，《中华人民共和国著作权法》的进一步修改和实施，不但意味着版权人能够得到进一步的保护，也意味着从法律层面使版权市场更加规范有序。新修正的《中华人民共和国著作权法》对于视听作品权利，作品的数字化方式，自然人及集体组织的著作权行使，视听作品原件及

复印件使用权利，视听作品的传播，改编已有作品进行的出版、演出、制作录音录像制品等方面，进行了详细规定。基于《中华人民共和国著作权法》的保护，数字音乐版权市场将会更加规范管理，使产业健康有序发展。

同时，数字音乐的版权意识及数字音乐平台付费常态化，也将是版权逐渐规范化之后的大势所趋。对于音乐平台来说，版权之争是市场竞争的核心之一，探索音乐版权的合理化发展道路，是未来市场战略的重要方向。国家的去"独家"化，以及版权费用的逐年提高，使各数字音乐平台不再执着于"独家版权"，探索发展"独家版权 + 转授权 + 自有版权"的版权资源组合方式，让数字音乐产业在未来走向健康有序的发展之路。

（二）用户音乐偏好多样，分众音乐消费趋向

目前，数字音乐形式呈多元化的发展走向，音乐内容形式多样，用户音乐偏好多样。互联网平台能够利用大数据技术，抓取和分析用户偏好，分众化投放音乐产品，提升用户体验。打开某数字音乐平台，可以看到诸如流行、电子、轻音乐、民谣、摇滚、古典、乡村等音乐类型。同时，近年来还出现了很多小众风格的音乐分类，如说唱、中国风、新世纪、OST、ACG、二次元等。用户音乐内容需求的转变，使得用户音乐消费趋向也发生变化。深挖用户偏好，除了简单的付费音乐内容外，开发音乐演出、社交互动、线下场景体验和衍生品消费等多元化的线上售卖，甚至还可以以打包的形式推送给用户。未来能够实现对用户的深挖、画像以及数字音乐消费的升级。

此外，小众硬件消费如黑胶唱片，虽然不在大众消费领域，但仍属小众高端市场。根据国际唱片业协会的报告，2020 年黑胶唱片收入增长了23.5%，并且一度超过 CD。黑胶唱机和黑胶唱片的消费，未来能够成为音像出版行业的新增长点之一。

（三）粉丝经济拉动产业，"音乐+"深挖粉丝营销

上文提到2020年的现象级数字音乐事件，2020年4月25日，肖战的数字单曲《光点》获得了有史以来最高数字专辑销量，在最新公布的数据中，销量已经达1.6亿元，在很多音乐平台创造了纪录，并登上国际唱片业协会2020年全球单曲畅销榜第7位，可见粉丝经济的巨大拉动力量。除了音乐版权的消费，即数字音乐平台会员和数字专辑的消费外，粉丝经济还囊括以"音乐+"为基础的在线K歌、直播、粉丝见面会、明星演唱会、影视剧音乐、OST音乐会、综艺节目应援、游戏音乐、广告产品、明星周边衍生品等多种营销形式。在基于粉丝经济的音乐传播过程中，爆款数字单曲的打造、明星话题的制造以及粉丝团体的管理和组织，都是粉丝营销的重要环节。"音乐+"的音乐业态融合发展，相关产业的共生发展，例如影视产业、综艺节目、文旅产业等，能够全方位满足用户的音乐娱乐需求，满足粉丝不同层次的音乐消费需求。

（四）音乐平台综合发展，开发音乐价值链闭环

文化产业繁荣发展的大环境，以及互联网用户规模的日益庞大，在数字流媒体技术革新升级的背景下，我国的数字音乐产业逐渐步入黄金发展阶段，但相较于文化产业的其他门类，数字音乐产业还没有完整形成音乐产业价值链的闭环，以循环生态发展。截至目前，数字音乐产业价值链较为单一。第一，价值链的上游为数字音乐版权内容的分发，即唱片公司、音乐厂牌和其他音乐制作公司等；第二，价值链的中游以数字音乐平台为主，将从上游购买的数字音乐版权商品化，经营、传播并销售到乐迷受众；第三，价值链的下游即受众和目前的数字音乐盈利方式，是版权价值的实现过程。

因此，数字音乐产业价值链的中下游，可基于泛文娱产业和"音乐+"的思路，以音乐IP的多种用途和应用场景为出发点，构建数字音乐产业生

态群落，打造数字音乐的"泛娱乐"生态圈，破除行业壁垒，以音乐 IP 为引领，开发多种商业渠道，与其他产业形式相融合，闭合、完善并延伸数字音乐产业价值链，拓展数字音乐的商业边界。

B.6
2020 年中国数字阅读产业发展分析

张建友 ①

摘　要： 2020 年，中国数字阅读产业外部环境整体向好，政府出台的监管政策保障了产业规范有序发展，"宅经济"推动数字阅读产业持续增长，科技赋能数字阅读产业多元发展。在此环境下，数字阅读产业的发展呈现以下特点：市场规模持续增长，多方资本持续入场，以网络文学 IP 为核心的产业链衍生开发市场空间广阔，用户愿意为优质视听内容付费。中国数字阅读产业具有良好发展前景，其未来发展趋势如下：付费＋免费的商业模式有助于完善数字阅读行业生态；有声阅读将迎来高增长期；通过大数据分析及深度运营开发，探索商业化增值效果与用户阅读行为的完美结合模式；拓展海外市场，推动文化走出去，将是数字阅读企业发展的重要趋势。

关键词： 数字阅读；全民阅读；用户体验；有声阅读

2020 年受新冠肺炎疫情影响，实体经济受到较大冲击，数字经济却成为产业转型升级、稳定就业的新引擎。在此背景下，数字阅读产业发展迎来新机遇：数字阅读产业监管政策陆续出台，保障了数字阅读产业规范有

---

① 张建友，贵州商学院讲师，中国传媒大学经济与管理学院博士研究生。

序发展；后疫情时代线下社交活动减少，"宅"生活显著提升用户在线时长，数字阅读迎来了增长良机；信息技术的快速发展，阅读媒介与场景边界越发模糊，数字阅读呈现多元发展。

一、2020 年中国数字阅读产业发展环境分析

（一）监管政策：推动数字阅读产业规范化发展

我国高度重视全民阅读，《中华人民共和国国民经济和社会发展第十四个五年规划和 2035 年远景目标纲要》指出："深入推进全民阅读，建设书香中国。"倡导全民阅读，深化群众精神文明建设已经上升到了国家长期发展战略层面。随着移动技术的发展，信息传播的载体已然发生转变，各类新媒体形态不断涌现，数字阅读在知识传播与价值传递中为用户带来更多的便捷。过去一年来，政府加大了对各类新兴媒体形态和数字阅读产业相关的监督与规范化管理，颁布多项规范制度和重要举措，推动数字阅读产业规范化发展。

2020 年，国家部委先后出台相关政策引导数字阅读产业健康有序发展。国家新闻出版署针对网络文学的出版管理专门印发通知，要求市场主体加强网络文学出版管理，网络文学创作者须实名注册；对数字阅读作品实行动态管理，加强作品对用户的正面引导。新修正的《中华人民共和国著作权法》完善了网络空间著作权保护的有关规定，对进一步推进创作者维护自身合法权益起到积极作用。2020 年 3 月 1 日起施行的《网络信息内容生态治理规定》在数字文化产业内容生产上禁止宣扬庸俗、媚俗内容，鼓励网络信息内容服务平台在数字阅读领域优化信息推荐机制，加强版面页面生态管理。

数字阅读是数字文化产业发展的重要内容之一，国家相关政策也为数字文化产业的高质量发展提供指导。2020 年 11 月，文化和旅游部发布《文化和旅游部关于推动数字文化产业高质量发展的意见》，其中指出，推

动线上线下融合，扩大优质数字文化产品供给，促进消费升级，积极融入国内国际双循环的发展格局，促进数字文化产业高质量发展。《中国图书馆学会关于开展 2020 年全民阅读工作的通知》中指出，抓住移动通信时代发展的新机遇，丰富线上优质资源，创新服务方式，推动全民阅读向传统阅读与数字阅读相结合的方向转变；持续加强线上服务，建立全民阅读数字资源平台，推进数字化阅读服务；统筹推动传统阅读与数字阅读，积极开展线上线下联动活动，扩大活动覆盖面。

2020 年，在有关部门的强化管理下，数字阅读行业秩序得到有效改善，网络平台的自律意识也得以显著提升，主体责任进一步明确，意识形态阵地意识进一步强化，数字阅读产业规范有序的发展环境正在逐步构建。

（二）"宅经济"：后疫情时代释放新潜力

受全球疫情影响，线下消费行为骤减，却在一定程度上促进了"宅经济"的发展。"宅经济"的兴起，推动了数字阅读产业上下游全面发展，培养了更多的数字阅读用户，给数字阅读消费市场发展带来积极影响。

2020 年初，因疫情严重影响到传统出版产业发展，国家新闻出版署及时部署要求优先出版电子版、有声版和视频版网络出版物。1 月 31 日，中国音像与数字出版协会发起了《数字阅读行业战"疫"倡议书》，倡议提供免费阅读服务，60 余家数字阅读平台及相关单位积极响应，设置 80 多个免费阅读专区，用户总浏览量超过 52.8 亿人次，新增注册用户超过 1 亿人，总下载量大于 2.4 亿次，总阅读时长达到 3.3 亿小时，总阅读量达到 72.2 亿人次。[①]

据 QuestMobile 数据显示，受春节以及疫情期间假期延长的影响，2020 年春节期间，用户在线时长提升了 21%，2 月份人均使用时长约 160

---

① 中国音像与数字出版协会.数字阅读行业战"疫"成果斐然，30 天阅读量突破 72 亿 [EB/OL].（2020-03-09）.http://www.cadpa.org.cn/news/view?id=586.

小时，增长率达到 37.3%。^① 据艾媒咨询数据显示，2020 年 1 月至 3 月，在线文娱市场增长较快，增长率达 27.7%，其规模超过 1480 亿元。^② 在线文娱平台通过其自身的媒介优势，在疫情期间发挥媒介功能，为用户提供娱乐的同时兼具信息沟通、抗疫知识传播、教育等功能，助力疫情防控工作。大量的用户增长也为后疫情时代的在线文娱发展提供了更多的流量，其后期内容形态将更加丰富，平台为用户提供的产品也将更加优质。在线文娱市场的良性发展，也为数字经济发展提供了更强动力。

（三）科技赋能：构筑数字阅读多元发展路径

数字阅读在新技术的加持之下，其智能阅读体验更加完美。随着科技不断进步，数字阅读的应用场景不断扩大，阅读的媒介与场景之间的界限越发模糊。随着 5G、云计算、人工智能、物联网等新技术的发展，数字阅读在内容传播、呈现形式以及硬件便携化等方面都在不断升级迭代。数字阅读设备实现跨屏互联，不同形态的场景实现交互，使数字阅读不断突破时空的限制，实现用户在多场景下的阅读体验。全场景阅读模式将为数字阅读发展提供更多空间。

2020 年新技术的快速发展，有利于数字阅读应用程序的创新开发。5G 作为新一代的通信网络，具有低延迟、大容量的特点，使信息传输更加高效、稳定、流畅，提高和扩大了服务容量。5G 网络的内容消费场景和产业生态架构的布局对未来数字阅读产业发展至关重要。2020 年 3 月，阿里巴巴达摩院宣布成立 XG 实验室，专注于 5G 技术和应用的协同研发，探索高清视频、AR/VR 等场景应用研究。2020 年 8 月，国家图书馆将在 5G 新阅读、知识服务、数字资源战略保存等方面与中国图书进出口（集团）总公司进行深度合作，利用新技术开发多层次的阅读产品，基于 5G、

---

① QuestMobile 研究院 . 2020 中国移动互联网"战疫"专题报告——增长策略研究报告［EB/OL］.（2020-02-18）. https://www.questmobile.com.cn/research/report-new/82.

② 艾媒大文娱产业研究中心 . 后疫情时代中国在线文娱行业研究报告［EB/OL］.（2020-07-02）. https://www.iimedia.cn/c400/72425.html.

全息影像以及全景视频等技术打造沉浸式阅读新体验，更好地满足不同用户的阅读需求。

人工智能技术赋能数字阅读，尤其是人工智能在人类语音模拟领域的发展，使有声阅读产品获得用户的喜爱，提高了用户智能聆听体验。2020年3月，中央广播电视总台音频产品"云听"开始上线；4月，腾讯音乐推出"酷我畅听"长音频产品，并收购懒人听书100%股份；数字阅读的智能终端更加方便，功能更加齐全，阅读趣味性更强，它将与传统纸质文献一起成为读者的可靠选择。

二、2020年数字阅读产业发展现状

（一）数字阅读行业市场规模持续增长

2020年，全球疫情催生了"宅经济"，在线阅读用户数和在线阅读时长激增，培养了大批数字阅读用户。在此背景下，数字阅读产业发展迅速，市场规模持续增长。根据中国互联网信息中心（CNNIC）第47次《中国互联网络发展状况统计报告》显示，截至2020年12月，我国网民规模达9.89亿，互联网普及率达70.4%。[①]2020年4月16日，第七届中国数字阅读大会发布了《2020年度中国数字阅读报告》，中国数字阅读用户总量持续增长，达到4.94亿（见图1），人均电子书阅读量为9.1本，人均有声书阅读量为6.3本，人均纸质书阅读量为6.2本，比2019年减少2.6本。电子书+有声书的人均数字阅读量较2019年增长5.5%。2020年，用户平均单次电子阅读时长为79.3分钟，纸质阅读时长为63.2分钟，有声阅读时长为62.8分钟，每天17点至22点是阅读的"晚高峰"[②]。

---

① 中国互联网信息中心.第47次《中国互联网络发展状况统计报告》[EB/OL].（2021-02-03）.http://www.cnnic.cn/hlwfzyj/hlwxzbg/hlwtjbg/202102/t20210203_71361.htm.

② 新华网.2020年度中国数字阅读报告：儿童数字阅读付费增长56.5%[EB/OL].（2021-04-16）.http://www.xinhuanet.com/info/2021/04/16/c_139884684.htm.

图 1　2011—2020 年中国数字阅读用户规模

数据来源：《2020 年度中国数字阅读报告》，2021 年 4 月 16 日。

在数字阅读接触率提升和用户规模稳步增长的助推下，中国数字阅读产业规模逐年增长。据《2020 年度中国数字阅读报告》显示，2020 年中国数字阅读产业中专业阅读规模达到 24.9 亿元，大众阅读规模达到 326.7 亿元，产业总规模已达到 351.6 亿元，增长率达 21.8%（见图 2）。收入结构中，订阅收入仍为主体，其中，免费阅读的发展带动广告收入占比 20.9%，相比上一年的 1.9% 增幅明显。专业阅读收入中，内容 / 服务付费收入占 97.2%；有声阅读收入中，付费音频收入占 62.6%。[①] 伴随"互联网 +"的飞速发展，数字阅读已经成为国民获取知识信息的主要方式之一。

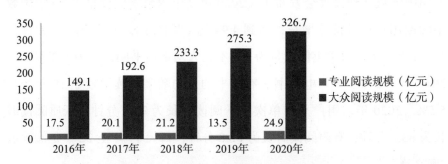

图 2　2016—2020 年中国数字阅读产业规模

数据来源：《2020 年度中国数字阅读报告》，2021 年 4 月 16 日。

---

① 新华网 . 2020 年度中国数字阅读报告：儿童数字阅读付费增长 56.5%［EB/OL］.（2021-04-16）. http://www.xinhuanet.com/info/2021/04/16/c_139884684.htm.

（二）多方资本持续入场，数字阅读产业竞争激烈

2020年，多家互联网企业纷纷加大在数字阅读产业的投资力度，采取直接入股或开发在线阅读平台等形式布局数字阅读领域业务，数字阅读产业竞争激烈。

2020年4月，腾讯接管阅文集团，新组建的管理团队将加强提高IP培育能力，提高阅文平台与腾讯的连接能力，同时在保持现有付费模式的基础上，积极探索业务模式升级。2020年7月，北京字节跳动网络技术有限公司（以下简称"字节跳动"）与中文在线数字出版集团签订了《框架合作协议》，字节跳动将深度进军网文产业，双方将围绕音频作品授权使用、主播生态联合打造、音频内容共建、数字版权授权番茄小说等平台使用而展开合作。2020年11月4日，掌阅科技股份有限公司发布公告，字节跳动旗下公司北京量子跃动科技有限公司（量子跃动）拟受让公司4505万股，占公司总股本的11.23%，将成为公司第三大股东。掌阅科技将与量子跃动关联企业在数字阅读业务的内容生产、制作、营销、宣传等方面展开深度合作，网络文学作品授权字节跳动分发以及代理等达成进一步合作。

2021年1月，腾讯音乐娱乐集团（以下简称"腾讯音乐"）收购懒人听书39.8821%股权。懒人听书加入腾讯音乐后将保持其独立运营，作为腾讯音乐长音频战略的重要组成部分。与此同时，腾讯音乐也将全面对懒人听书开放其完善的生态与资源。2021年1月，腾讯与阅文、百度七猫三家企业联合出资9亿元收购中文在线15%的股权，四家头部企业的合作将对数字阅读产业的格局产生重大影响。网文头部企业中文在线如今拥有腾讯、百度以及阅文集团的加持，在作者数量、内容版权、用户人数以及全产业链上拥有绝对的竞争力。

（三）IP多元开发，数字阅读产业新赛道

2020年，在"宅经济"的推动下，数字阅读市场稳步增长，以网络

文学 IP 为核心的产业链衍生开发市场空间广阔，规模不断扩大。2020 年，由腾讯影业、新丽传媒、阅文影视组成的"三驾马车"在 IP 领域实现多元开发，不仅掌握上游的 IP 和投资两个环节，还掌握制作环节，由此形成一个从 IP 源头到出口的完整生态，实现 IP 价值的最大化。在题材上，IP 题材不再"一枝独秀"，古代言情、历史、玄幻等依然是市场传统优势类别，新幻想类题材和现实题材表现突出，愈加受到下游影视改编方的青睐。

数字阅读用户对 IP 衍生产品关注度高，优质内容衍生的影视动漫作品最受关注，据《2020 年度中国数字阅读报告》显示，用户对 IP 改编为影视剧的关注比例最高，关注度达 60.2%，其次是动漫、主题衍生音乐和游戏等（见图 3）。[①]

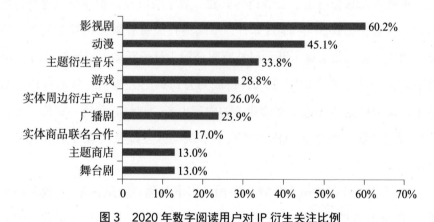

图 3　2020 年数字阅读用户对 IP 衍生关注比例

数据来源：《2020 年度中国数字阅读报告》，2021 年 4 月 16 日。

2020 年，数字阅读产品的 IP 衍生开发主要分布在有声小说、网络剧、游戏及网络大电影等（见图 4），改编分布与用户关注度较为契合。尤其是 IP 改编的影视剧，成绩斐然，如 2020 年 IP 改编的《三生三世枕上书》《清平乐》《下一站是幸福》等分别获得 82.3 亿次、52.4 亿次和 46.1 亿次的播放量。

---

① 新华网.2020 年度中国数字阅读报告：儿童数字阅读付费增长 56.5%［EB/OL］.（2021-04-16）.http://www.xinhuanet.com/info/2021-04/16/c_139884684.htm.

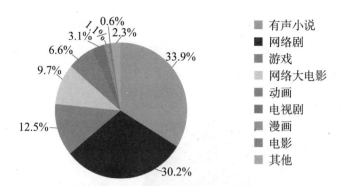

图4　2020年数字阅读作品IP改编分布

数据来源：《2020年度中国数字阅读报告》，2021年4月16日。

经历数年的探索，网文IP开发开始呈现有序推进、内容产业链耦合态势。尤其是腾讯影业、新丽传媒、阅文影视组成的"三驾马车"及"300部网文漫改计划"开启，打通IP在不同阶段下的运营开发形式，建立更系统的机制，实现更高质、高效的网络文学IP改编。IP改编为影视题材提供了更多的选择，影视的爆红也将带动IP改编产业的发展。2021年，电视剧《赘婿》的爆红推动原著日均阅读人数提升近17倍。国内的网文IP开发工业体系开始构建，IP的多元开发正在积极展开升级并努力朝着高质量发展方向持续前进。

（四）沉浸式体验助推音频付费显著增长

随着AI模拟技术的不断进步，数字阅读硬件的智能化程度不断突破，用户的沉浸式智听体验进一步提升。沉浸式体验在数字阅读产业中的发展，体现了技术创新与数字阅读市场需求的融合，沉浸式听书体验获得更多用户的认可，同时，更多的用户也愿意为优质内容付费。据《2020年度中国数字阅读报告》显示，2020年，用户平均单次有声阅读时长为62.8分钟，仅次于电子阅读、纸质阅读的时长，且阅读时长较为接近。2020年，电子阅读付费用户中的26.8%每月平均花费100元及以上。[①] 随着优

---

① 新华网.2020年度中国数字阅读报告：儿童数字阅读付费增长56.5%［EB/OL］.（2021-04-16）.http://www.xinhuanet.com/info/2021/04/16/c_139884684.htm.

质有声阅读产品的增多，用户版权意识的增强，音频付费增长显著，付费音频收入占有声阅读收入的 62.6%（见图 5）。因此，沉浸式体验将是数字阅读重点发展的方向。

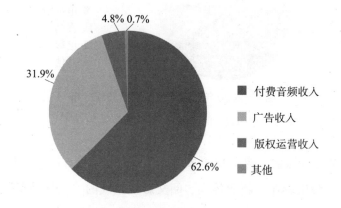

4.8% 0.7%

31.9%

62.6%

- 付费音频收入
- 广告收入
- 版权运营收入
- 其他

图 5　2020 年有声阅读收入结构

数据来源：《2020 年度中国数字阅读报告》，2021 年 4 月 16 日。

三、数字阅读产业未来趋势

《中共中央关于制定国民经济和社会发展第十四个五年规划和二〇三五年远景目标的建议》中指出："扩大优质文化产品供给。实施文化产业数字化战略，加快发展新型文化企业、文化业态、文化消费模式。"未来，付费＋免费的商业模式将有助于完善数字阅读行业生态，通过大数据分析及深度运营开发，探索更多元的文化消费模式，数字阅读行业也将以"讲好中国故事"为着力点，推进国际传播，推动传统文化走出去。

（一）付费＋免费模式齐头并进，市场细分助推行业变革

据第七届中国数字阅读大会发布的《2020 年度中国数字阅读报告》显示，深度用户愿意为高质量电子阅读内容买单，付费意愿达 86.3%，且有 26.8% 的电子阅读用户每月平均花费 100 元及以上。高付费意愿背后，有 81.2% 的用户认为阅读行业迫切需要在内容质量、完善产品功能方面得到

提升。①数字阅读平台应该调整产品服务模式，针对深度阅读用户市场细分的特点，提高内容质量，完善产品功能，提高阅读体验，并保持与免费模式所提供的内容产品的差异化，从而提高付费用户的使用意愿及忠诚度，保持付费用户数和付费率的持续增长。

根据 QuestMobile 数据，2020 年 5 月，银发人群移动设备月活跃用户规模突破 1.1 亿，增速高于全网，是移动网民重要增量来源；在线阅读位居银发人群活跃渗透率 TOP4 的泛娱乐行业之中。②2020 年末，番茄免费小说和七猫免费小说分别以 6162 万和 5434 万的月活跃用户规模跃居在线阅读 APP 前两位。③除专注于全免费模式的七猫免费小说、番茄免费小说、米读外，以付费模式为主的掌阅和 QQ 阅读也推出全免费阅读的"得间"和"飞读"APP，开启付费＋免费的阅读模式。免费阅读产品的用户活跃度在 30% 以上，高于付费阅读产品，但日均使用时长更低。当前，数字阅读用户持续增长，用户下沉现象也较为明显，娱乐性更强的免费阅读模式更受用户欢迎，且免费阅读用户呈现更高的用户活跃度。大量具备阅读需求但付费意愿低的中长尾用户的存在，是免费模式得以跑通的关键。通过免费模式，可以实现更大基数的用户价值变现。

付费＋免费模式能够在不同的细分市场获得目标用户，完善数字阅读行业生态。尽管免费阅读的崛起对付费阅读造成了一定挤压，但其目标用户的细分市场不同，付费阅读模式是依靠高质量内容维护核心阅读用户体验，免费模式则能够通过广告模式实现中长尾、价格敏感用户的价值变现。从数字阅读产业链上游的创作者角度来看，免费阅读模式为中小创作者提供了更多变现的可能，可以提高创作者的创作积极性，为高质量内容生产提供动力。两种模式齐头并进，方能从内容需求与供给两个层面打开

---

① 新华网.2020 年度中国数字阅读报告：儿童数字阅读付费增长 56.5%［EB/OL］.（2021-04-16）.http://www.xinhuanet.com/info/2021/04/16/c_139884684.htm.

② QuestMobile 研究院.2020 银发经济洞察报告［EB/OL］.（2020-07-13）.https://www.questmobile.com.cn/research/report-new/115.

③ QuestMobile 研究院.2020 中国移动互联网年度大报告·下［EB/OL］.（2020-02-02）.https://www.questmobile.com.cn/research/report-new/143.

行业空间，推动行业有机发展。

（二）持续完善有声阅读生态，助力行业升级

随着移动互联网的发展，数字阅读市场的提质增效，有声阅读将迎来高增长期。据艾媒咨询数据显示，2020 年中国在线音频用户规模为 5.7 亿，预计未来将继续保持稳定增长，2022 年将达到 6.9 亿。[①] 中国数字阅读行业经过多年发展，用户规模不断扩大，未来用户增长需要依靠平台内容的多元扩展，覆盖大范围人群，尤其是在有声阅读领域，应加大优质产品供给。掌阅科技近年来不断发力有声阅读领域，2020 年上半年就引入《芳华》《守夜者 3》等约 12 万小时的有声内容。为更好地满足用户多元化、细分化、多场景化的内容获取需求，积极探索智能合成语音技术。[②]2020 年 10 月，掌阅科技成功举办第二届听书节，为用户提供优质有声阅读内容。同时依托旗下原创文学平台，对知名 IP 作品进行有声化制作。

目前，IP 音频内容对于用户有较强吸引力，且成为用户主要收听选择，IP 效应在音频平台得到展现。未来对于 IP 内容的布局，也将成为有声阅读争取并留存用户的关键。据《2020 年度中国数字阅读报告》显示，IP 改编的有声小说最受用户喜爱，相声、小品、广播剧也很受欢迎，不同性别的用户对有声阅读内容的偏好差异较大，女性用户最喜爱古代言情类有声小说，男性用户最喜爱历史军事类有声小说。影视类 IP 延伸内容如广播剧、科教文化节目等，在内容形式上更加契合音频载体，拥有较大发展潜力。此外，有声阅读平台也加强重视打造自制 IP，挖掘新品牌，但自制 IP 栏目需要在质量上有明显优势，才能迅速打开市场，因此，内容制作机构发挥的影响至关重要。中文在线董事长认为，听读一体正在成为阅读新趋势，将依托其强大的原创网络文学平台以及完善的数字内容生态、AI 主

---

① 艾媒大文娱产业研究中心 . 2020—2021 年中国在线音频行业研究报告［EB/OL］.（2021-03-31）. https://www.iimedia.cn/c400/77771.html.

② 掌阅科技 . 掌阅科技股份有限公司 2020 年半年度报告［EB/OL］.（2020-08-27）. https://pdf.dfcfw.com/pdf/H2_AN202008261401691632_1.pdf.

播技术与大量主播储备，不断完善有声阅读生态，助力行业升级，或将开启第四次阅读革命。

5G、人工智能、物联网的发展对有声阅读的赋能作用越发明显，且对其影响主要体现在有声阅读应用场景的延展。未来，在前沿技术支持下，在车载端、智能硬件端、家居端等各类场景将有望给予用户更好的使用体验，从而最大限度发挥音频载体的伴随性优势，在全场景服务用户。

（三）深度挖掘用户及内容数据，完善产品供给

数字阅读平台聚合了广泛的阅读用户以及丰富的数字内容资源。数字阅读平台针对用户的阅读行为，基于海量用户数据，通过大数据分析及深度运营开发，探索商业化增值效果与用户阅读行为的理想结合模式。据《2020 年度中国数字阅读报告》显示，用户对数字阅读内容产品质量提升需求重视度高，有 81.2% 的数字阅读用户认为当前提升内容质量、完善产品需求最为重要；另外，数字阅读行业需要在规范市场、打击侵权盗版、内容定价机制、优化服务等方面进行提升。随着 5G 技术的发展以及用户对高品质体验的需求，阅读设备的更新迭代更加明显，阅读场景也随着技术的发展已然发生转变，在技术加持下实现阅读体验升级，满足用户多场景下的沉浸式阅读体验需求。通过大数据分析描绘精准用户画像，深度运营开发优质数字阅读产品，完善用户对高质量产品的需求。高效、精准地将优质内容触达到用户，形成以内容挖掘和用户行为为导向的精细化且高效的数字阅读，将是行业发展的重要趋势。

（四）布局海外业务，讲好中国故事

在"一带一路"倡议引导下，数字阅读产品出海更加丰富多元。2020年，数字阅读出海作品总量超过 15 万本，都市职场、武侠仙侠、玄幻奇幻位列数字阅读出海题材类型前三位。2020 年，出海数量占比最多地区是北美地区，其次是东南亚地区，分别占出海总量的 40.3% 和 37.8%。未来，5G 商用加速数字阅读内容供给在云服务、物联网、AI、AR/VR 等方面的

智能化进程，拓展海外市场，推动文化走出去，将是数字阅读企业发展的重要趋势。

2020 年，中文在线数字出版集团聚焦新阅读的需求变化，提供领先的产品来满足海外用户的新阅读需求。公司旗下互动式阅读平台 Chapters 越来越受到海外用户的追捧，业务连续两年高速增长，在 2020 年实现行业领先，海外公司实现营业收入 50338.57 万元，同比增长 60.31%。[①]掌阅科技正加快拓展海外业务，借鉴国内发展模式，实现了海外用户数量的快速增长。翻译技术的提升，翻译语种的扩大，以及 AI 等新技术的加持，将推动中国网络文学向海外进一步输出。

从中国到世界，相较于国内饱和的在线阅读市场，国外的中国文学市场有待探索。中华文化和文学作品一直在国际上享有盛名，而国际市场上少有中国文学作品上线，这一市场空缺为中国在线阅读行业的国际化布局提供了可能。数字阅读出海作为一种文化输出，能够让出海企业在海外的业务基础更加坚实，在寻找高黏性用户之余，在细分产业上有更多上下游的布局。但值得注意的是，海外中国文学市场不同于国内，对于企业而言，其把握受众需求更难、收益更难以获取、商业模式更须调整。因此，企业须跟紧国家战略调整自身战略布局，在"一带一路""亚太经济圈"等对外项目中进行布局，助力国家对外传播发展，谋求更多发展机遇。

---

① 中文在线.中文在线数字出版集团股份有限公司 2020 年年度报告［EB/OL］.（2021-04-23）.https://pdf.dfcfw.com/pdf/H2_AN202104221487110619_1.pdf.

Ⅲ 传媒市场篇

B.7

2020 年中国电视市场发展现状与创新趋势

唐嘉楠　敖嘉①

摘　要：2020 年对于中国电视市场而言极具纪念意义。原本市场份额逐
　　　　年下滑的电视市场从突然暴发的新冠肺炎疫情中获得一定发展
　　　　空间，各类优秀电视节目的上映有效疏导了社会紧张情绪，充
　　　　分彰显了传统电视媒体的社会功能。此外，不同频道组的收视
　　　　分化情况进一步加剧，重点频道领先地位越发明显。从产业维
　　　　度来看，媒体融合、"全国一网"和智慧广电建设均在过去一年
　　　　取得一定成效，超高清视频技术以及智能视听领域的发展同样
　　　　可圈可点。

关键词：电视市场；节目收视；媒体融合；电视技术

2020 年既是我国决战决胜脱贫攻坚的收官之年，同时也是媒体融合战
略继续向深入迈进的关键节点。突如其来的新冠肺炎疫情使得包括电视媒
体行业在内的全社会被迫迎来大考。原本收视份额逐年下滑的电视市场在
这场考验中获得发展机遇，在出色实现传统媒体社会功能的同时，还在媒
体融合、"全国一网"整合等诸多领域取得了较大进展。

---

① 唐嘉楠，中国传媒大学博士研究生，研究方向为传媒经济；敖嘉，中国传媒大学广播电
视硕士研究生，研究方向为艺术管理。

一、2020 年电视市场总体收视情况

（一）用户收视情况

1. 全年人均每日收视时长有所提升，"居家抗疫"带动收视增长

根据 CSM 全国网的收视调查数据，2020 年我国电视大屏观众收视上升趋势明显，观众总规模超 12.8 亿，人均每日收看电视 132 分钟，较 2019 年同期增加 8 分钟，增长幅度为 6.4%，自 2013 年以来首次实现正增长（见图 1）。

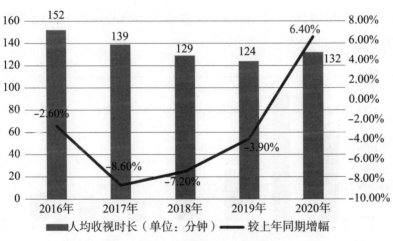

图 1　2016—2020 年观众人均每日收视时长变化

数据来源：CSM 媒介研究。

在受疫情影响最为严重的 1—4 月份，由于居民普遍采取了居家限制外出的防疫措施，因此用户对于电视媒体的消费有了大幅度提升。1 月 24 日至 4 月 30 日大屏收视同比增幅近 30%，最高单日同比增幅约为 64%。2 月，我国电视用户每日户均收视时长达到 6.5 小时，为全年最高值。① 疫情期间电视节目收视率的显著上涨，反映出用户通过传统电视媒体渠道了

---

① 中国视听大数据.中国视听大数据 2020 年度收视综合分析［EB/OL］.（2021-01-08）. https://mp.weixin.qq.com/s/lpqJQeilxlpty2ZbBXXnMg.

解有关疫情防控资讯的强需求。作为传统专业媒体的典型代表，尽管电视行业在近年来饱受互联网新媒体的冲击，但权威、专业的传统新闻制作模式以及有序的议程设置功能依然强化了电视媒体在社会重大事件尤其是突发性公共安全事件播报过程中的社会认可度。

2. 各年龄段收视率普遍回升，年轻受众积极拥抱大屏

从全年各年龄段用户的电视大屏收视情况来看，各年龄段用户的收视率相较于过去一年都有了一定程度的增长，这意味着电视媒体内容对于全年龄段用户的吸引力都有所提升。其中，以往普遍对于电视媒体兴趣较低的年轻受众，在过去一年收视率增长幅度最大，4—14岁电视用户的收视率相较2019年增长约12%，15—24岁电视用户的收视率涨幅约为18%（见图2）。

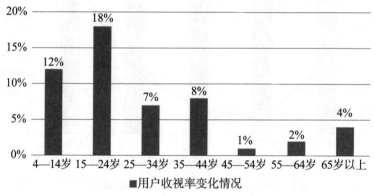

图2　2020年各年龄段电视用户收视率变化情况

数据来源：CSM媒介研究。

在疫情暴发时期，年轻受众对于传统大屏媒体的接触频率更是获得了大幅度增长。据CSM全国网数据显示，疫情暴发后的一个月，各年龄段电视用户的收视率都有一定幅度的上升，而15—34岁电视用户收视率增幅更是高达89%[①]，成为疫情之下促使电视大屏收视率提升的中坚力量。年

[①] 周欣欣. 疫情之下，青春自有归处——年轻受众疫情期间媒介消费行为洞察［J/OL］. https://wwwpic.csm.com.cn/Files/2020/4/3/152354855fff43d17-3.pdf.

轻受众的主动回归，既反映出我国年轻群体对于社会事件的关注程度与日俱增，同时也意味着传统电视媒体已经在电视内容的年轻化制作与表达上取得了一定的进步。更具吸引力的内容呈现，为年轻受众回归大屏架设了稳固桥梁。

（二）不同频道组收视情况对比

1. 频道组收视分化加剧，"马太效应"越发明显

2020 年，不同层级电视频道组的收视情况分化程度进一步加剧，"马太效应"越发明显。全年共有 16 个上星频道月度观众规模超 5 亿（见图 3）。湖南卫视、东方卫视、浙江卫视、江苏卫视以及北京卫视等五个头部省级上星频道的累计收视份额为 14.0%，同比增幅 13.5%。与此同时，全国大部分省级地面频道的收视份额出现下滑迹象，其平均收视份额同比下降约 1.8%，仅福建、江苏、甘肃以及北京 4 个省级地面频道的收视份额有所上升。各城市台频道收视份额同比下滑 1.3%，其中 38 个城市台的收视份额向上浮动。[①]

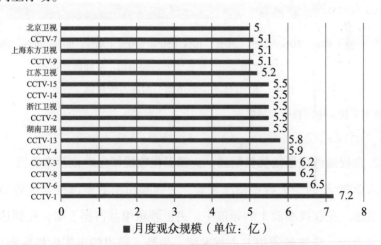

图 3　2020 年月度观众规模超 5 亿的上星频道

数据来源：CSM 媒介研究。

---

① 中国广视索福瑞媒介研究.2020 电视大屏收视与创新研究报告 [R/OL].（2021-02-01）.http://www.doc88.com/p-38747173708696.html.

从不同频道组分时段收视份额情况来看，不同频道组在不同时间段内体现出差异化的收视竞争能力（见图4）。中央广播电视总台央视频道组在上午时间段的收视份额达到了全类别最高的40.50%，意味着总台旗下各频道在上午时间段的节目安排都具有一定的竞争力，从而有助于频道有效吸引观众注意力。其他上星频道组在12:00—18:00时间段内的收视份额相对较高（32.30%），但竞争优势整体并不明显。地面频道组在00:00—06:00、18:00—24:00两个时间段内的收视份额较高，说明在晚间及凌晨时间段，本地用户对于立足当地的电视频道及节目体现出更为浓厚的收视兴趣。

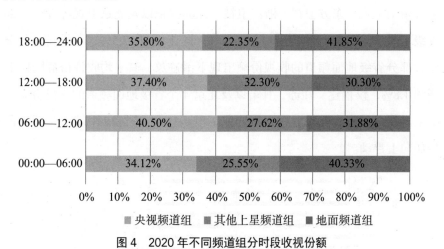

图4　2020年不同频道组分时段收视份额

数据来源：中国视听大数据。

2.央视频道组覆盖优势明显，头部卫视收视领先地位基本稳固

从2020年的全天收视情况来看，央视频道组的整体覆盖优势仍然难以被超越。在收视率前十的频道中，央视频道组共占据5席；在到达率前十的频道中，央视频道组共占据8席。另外，频道的忠实度指标则显示，尽管央视频道组的表现依然出色，但忠实度最高的两个频道却分别是湖南金鹰卡通（6.583%）和北京卡酷少儿（6.415%），且忠实度排名从一到五的频道均为专业内容频道，很好地反映了频道专业化对于用户收视习惯养

成的重要意义。①

从省级卫视市场的表现来看，头部省级卫视在 2020 年的整体收视情况均可圈可点。尤其在上半年，大批年轻受众集体回归大屏使得各省级卫视频道的观众规模以及受众黏性出现了明显增长。从全天时段的收视情况来看，湖南卫视的整体收视份额在头部省级卫视中继续保持领先优势，浙江卫视、江苏卫视、东方卫视以及北京卫视等频道的收视份额排名在不同统计端口中参差不齐，但其全国领先地位基本稳固（见表 1）。

表 1　2020 年全年省级卫视全天时段 TOP5 频道

排名	CSM 全国网			CSM 城域			CSM59 城		
	频道	收视率	市场份额	频道	收视率	市场份额	频道	收视率	市场份额
1	湖南卫视	0.26%	2.88%	湖南卫视	0.33%	3.37%	湖南卫视	0.41%	3.66%
2	浙江卫视	0.18%	1.94%	浙江卫视	0.22%	2.28%	东方卫视	0.35%	3.15%
3	江苏卫视	0.17%	1.9%	东方卫视	0.21%	2.15%	浙江卫视	0.33%	2.97%
4	东方卫视	0.15%	1.61%	江苏卫视	0.2%	2.1%	江苏卫视	0.32%	2.85%
5	北京卫视	0.1%	1.13%	北京卫视	0.15%	1.51%	北京卫视	0.29%	2.55%

数据来源：CSM 媒介研究。

二、2020 年各类型电视节目收视情况

（一）电视节目整体收视情况

从各类型电视节目全年电视收视用户覆盖比率来看（见图 5），新闻（86.02%）与电视剧（85.06%）成为全年覆盖电视收视用户最广的电视节目形态，说明不同类型的电视受众对于这两类电视节目都抱有一定的青睐感。体育节目在电视端的受众覆盖情况相对较弱（56.94%），说明体育类电视节目的主要收视群体较为单一。对比各类型电视节目的播出和收视情况（见图 6），电视剧、动画片和体育节目这三类电视节目播出比重分别为

① 中国视听大数据.中国视听大数据 2020 年年度收视综合分析［EB/OL］.（2021-01-08）.https://mp.weixin.qq.com/s/lpqJQeilxlpty2ZbBXXnMg.

30.7%、7.8%、4.5%，直播收视比重分别为 28.8%、6.3%、3.4%，播出比重和直播收视比重基本持平；新闻、电影与综艺节目的收视比重大于播出比重，说明这几类电视节目的观众具有相对更强的节目收视需求。而从观众回看节目情况来看，电视剧、综艺和电影节目等时效性较弱、娱乐性较强的电视节目回看收视占比更高，分别达到了 36.4%、16.6% 和 9.7%。

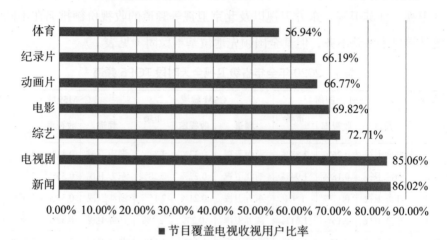

图 5　2020 年各类型节目全年覆盖电视收视用户比率

数据来源：中国视听大数据。

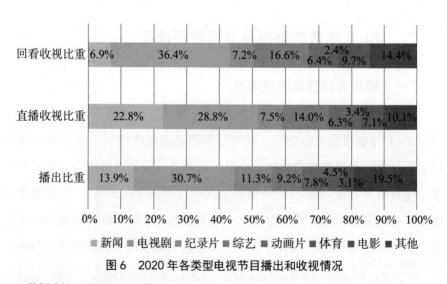

图 6　2020 年各类型电视节目播出和收视情况

数据来源：中国视听大数据。

央视频道组的节目制作能力与议程设置优势在具体电视节目的播映过程中得到清晰体现。观众普遍更倾向于通过央视频道观看新闻、纪录片、电影与体育节目（见图7），这四类节目分别由央视频道组贡献79.86%、65.52%、84.25%、90.33%的收视时长。而对于如电视剧、动画片等娱乐性更强的电视节目类型来说，其他上星频道组的竞争优势更加突出。其他上星频道组分别占据了电视剧与动画片两类节目56.52%以及82.80%的收视时长。综艺节目的收视竞争呈现胶着状态，央视频道组与其他上星频道组在这一领域内的收视时长比较平均。

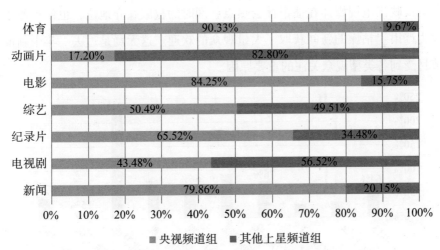

图7 2020年各节目类型不同频道组收视比重

数据来源：中国视听大数据。

（二）各类型电视节目具体收视情况

1. 社会重大事件助推新闻节目收视量攀升

2020年，电视用户对于新闻节目的收视热情有增无减，全年电视新闻节目收视时长同比增长31%，其中，第一季度增长幅度高达80%，其余三个季度新闻类节目的收视时长同比增长幅度依次为35%、10%与2%。[①]

---

① 中国广视索福瑞媒介研究. 2020电视大屏收视与创新研究报告［R/OL］.（2021-02-01）. http://www.doc88.com/p-38747173708696.html.

中央广播电视总台旗下各频道新闻节目收视份额增长明显，全年《新闻联播》每日平均综合收视率 7.839%，收视份额 31.357%。在 1 月 25 日至 2 月 2 日的防疫抗疫关键时期，《新闻联播》收视率更是大幅度上涨 71.1%。① 除此之外，多家省级卫视的新闻收视时长增幅也超过了 50%，尤其是往年新闻收视并不出众的湖北卫视，更是在 2020 年实现了 221% 的跨越式增长（见图 8），充分体现了电视观众对于社会重大事件的关注。疫情期间，主流电视媒体强化责任担当，及时推出多档抗击疫情专题节目，为公众了解疫情相关信息、破除谣言、消除社会恐慌心理做出了重要贡献，不但反映出电视媒体在播报社会热点新闻时的权威媒介地位，也使得原本较为严肃、枯燥的新闻获取了大量观众的欢迎。这无疑是过去一年中新闻节目受到各类型观众关注的重要原因。

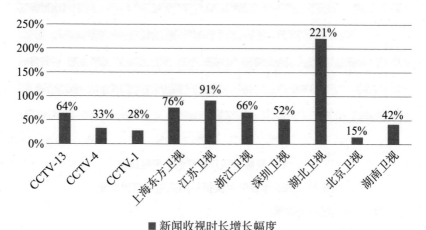

■ 新闻收视时长增长幅度

图 8　2020 年各频道新闻收视时长增长幅度

数据来源：CSM 媒介研究。

2. 电视剧呼应社会现实，头部黄金档收视情况较为理想

2020 年，电视收视用户每日户均观看电视剧时长达 62.4 分钟，在各类电视节目中位居首位。回顾 2020 年全年上映的电视剧节目，抗击疫情、

---

① 中国视听大数据. 中国视听大数据 2020 年年度收视综合分析［EB/OL］.（2021-01-08）. https://mp.weixin.qq.com/s/lpqJQeilxlpty2ZbBXXnMg.

脱贫攻坚、抗美援朝等题材成为主流。《安家》《如果岁月可回头》《冰糖炖雪梨》等现实主义题材电视剧在疫情暴发初期为缓解群众紧张情绪、稳定社会秩序发挥了重要作用。《安家》于 2020 年 2 月 21 日在北京卫视和上海东方卫视首播，两家联播总收视率 4.2%，总市场份额为 12.3%，为 2020 年联播剧中收视最高的剧目。[①]《绿水青山带笑颜》《大江大河 2》《跨过鸭绿江》等电视剧则由于呼应了脱贫攻坚、抗美援朝等时代命题，从而在观众群体以及行业内部获得广泛好评。此外，2020 年全年晚黄金时段（19：30—21：30）高收视剧目占比有了显著提升，这一时间段内，上星频道共播出 702 部次电视剧，其中收视率在 1% 以上的有 81 部次，比 2019 年多了 29 部，约占全部播出剧集的 12%，多数集中在央视频道组与头部省级卫视；收视率在 0.5%—1% 的有 62 部次，集中在 CCTV-1 与 CCTV-8 频道，约占全部播放剧集的 9%。[②]头部五家卫视的晚间黄金档剧目平均收视情况也有了大幅度提升，意味着 2020 年省级上星频道在电视剧制作、宣传以及受众维护等层面都实现了比较理想的突破。

3. 政策导向助力纪录片发展勃兴

2020 年，各电视收视用户每日平均观看纪录片 11.9 分钟，共有 98 部纪录片单集收视率破 0.5%。[③]受国家广播电视总局加强纪录片产业规划指导政策的影响，2020 年国产纪录片的发展呈全面勃兴态势。首先，产业发展政策供给日趋完善，已经形成从中央到地方、从政府到行业高度重视的良好局面；其次，纪录片已经成为主题宣传的关键窗口，并在抗击疫情、脱贫攻坚、抗美援朝这三大主题的创作上做出了突出贡献；最后，纪录片的出品主体更加多元，传统电视媒体与新兴互联网媒体都

---

① 吴凡. 中国电视收视市场大事件扫描——电视剧篇 [J/OL].（2021-04-07）. https://lmtw. com/mzw/content/detail/id/199897/keyword_id/-1.

② 中国广视索福瑞媒介研究. 2020 电视大屏收视与创新研究报告 [R/OL].（2021-02- 01）. http://www.doc88.com/p-38747173708696.html.

③ 中国视听大数据. 中国视听大数据 2020 年年度收视综合分析 [EB/OL].（2021-01-08）. https://mp.weixin.qq.com/s/lpqJQeilxlpty2ZbBXXnMg.

开始深度参与纪录片的出品活动，显著提升了纪录片产业的活跃程度与生命力。

2020年国产纪录片精品迭出，成果斐然。面对突如其来的疫情，围绕抗击疫情、脱贫攻坚、抗美援朝三大主题，广大纪录片从业者夙兴夜寐，及时推出一大批兼具社会效应与艺术质感的精品佳作。例如，《武汉：我的战"疫"日记》采取日记体形式，基于武汉一线医护人员、志愿者等人的视角，谱写了"疫情无情人有情"的人性颂歌；《2020春天纪事》则全面揭秘了中国科学抗击疫情的关键流程，充分彰显中华儿女尊重科学、以人为本的坚定信念。《为了总书记的嘱托——习近平总书记调研指导过的贫困村脱贫纪实》《决战脱贫在今朝》等扶贫题材纪录片首播每集平均收视率分别为1.137%、1.271%[1]，扎根泥土、深入生活，细致还原了在精准扶贫的时代命题下不同地域、不同领域的人们改变命运的故事。《抗美援朝保家卫国》《为了和平》等战争题材纪录片则充分展现了中国人民志愿军的英姿风貌，揭示了抗美援朝精神的深刻内涵和现实意义，成为中国人民志愿军抗美援朝出国作战70周年的绝美赞歌。

4. 综艺节目播放总量减少，头部节目表现优异

2020年初新冠肺炎疫情暴发后，国家广播电视总局积极部署全国卫视加强疫情防控宣传与舆论引导，减少娱乐性节目的制作与播出。此举直接影响了全年综艺节目的播映情况。综艺节目总播出时长相较2019年锐减12.3%，收视时长同比下降5.3%，四个季度收视量同比降幅分别为2.2%、5.7%、6.4%以及7.7%。[2] 全年综艺节目的每日户均收视时长为29.7分钟，共有383档主题节目和328档周播综艺节目在全国卫视频道播出，首播综

---

[1] 中国视听大数据.中国视听大数据2020年年度收视综合分析［EB/OL］.（2021-01-08）.https://mp.weixin.qq.com/s/lpqJQeilxlpty2ZbBXXnMg.

[2] 中国广视索福瑞媒介研究.2020电视大屏收视与创新研究报告［R/OL］.（2021-02-01）.http://www.doc88.com/p-38747173708696.html.

艺节目中 67 档单期收视率超 1%，170 档超 0.5%。^①

相对而言，头部综艺节目的播映成绩普遍比较优秀，全年共有 20 余档综艺节目直播平均收视超过 1%，10 余档节目的直播平均收视超过 2%。《开门大吉》《非诚勿扰》等常播综艺由于节目受众基础良好，因此在 2020 年继续保持着较强的社会影响力。季播综艺节目的收视表现也较为理想，包括《笑起来真好看》《元气满满的哥哥》《追光吧！哥哥》等 3 档新季播综艺、9 档非新季播综艺的平均收视率都超过了 2%，而如《奔跑吧》《极限挑战》《王牌对王牌》等"综 N 代"节目则通过对脱贫攻坚等时下热点话题的关注赢得了受众的广泛好评，播出期间收视率基本稳定在同时期地方卫视节目收视率前三名。^②

三、2020 年电视市场创新趋势回顾

（一）政策导向明确，广播电视媒体融合继续深入

自 2014 年《关于推动传统媒体和新兴媒体融合发展的指导意见》出台后，我国的媒体融合工作已经取得诸多重大进展。尤其是在刚刚过去的 2020 年，一系列新政策、新举措的推出为广播电视媒体机构媒体融合实践不断向深入推进提供了充足的动力。

由中央广播电视总台组织业界、学界专家共同评选的"2020 视听新媒体领域十大新闻"，将"加速推进媒体深度融合写入'十四五'规划建议"评选为视听新媒体行业年度第二大新闻，充分印证了政策导向对于媒体融合进程的决定性推动作用。事实上，2020 年，从中央到国家广播电视总局的各级有关部门都相继明确政策导向，着重强调加快推进媒体深度融合的思想理念。如 2020 年 6 月 30 日，习近平总书记主持召开中央全面深化改

---

① 中国视听大数据 . 中国视听大数据 2020 年年度收视综合分析［EB/OL］.（2021-01-08）. https://mp.weixin.qq.com/s/lpqJQeilxlpty2ZbBXXnMg.

② 中国广视索福瑞媒介研究 . 2020 电视大屏收视与创新研究报告［R/OL］.（2021-02-01）. http://www.doc88.com/p-38747173708696.html.

革委员会第十四次会议，审议通过了《关于加快推进媒体深度融合发展的指导意见》。该文件从重要意义、目标任务、工作原则等三个方面明确媒体深度融合发展的总体要求，指出应着力优化传统媒体和新兴媒体在体制机制、政策措施、流程管理、人才技术等方面的融合步伐，推动建立一批具有强大影响力和竞争力的新型主流媒体。11月26日，由国家广播电视总局印发的《关于加快推进广播电视媒体深度融合发展的意见》也同样倡导广播电视行业优化资源配置、完善全媒体传播格局，强调要逐步建立以内容建设为根本、先进技术为支撑、创新管理为保障的全媒体传播体系。明确的政策导向为广播电视媒体机构优化现有运营体系、强化融合发展动能创造了宝贵契机，有效保证了广播电视媒体的发展质量。

从实践层面来看，2020年，全国各地的广播电视媒体机构在组织架构调整上出现了不少新动向、新特征。尤其是广播电视媒体融合发展创新中心的出现，更是为媒体融合理论研究、模式探索、技术应用以及项目孵化提供了重要平台。2019年，国家广播电视总局决定择优创建广播电视媒体融合发展创新中心，并以鼓励先行先试、优化资源配置、优先纳入发展规划等多种方式支持创新中心发展。截至2020年末，首批包括中国（京津冀）广播电视媒体融合发展创新中心等在内的5家创新中心相继落地，为广播电视媒体汇聚各方力量、深入研究探索、强化应用示范，加快推进与新兴媒体的深度一体化融合打下了非常好的基础。可以预见，在不久的将来，方兴未艾的媒体融合中心建设，还将继续为电视媒体的进一步升级迭代以及更高维度的融合发展提供不竭动力。

（二）"全国一网"整合现成效，智慧广电建设有序推进

据国家统计局公示的《中华人民共和国2020年国民经济和社会发展统计公报》显示，截至2020年末，全国有线电视实际用户为2.10亿户，同比2019年下降0.94%。[①] 有线电视业务用户规模在近年来的不断萎缩，

---

① 国家统计局.中华人民共和国2020年国民经济和社会发展统计公报［EB/OL］.（2021-02-28）. http://www.stats.gov.cn/tjsj/zxfb/202102/t20210227_1814154.html.

与来自互联网、IPTV、OTT 等收视渠道的分流有着重要关系，同时也离不开其旧有管理体制内在局限上的影响。我国有线电视网络业务的发展情况深受"四级办"以及"台网分离"等政策影响。直至 2020 年，依然有不少一级行政区域保留了一家以上的有线电视网络运营主体，而没有彻底完成有线电视网络的实际性整合工作。各自为政的发展模式、复杂的产权归属状况以及庞杂的技术标准等因素都深刻制约着我国广电有线电视业务的良性发展。为了综合提升其规模效益并降低成本，增强有线电视网络的产品及服务供给能力并提高有线电视网络竞争能力，"全国一网"整合势在必行。

为了加快对全国有线电视网络的整合步伐，2020 年 2 月，《全国有线电视网络整合发展实施方案》正式印发。该文件强调秉持"行政推动，市场运作"的原则，由中国广播电视网络有限公司牵头和主导，联合省级有线电视网络公司、战略投资者等共同组建中国广电网络股份有限公司，以实现全国有线电视网络的统一运营管理以及国有资产的保值增值。4 月，全国 28 个省（区、市）和新疆生产建设兵团整合领导小组纷纷成立，为各区域参与对接全国性有线电视网络整合打下了很好的基础。9 月 25 日，中国广电网络股份有限公司完成工商注册，正式成为促进我国有线电视网络业务转型升级、实现"全国一网"与 5G 融合发展的聚合平台。截至 2020 年 12 月 31 日，中国广电网络股份有限公司共获得中国广播电视网络有限公司等 46 家股东的出资认缴，其中前五大股东持股比例约为81.295%，包括广东广电网络发展有限公司、山东广电控股集团有限公司等在内的各省级有线电视网络公司的总持股比例约为 25.094%[1]，成为我国"全国一网"建设的重要组成部分。

"全国一网"的顺利推进也有助于我国快速迈向智慧广电的目标。特别是在 5G 时代，智慧广电建设有利于打造以视听业务为主体的高质量、全媒体综合信息内容服务体系，促使我国广电业态不断向多元化发展。从

---

[1]　据网络公开资料整理。

顶层设计上来看，各级主管部门都在过去的一年中加大了对于智慧广电建设的政策扶持力度。如北京市广播电视局印发的《北京市智慧广电发展行动方案（2019 年—2022 年）》，即立足于推动媒体融合发展、创新内容生产和节目形态、加快基础设施建设等诸多角度，为首都智慧广电重点任务的建设以及发展方向规划蓝图；浙江省广播电视局印发的《浙江省智慧广电建设行动计划》也强调了"打造智慧广电媒体，发展智慧广电网络"的重要性，并指出要通过夯实建设基础、构建创新体系、拓展应用服务等诸多手段，让广播电视事业在新时代获得新拓展，最终打造智慧广电的"浙江样板"。而"全国一网"建设的顺利开展，则为各级广电机构实现智能化生产运营与分发传播，形成无处不在、无缝切换、可管可控的全流程数字网络提供了充足便利。随着政策、技术、市场等多元力量的推进，一个涵盖全方位、立体化的视听体验和消费服务，由单一收视服务向多元化综合信息服务拓展，从大屏向多屏、跨屏服务有序演进的智慧广电生态已经初具规模。

（三）超高清视频技术体系逐步完善，智能视听变革不断前行

技术是广播电视产业得以不断向前发展的稳定推动力。2020 年，我国广播电视系统在技术研发方面出现了不少新进展、新成就，为各电视媒体在未来的可持续发展铺平了道路。

超高清视频（4K/8K）技术，是继数字化、高清化之后电视领域迎来的又一轮重大技术变革，也是 5G 商用部署的重要场景和驱动力量。加快发展超高清视频产业，不仅有利于促进 5G 相关产业提质增效，也对完善现代广电产业体系建设具有重大战略意义。2020 年 5 月，工业和信息化部联合国家广播电视总局印发了《超高清视频标准体系建设指南（2020版）》，从基础通用、内容制播、网络与业务平台等角度出发，为我国超高清视频产业发展的相关体系建设制定了标准，有效促进了我国超高清视频产业的健康可持续发展。11 月，由工业和信息化部、国家广播电视总局、

中央广播电视总台、广东省人民政府共同主办，广州市人民政府、广东省工业和信息化厅、广东省广播电视局、广东省通信管理局、中国电子信息产业发展研究院承办的"2020 世界超高清视频（4K/8K）产业发展大会"在广州召开，大会以"超清视界，5G 赋能"为主题，为加强超高清视频产业国内外交流合作、促进产业链协同创新、突破关键核心技术、加快新产品新技术应用与经济高质量发展打造了重要平台。趋于完善的体系建设与高规格交流平台的出现都成为促进我国高清视频产业发展的良好契机。

伴随着电视技术的高速发展，我国的智能视听行业同样在 2020 年取得了不小的进步。从宏观产业维度来看，一批高水平智能视听产业基地的建设在 2020 年纷纷取得突破，如中国—东盟网络视听产业基地成功完成一期建设并投入使用，中国（厦门）智能视听产业基地也获得了包括新华网、凤凰卫视、快手、人民中科等 18 家机构和成长型网络视听企业的签约入驻。这些产业基地的有序推进对于我国智能视听行业继续向数字化、网络化、智能化发展意义深远。而从微观智能视听渠道的播映情况来看，以 IPTV、OTT 等智能互动平台为依托的非直播收视增速明显，已经占到了全年电视总收视份额的 24.71%；直辖市、省会城市等重点城市更青睐非直播收视，相应地区每观众日均非直播收视时长约为 123 分钟，明显高于非直辖非省会城市的 115 分钟。[①] 这一现象的出现可能与不同地域观众的受教育程度以及所属工作行业性质有一定关联。此外，智能电视的主要使用群体呈现年轻化、高知识水平特征。统计显示，2020 年，中国 IPTV 互动平台 4—14 岁青少年观众比例达 13.3%，25—34 岁观众比例达 15.4%，高中及以上学历观众比例更是高达 50.0%[②]，而 OTT 互动平台上大学以上学历观众占比也接近 29.6%[③]，远高于我国人口受教育程度。

---

① 中国广视索福瑞媒介研究 . 2020 智能电视大屏收视洞察研究报告［R/OL］.（2021-02-27）. https://www.doc88.com/p-00287172881926.html.

② 中国广视索福瑞媒介研究 . IPTV 互动平台 2020 年度收视回顾［EB/OL］. https://wwwpic.csm.com.cn/Files/2021/3/2/1012504119890208a-4.pdf.

③ 中国广视索福瑞媒介研究 . 2020 智能电视大屏收视洞察研究报告［R/OL］.（2021-02-27）. https://www.doc88.com/p-00287172881926.html.

　　智能电视作为智慧化的电视大屏产品形态，能够在提供更高品质影音娱乐功能的基础上，通过各类技术与互联功能，为电视用户提供更丰富、更加个性化的使用体验，也可以进一步结合物联网与居家硬件，充分赋能各类智慧家庭服务，满足电视用户的深层次人机交互需求。轰轰烈烈的智慧屏变革，显著加速了传统大屏内容生态链的迭代与融合，也有利于构建更为丰富完整的传媒生态。在可预见的未来，智能电视行业的发展潜质依然持续向好，是我国电视行业的关键增长点。

B.8
2020 年中国网络视频市场格局与创新发展

李秋霖　贾子洋[①]

摘　要： 本文从整体市场环境、市场主体发展、未来趋势预测三个方面深入解读 2020 年中国网络视频市场的发展态势，并以综合视频平台为重点进行市场观察。当下，网络视频产业稳步发展，呈现用户数量平稳增长、竞争格局较为稳定、内容供给创新发展、政策监管持续加强等发展现状特征。综合视频平台的商业发展取得一定成效，在寻求平台业务增长点、推动内容品牌化发展、探索用户付费模式升级、持续拓展海外市场等方面持续发力。未来，平台间内容联姻的探索将逐步走向深化，平台商业模式将随着生产端、用户端盈利机制的完善而走向成熟，泛消费、泛内容领域的新入局者也将推动新一轮的市场融合。在市场融合和平台竞合的过程中，网络视频市场将迎来新的发展。

关键词： 网络视频；市场格局；创新进展；未来展望

　　2020 年，网络视频产业稳步发展，呈现用户数量平稳增长、竞争格局较为稳定、内容供给创新发展、政策监管持续加强等发展现状特征。本

[①] 李秋霖，中国社会科学院大学新闻学博士研究生；贾子洋，中国传媒大学广播电视硕士研究生。

文从整体市场环境、市场主体发展、未来趋势预测三个方面深入解读 2020 年中国网络视频市场的发展态势，并以综合视频平台为重点进行观察。

一、网络视频市场存量博弈加剧，后疫情时代催生新业态

（一）竞争格局：争夺现有市场，头部平台持续发力

2020 年，网络视频市场竞争格局整体稳定，伴有小幅度变动（见表 1）。目前，网络视频领域按市场定位的不同和视频市场的差异，主要分为综合视频平台和短视频平台两类，构建了较为完善的视频内容生态。长短视频平台持续发力，在各自平行发展中也呈现了逐渐交融之势。随着长视频平台持续加码短视频赛道，腾讯微视、爱奇艺随刻也加入短视频第二、第三梯队的激烈竞争之中。

表 1　各类网络视频平台市场竞争格局

梯队	平台	
	综合视频平台	短视频平台
第一梯队	爱奇艺、腾讯视频、优酷	抖音、快手
第二梯队	芒果 TV、哔哩哔哩	西瓜视频、抖音火山版、好看视频、腾讯微视
第三梯队	风行视频、PP 视频、咪咕视频、搜狐视频	爱奇艺随刻、快手极速版、全民小视频、抖音极速版等

资料来源：根据中国网络视听节目服务协会公布的相关数据整理。

综合视频平台方面，爱奇艺、腾讯视频、优酷三大平台处于网络视频市场的第一梯队，三者间的鏖战仍在继续，打造优质内容、深挖用户价值的存量博弈成为竞争的关键点。芒果 TV、哔哩哔哩等第二梯队的强势平台也在奋力追赶。据易观数据显示，芒果 TV 疫情期间的日活跃用户数量

（DAU）攀升迅猛，增幅达到 17%，并在后疫情期间持续增长，远超其他平台。哔哩哔哩则在内容破圈和用户拓展方面表现亮眼，试图以黑马之势敲开第一梯队的大门，是各个平台不可小觑的竞争对手。

垂直视频平台方面，短视频平台市场仍然呈现欣欣向荣之势。2020年，抖音和快手的活跃用户数量占全行业的 75.4%，尤其是上半年，因受疫情影响，网民线下娱乐消费受阻，短视频迎来了爆发式的增长。同年 8 月，抖音日活跃用户数量达到 6 亿，距离 2020 年初日活突破 4 亿仅仅时隔 7 个月；快手的日活跃用户数量在近一年中增长了近一倍，增速达42.6%。头部短视频平台的规模优势越发显现，除拥有庞大的用户基础外，在内容丰富性、商业化探索方面均处于行业领先地位，行业竞争格局已基本落定。值得注意的是，2020 年，短视频日渐成为互联网表达的"标配"，众多社交媒体平台都搭载了短视频功能，兴起了"视频号"大潮，最典型的便是以图文为主要内容载体的微信、微博、知乎全面发力短视频。

（二）用户规模：数量平稳增长，网络视频优势显著

从整体用户规模来看，网络视频用户仍在持续增长。根据中国互联网络信息中心（CNNIC）发布的第 47 次《中国互联网络发展状况统计报告》，截至 2020 年 12 月，中国网民规模达到 9.89 亿，其中手机网民 9.86亿，占 99.7%。与此同时，我国网络视频（含短视频）用户规模已达 9.27亿，占网民整体的 93.7%。[1] 从用户的使用时长来看，网络视频也具有较大的优势。截至 2020 年 6 月，手机网民经常使用的各类 APP 中，网络视频排名第二，占比为 12.8%。[2] 可见，观看视频是我国网民非常重要的文化娱乐方式，且网络视频用户具有较强的消费黏性。

从网络视频各品类的发展情况来看，观看长视频和短视频为主要的

---

[1] 中国网信网.第 47 次《中国互联网络发展状况统计报告》（全文）[EB/OL].（2021-02-03）. http://www.cac.gov.cn/2021-02/03/c_1613923423079314.htm.

[2] 中国网信网.第 47 次《中国互联网络发展状况统计报告》（全文）[EB/OL].（2021-02-03）. http://www.cac.gov.cn/2021-02/03/c_1613923423079314.htm.

视频消费形式。其中，短视频用户规模为 8.73 亿，占网民整体的 88.3%，同比增长 12.9%（见图 1）。[①] 此外，中国网络视听节目服务协会公布的《2020 中国网络视听发展研究报告》显示，短视频对新增网民的拉动作用最为明显：在新增网民对网络视听应用的使用率中，短视频高达 77.2%，高于 54.8% 的综合视频使用率和 39.2% 的网络直播使用率。[②]

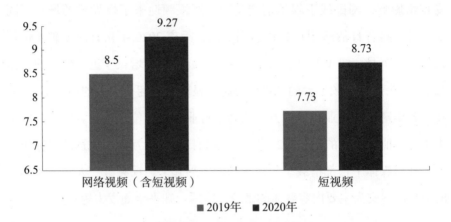

图 1　2019—2020 年网络视频用户规模（单位：亿人）

数据来源：CNNIC 第 45 次、第 47 次《中国互联网络发展状况统计报告》。

（三）内容供给：题材与形式尝试变革，精品化发展稳步向前

从网络视频的内容供给趋势来看，平常较为冷门的医疗题材内容在疫情期间因切合现实迎来了一次高峰，《中国医生》等医患题材纪录片走红网络，《急诊科医生》等经典剧集复火，这些作品成为观众了解医务人员的重要窗口。医疗题材之外，女性题材也在 2020 年爆发，《乘风破浪的姐姐》《三十而已》等网播综艺与剧集迎合女性主义的社会大潮，引发了观众的热议。从网络视频的内容形式上看，疫情的常态化促使综艺生产者通过"云录制"进行自救，推动了网络综艺生产端的变革尝试，而将综艺与

①　中国网信网.第 47 次《中国互联网络发展状况统计报告》（全文）［EB/OL］.（2021-02-03）. http://www.cac.gov.cn/2021-02/03/c_1613923423079314.htm.

②　中国网络视听节目服务协会.2020 中国网络视听发展研究报告［R/OL］.（2020-10-12）. http://www.cnsa.cn/home/industry/download/id/813.html.

"直播带货"进行结合也是 PGC 内容进行形态创新的又一切入口；剧集方面，《摩天大楼》《沉默的真相》等悬疑短剧牵头，实现口碑和流量的双丰收，短剧成为新的内容风口。

近年来，网络视频市场的内容供应更加强调精品化的制作理念，各品类节目质量都有了较大幅度的提升。网络剧方面，各大平台着力发展剧场模式，缩短剧集数量，加快叙事节奏，减少拖沓、注水现象，并在长视频的基础上多方位布局，打造短剧、竖屏剧、互动剧等多种新形态，长短结合，丰富网络剧市场；网络综艺方面，各平台继续深入打造垂直内容，吸引垂直受众，其中，优酷持续打造"这！就是"系列，《这！就是街舞》第三季在垂直内容领域大获成功；网络电影方面，受疫情影响，院线电影开始探索线上发行新方向，《囧妈》拥抱西瓜视频，开启小屏幕看大电影的新篇章。

（四）监管政策：注重内容生态，着力平台方与创作者

从市场管控政策来看，加强监管仍是网络视听领域的整体趋势，而管控的重点主要在于内容平台和内容创作者。2020 年 9 月，国家广播电视总局发布的《关于做好重点网络影视剧制作成本配置比例情况报备的通知》中，"演员片酬"被要求正式纳入重点网络影视剧上线备案公示信。2020 年 11 月 10 日，国家市场监管总局发布的《关于平台经济领域的反垄断指南（征求意见稿）》对平台经营者提出了新的要求，意在应对和规制新型垄断行为及相对隐蔽的垄断手法。2020 年 2 月《关于进一步加强电视剧网络剧创作生产管理有关工作的通知》及 2020 年 11 月《全国人民代表大会常务委员会关于修改〈中华人民共和国著作权法〉的决定》指向了内容创作者，对内容生产环节、过程以及"注水""抄袭"等行为进行规制。2020 年 3 月 1 日开始实施的《网络信息内容生态治理规定》则分别明确了内容平台和内容创作者在信息内容管理和生产方面的主体责任，以服务于网络信息内容生态的深层治理。而《中华人民共和国著作权法》经过最新

修改，将电影、电视剧以及其他视听作品统一归类为"视听作品"，涵盖了包括网络剧、短视频等在内的更多视听形式，扩大了政策对于各类网络视频的保护范围。

2020年，疫情之下的网络视频市场逐渐走向规范化。政策不仅是对不良行为的监管机构，更是保护市场主体权益、促进网络视频市场繁荣的助推器。在各项政策监管的推动下，网络视频市场的法治化进程呈现协同化、制度化的特征，确保了行业健康有序地发展。

二、网络视频平台多维度拓展，推动产业可持续发展

（一）平台战略：构建长短视频生态，加码新兴技术应用

经过网络视频平台的"圈地运动"时代，头部平台的规模扩张速度都已放缓，整体市场逐渐趋于饱和。而综观头部平台，除了背靠湖南广电的芒果 TV 实现盈利外，其余平台仍处于亏损状态。基于此背景，提升自身资源利用效率、寻求新的商业增长点，成为头部平台布局的主旋律。

头部平台提升自身竞争力的重点战略之一，即长短视频生态建设。短视频如今已经成为一种基础的内容形态，不断争夺长视频的用户时长，给长视频平台带来竞争压力。因此，各视频平台都在加速对短视频领域的布局。2020年4月，"爱奇艺随刻版"APP 上线，对标 YouTube，既有长视频内容，也有娱乐、游戏、知识等众多垂直类短视频内容。优酷方面，在1月发布短剧短综招募令，6月，优酷升级 9.0 版，短视频内容占比上升，7月，上线短视频自媒体平台优酷号。芒果 TV 继续通过"大芒计划"孵化、培养与平台高度结合的专业短内容制作人，扶持创作者持续产出优质内容，并同步开发芒果 TV 特色 IP 衍生短节目内容。腾讯视频则推出了腾讯视频号，开放众多平台功能和流量矩阵，帮助创作者提升影响力。腾讯公司副总裁、企鹅影视 CEO 孙忠怀在 2020 年度发布会上表示，腾讯视频将构建"综合型视频平台"，即内容品类和形态的进一步丰富，除了长视

频优势的巩固外，还会加码对短视频、直播的探索。从这个维度上看，长短视频融合的"爱优腾芒"以及积极发展直播业务的哔哩哔哩，都在变得"综合"，不断丰富平台的视觉媒介形态，以满足用户的不同需求。一方面，视频平台在长视频领域的积累有利于开拓直播、短视频板块的新内容和新业务，寻求新的增长点；另一方面，直播、短视频也将为平台的核心业务赋能，促进平台内部的资源循环。与此同时，这也是一种防御手段，面对已经攻入长视频领域的短视频平台，长视频平台需要在已经进入存量竞争的在线视频领域中，避免被蚕食更多市场。

完善生态之余，各大平台也在加码新兴技术的应用。优酷依托阿里巴巴的技术及数据优势，一直在探索人工智能、大数据、云计算、5G 在节目不同环节中的运用，先后推出 LED 数字背景屏解决方案、帧享技术品牌以及自由视角等技术。腾讯视频方面，其互动视频累计申请了超过 30 项专利，对互动视频从制作、生产到播放提供了端到端的解决方案，还在多元互动组件等方面实现了创新突破，在创作工具链完整性、互动丰富性和沉浸感互动体验等方面占据了行业领先位置。芒果 TV 则围绕智能影像视觉、光场技术、AR/VR、5G 全息等领域展开探索。2020 年 3 月，5G 高新视频多场景应用国家广播电视总局重点实验室挂牌仪式在长沙马栏山视频文创产业园举行，芒果 TV 携众多 5G 互动视频创新产品亮相。哔哩哔哩则结合平台的二次元文化，利用面部捕捉等技术，推出"虚拟主播"，邀请蔡明作为虚拟主播"菜菜子 Nanako"出道，斩获近 50 万粉丝。由新技术应用产生的创新内容是孕育行业风口的土壤，各平台在不同技术领域的试水以及不同内容形式的探索，有助于自身抢占先机，开掘网络视频市场的新蓝海。

（二）内容运营：加紧布局内容赛道，注重质量精细运营

内容运营方面，2020 年各大视频平台加紧不同内容赛道的布局，形成各具特色的内容定位，同时增加内容制作方面的投入，提升内容质量，而各平台在不同细分领域的优势逐渐体现出来。爱奇艺在悬疑题材的内容上表现突出，对 2018 年推出的"奇悬疑剧场"进行战略升级，推出"迷雾剧场"，并在打造精品化剧集的目标指引下，推出了《沉默的真相》《隐秘的角落》等多个精品悬疑短剧，成功实现破圈，赢得流量和口碑的双丰收，并创下类型化剧场营销新范式。优酷注重培养人文气质，为市场带来多部纪录片，且类型丰富，形成独特的人文矩阵。2020 年，优酷人文作品豆瓣评分 8 分以上的有 21 部，9 分以上的有 9 部，口碑内容数量居全网第一。腾讯则继续加强与阅文集团、新丽传媒的战略合作，持续输出爆款 IP，遍布影视综，并延伸至国漫领域，包括《三生三世枕上书》《传闻中的陈芊芊》《摩天大楼》《龙岭迷窟》《斗罗大陆》等，都是由小说 IP 衍生而来。

值得注意的是，2020 年各平台越发注重女性题材内容。优酷推出了"宠爱剧场"，输出年轻化、女性化的剧集。芒果 TV 则抓住了"她经济"的内容风口，围绕年轻女性拓展内容生态。2020 年，芒果 TV 推出了爆款综艺《乘风破浪的姐姐》，展现"30+"女性风采；上线《婚前 21 天》、《婆婆和妈妈》、《妻子的浪漫旅行》第四季、《女儿们的恋爱》第三季等聚焦亲子、夫妻、婆媳关系的自制综艺，挖掘"她"题材上的细分领域。可见，打造女性题材，尤其是符合 20 岁以上女性观众需求的内容，将是未来各平台内容争夺的焦点。

整体来看，各大平台对内容的开掘越发注重系列化和品牌化运营的可能性，从内容的 IP 化到垂直类型的剧场模式，都是视频平台精细化运营的体现。爱奇艺、优酷和芒果 TV 均开发了剧场模式，2020 年"迷雾剧场"的亮眼表现，证明了剧场模式对于平台打造类型化内容的品牌具有积极作用，而剧集质量是品牌影响力的保证。"迷雾剧场"的悬疑剧均短小精悍、质量上乘，且豆瓣均分 7 分以上。目前，小逗剧场、季风方案、悬疑剧场等平台剧场已在铺陈中，"剧场化＋高品质"将成为各大平台提升自制内容影响力的重要战略。

与"爱优腾芒"深耕圈层内容和细分品类不同，哔哩哔哩仍在努力"破圈"。哔哩哔哩在 2020 年表现亮眼，从"二次元文化"拓展至更加广阔的青年亚文化内容。在 PGC 内容方面，推出了更多优质的综艺、剧集，包括与欢喜传媒合作出品的青春题材网剧《风犬少年的天空》，与严敏团队合作推出的音乐综艺《说唱新世代》，以及围绕 UP 主团体生产的《欢天喜地好哥们》《破圈吧变形兄弟》等团体综艺，都拿到了不错的成绩单。而在 UGC 内容方面，哔哩哔哩推出多种激励机制鼓励 UP 主持续创作，并开创新的内容分区"知识区"，引入知乎大 V"硬核的半佛仙人"、法律教授"罗翔老师"等其他海内外的优质内容创作者，持续扩展内容边界。

（三）商业变现：会员规模趋于饱和，付费升级玩法多样

从内容变现方式来看，视频平台的收入结构仍在调整。自 2018 年以来，广告收入所占比例持续下降，用户付费的比重持续上升，到 2020 年，用户付费的比重首次超过 50%，并在第二季度稳定在 49.8%（见图 2）。从爱奇艺近两年的收入结构也可以看出，会员收入在整体收入中已经逐步稳定在了较高的比重（见图 3）。这一方面与平台提升内容质量、深耕用户资源、优化收入结构的诉求相一致；另一方面，近年来市场对用户付费习惯的培养，以及疫情居家隔离期间用户娱乐消费的刚需，推动了用户付费收入比重的增长。

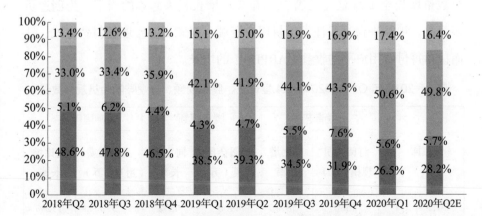

图 2　2018 年 Q2—2020 年 Q2 中国在线视频市场收入结构

数据来源：艾瑞咨询。

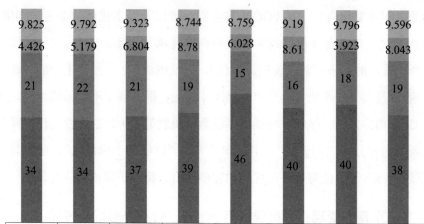

图3　2019年Q1—2020年Q4爱奇艺营业收入结构（单位：亿元）

数据来源：根据公开数据整理。

随着爱奇艺、腾讯视频的付费会员数量双双跨入1亿大关，网络视频市场已经成为存量市场，2020年网络视频市场的规模更加趋于饱和。2020年第三季度，优酷的日均付费用户规模持续扩大，同比增长45%。截至2020年第四季度，爱奇艺总订阅会员数量达到1.017亿；腾讯视频服务会员数量增长至1.23亿（见表2）。在会员增长越来越难的当下，为创造更多营收，视频平台越发注重深耕用户资源，探索更多维度的付费方式，从而拉动每付费用户平均收益（ARPPU）的增长。

表2　2019年Q1—2020年Q4爱奇艺、腾讯视频、哔哩哔哩会员规模数量

时间	爱奇艺		腾讯视频		哔哩哔哩	
	订阅会员规模（万）	同比增长率	订阅会员规模（万）	同比增长率	月均付费用户（万）	同比增长率
2019年Q1	9680	58%	8900	43%	570	132%
2019年Q2	10050	50%	9690	30%	630	111%
2019年Q3	10580	31%	100200	22%	795	124%

（续表）

时间	爱奇艺		腾讯视频		哔哩哔哩	
	订阅会员规模（万）	同比增长率	订阅会员规模（万）	同比增长率	月均付费用户（万）	同比增长率
2019 年 Q4	10700	22%	10600	–	880	100%
2020 年 Q1	11900	23%	11200	26%	1340	134%
2020 年 Q2	10500	–	11400	18%	1290	105%
2020 年 Q3	10480	–	12000	20%	1500	89%
2020 年 Q4	10170	–	12300	–	1790	103%

数据来源：根据各平台公开财报整理。

　　首先，超前点播常态化。经过 2019 年的"试水期"，2020 年超前点播成为视频平台的常态化盈利模式。一系列高热度、高口碑的网络剧加入超前点播的行列之中，均价达 3 元 / 集，点播长度 6 集、12 集占比最多。率先试水的爱奇艺、腾讯视频已明确将超前点播模式推向常态，而随着《重生》《三千鸦杀》开启 VVIP 付费形式，也意味着影视市场剩余两大平台——优酷与芒果 TV，正式加入付费剧阵营之中。

　　其次，视频平台开启了新一轮会员付费升级。2020 年 5 月，爱奇艺推出星钻 VIP 会员，会员权益在黄金 VIP 会员服务基础上进一步扩展，尤其是包含了全部超前点播剧集，这也是面对超前点播争议下的首次调整。2020 年 11 月，爱奇艺率先宣布对会员服务订阅费用进行调整，具体为会员月卡、季卡、年卡分别上涨 5.2 元、10 元、50 元，连续包月、包年的会员价格也做出了相应提升，涨价幅度在 30%—50%。这是在继超前点播风波、升级星钻 VIP 会员之后，视频平台在会员业务上的又一大调整，同时也是 9 年来视频平台会员的首次涨价。腾讯视频也于 2021 年 4 月 10 日起对 VIP 会员价格进行统一调整，可见，会员涨价已是业界共识，并将在其他平台的模仿实践中扩大为整体的行业趋势。会员收入作为视频平台目前营收的主要来源，会员涨价的主要目的也是促进营收、实现扭亏为盈，对比奈飞（Netflix）的 6 次会员涨价，国内视频平台的会员涨价仅仅只是一个开始。

而在其他收入板块，视频平台通过 IP 的精细化运营实现"一鱼多吃"，开拓更多潜在的收入来源，最大化开发 IP 的商业价值。早期平台更多是采用购买 IP 引入流量的粗放运营模式，如今的视频平台则联合各大影视公司，紧握 IP 主控权；与头部剧集公司深度合作，强化品控；提前规划好季播剧的上线节奏，开启 IP 精细化运营和内容变现的下半场竞争。爱奇艺持续打造以剧集、综艺、电影、动漫、体育、纪录片、小说等内容 IP 为核心的"苹果园"生态，尽可能地使不同环节进行联动。腾讯视频也更加重视生态价值的挖掘，比如对"鬼吹灯"系列的持续开发，也试图通过《三体》网络剧建立"三体宇宙"。在内容撬动生态链条方面，优酷去年推出的"宠爱剧场"进一步打通了阿里生态的用户。芒果 TV 则推出了新视频内容电商平台"小芒"，聚焦内容电商，以内容为根基，打造"种草＋割草"的闭环。

（四）市场拓展：平台接连突围海外市场，走向国际品牌输出

近几年，各大视频平台都在加大出海步伐。2019 年，腾讯视频、爱奇艺相继落地泰国和马来西亚，正式进军东南亚市场，并推出国际版 APP。到了 2020 年，"爱优腾芒"的海外布局已经从东南亚国家和地区进一步拓展到欧美等地。与此同时，视频平台的出海战略也从早期单纯的内容输出，到平台输出、品牌输出，海外影响力日益扩大。

如今，视频平台的文化出海总体呈现输出常态化、题材多元化的特征，并实现了剧集从免费到付费、综艺从内容出海到模式出海的转变。截至 2020 年 8 月，爱奇艺海外发行的内容已累计超过 100 个项目，超 3000 集，电影类累计超 200 套新片及片库，总发行范围覆盖全球多个国家和地区。2020 年推出的《隐秘的角落》《成化十四年》《漂亮书生》等原创内容也陆续发行到了北美、东南亚、日本、韩国等多个国家和地区，实现了悬疑、古装等多个品类的集中出海。

输出原汁原味的国产内容之余，各平台也开始迎合东南亚市场观众的口味，尝试开发深度结合的本土化内容。2020 年 9 月，爱奇艺宣布将开始制作首部东南亚自制剧集《灵魂摆渡·南洋传说》，将东南亚的文化元素与平台的自制内容 IP 相结合。2020 年，腾讯视频的自制网综《创造营 2020》引入了泰国面孔，在泰国颇受欢迎。《创造营 2021》更是邀请了日本、泰国、俄罗斯等不同国家的实力派选手，打造更具国际化气息的偶像男团。可见，各平台在内容制作层面已经具备了打造国际化内容的意识，展现了开拓海外市场的野心。

不仅如此，各平台也在加速"造船出海"的步伐，同时结合自身的平台定位推动"品牌输出"。腾讯视频海外版 WeTV 在泰国、印度尼西亚、马来西亚、菲律宾、印度等东南亚国家和地区陆续落地之后，实现了用户的大幅增长，并在 2020 年上半年收购了东南亚知名流媒体平台 Ifilix。Ifilix 在 13 个国家拥有 2500 万活跃用户，未来很有可能与 WeTV 合并。由此可见，腾讯视频希望采取组合策略，输出更多优质内容并拓展渠道资源，从而推动整个海外生态的升级。爱奇艺在 2019 年推出国际版本 iQIYI APP 后也开拓了东南亚市场，并且开始触及日本、韩国等市场。尽管目前海外用户占比非常小，截至 2020 年第三季度，爱奇艺的海外会员人数不超过 104.8 万，但已经能够为爱奇艺带来额外的营收增长。可见，爱奇艺拓展海外市场已初见成效。据 APP Annie 数据显示，截至 2020 年 12 月 27 日，爱奇艺和腾讯视频的海外版分列泰国当地娱乐免费榜的第二名和第四名。未来，爱奇艺和腾讯视频在海外市场这一赛道的表现值得期待。爱奇艺和腾讯视频打头阵之余，芒果 TV 和哔哩哔哩也紧随其后。芒果 TV 国际版 APP 目前已覆盖全球超过 195 个国家和地区。哔哩哔哩则在 2020 年底推出了泰国和马来西亚等国家的当地语言版本，在定位上回归"二次元"内容，同时助力国产动漫出海。

随着国内市场趋于饱和，海外市场的开掘是网络视频平台的必然选择，从内容输出到造船出海再到打造品牌，我国视频平台在海外市场的影响力日渐增强，出海模式也逐步走向深化。

三、未来趋势：网络视频市场持续扩张，竞争格局稳中有变

（一）头部平台加强合作共降成本，内容联姻模式探索日渐深化

从网络视频平台发展以来，平台间的内容竞争一直是主旋律。虽然早在 2012 年，腾讯视频、爱奇艺、搜狐视频就曾共同组建"视频内容合作组织"，意图实现资源互通，在版权和播出领域展开深度合作，但发展至今，平台间的合作更多的是小体量的内容互换，不痛不痒且并未触及头部内容，内容竞争上的剑拔弩张从未停止。网络视频平台发展早期，版权内容的采购热潮和由此引发的价格上涨导致了一场"烧钱大战"，而随着自制内容的兴起，平台的深度参与和自制爆款的"圈地运动"也逐渐演变为一场高成本的内容"军备竞赛"。网生内容日渐勃兴，视频平台的投入成本也在不断上涨，这也直接影响了平台的盈利能力。随着行业理性的回归以及跨平台合作的探索，头部平台在内容上的合作形式不断升级，并在近两年迎来新气象，"合作"逐渐成为头部平台步入市场竞争新阶段的基调。

从合作领域来看，头部平台逐渐从版权内容上的合作到自制内容上的探索；从合作形式来看，逐渐从版权分摊[1]、版权分销[2]和版权置换转向联合出品以及 2020 年开始试水的轮值招商（见图 4）；从合作深度来看，头部平台间的内容合作逐渐从小体量走向大体量，由浅入深，并逐渐触及核心板块。

---

[1] 版权分摊：多平台联合采购版权，出资数额较为平均，网络信息传播权共同拥有。

[2] 版权分销：平台作为出品方之一，拥有版权份额，对外进行分销。

上述趋势在剧集领域表现得尤其明显。2019 年,《庆余年》《从前有座灵剑山》《亲爱的,热爱的》等往年作为平台撒手锏式的独播大剧纷纷转为"拼播",见证了腾讯和爱奇艺两大平台的"友谊"。而在 2020 年新冠肺炎疫情的影响下,"去库存"成了影视行业的"常态",加大头部剧集置换力度也成为视频平台剧集布局的新策略,《我是余欢水》《不完美的她》《猎狐》等多部头部剧集均采用了置换的模式,而置换规模也从两家平台(爱奇艺与腾讯视频、腾讯视频与优酷)扩充为"爱优腾"3 家甚至"爱优腾芒"4 家平台。无论是置换的剧集体量、类型,还是参与的平台数量,都有了明显的扩张趋势。2020 年下半年,腾讯与爱奇艺联合出品、联合制作、联合独播、轮值招商产生的自制综艺《哈哈哈哈哈》开启了新一轮的合作试水。相比于剧集,网络综艺对于平台的商业价值更大,也更加带有平台品牌的烙印。此番合作标志着腾讯与爱奇艺在内容合作上更深层次的探索,而"轮值招商"也表明二者的合作已触及核心资源,即招商资源层面。

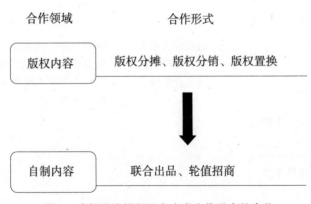

图 4　头部网络视频平台内容合作重点的变化

具体而言,平台间在内容上的合纵连横是头部平台共降内容成本、提升平台影响力的必然选择。多主体的共同投资有利于平台分摊风险、分摊成本,跨平台的宣传与播放联动能辐射到更多的用户群体,扩大作品的影响力,而这也将促进网络视频市场的正向循环,缓和视频平台间的紧绷状态，避免过度的恶性竞争。与此同时，这种强强联合也将进一步聚集行业优势资源，抬高行业壁垒，强化寡头垄断的趋势，深刻影响未来的竞争格局。不过目前来看，"轮值招商"的合作模式尚未常态化，有待在更多内容领域试水。而解决利益分配问题、避免商业机密泄露的风险，将是接下来头部平台深度合作实践的关键所在。

（二）生产端、用户端盈利机制趋于完善，平台商业模式走向成熟

网络视频平台发展至今，一直在积极探索更利于自身发展的商业模式。在发展早期，网络视频平台的商业化运作更多是 To B 模式，在生产端通过采购版权或定制内容引入产品，在用户端提供免费或低价的观看服务，通过广告植入、内容冠名等方式，以内容带来的用户流量换取利润。然而 To B 模式逐渐显露的弊端以及视频平台发展的现实问题逐渐推动平台从 To B 向 To C 模式转移，并随着商业模式的探索与发展逐渐走向成熟（见图 5）。

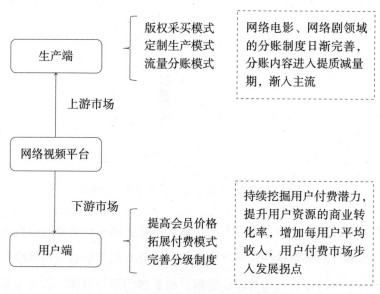

图 5　网络视频平台商业模式发展示意

首先在生产端，水涨船高的内容成本倒逼视频平台对生产端进行发行模式的改革。2015 年，爱奇艺率先在网络电影领域推出分账制度，并在其他平台的效仿下普及整个网络视频行业。2016 年，分账模式被引入网络剧领域，分账剧迅速发展起来。分账模式[①] 下，平台减少了自身购买内容的成本负担，提高了自制内容的供货能力，并且能直接对接用户需求，提供更加符合平台用户口味的影视内容。经过近 5 年的发展，分账模式取得了较为显著的成果。一方面，分账模式获得了业内认可，分账内容市场的入局者逐年增多，分账剧的制片方开始出现头部制作公司的身影，而分账剧更被业内人士视为网络剧商业模式的"终局"，预测其将在未来与头部自制剧并轨。另一方面，分账内容的产品质量与市场接受度有所提高。优酷发布的网络电影报告显示，2020 年"优爱腾"上线重点影片共 270 部，同比增长 81%，而全网票房破千万的网络电影高达 77 部，较 2019 年提升超 1 倍。[②] 据云合数据显示，2020 年上新分账剧豆瓣开分比例达到 33%，前几年仅在 15% 上下，说明分账剧已经呈现渐入主流的趋势。可见，平台分账模式对于内容市场的培育作用已经初见成效，随着近几年平台分账制度的不断完善，分账制度下的商业模式趋于成熟，并不断助推网络视频内容的发展。

其次在用户端，用户对优质内容的需求、用户规模的扩大以及用户付费意识的提升，也促使视频平台更加注重对用户付费市场的开掘。如前文所述，网络视频平台的会员付费收入比重已逐渐提升，平台更加注重内容的精细化运营和生态化开发，并通过线上与线下的融合、内容与电商的融合，挖掘更多商业价值，而完善会员分级制度、推行超前点播模式、试水会员涨价，都意味着视频平台对于用户付费市场具有更大的信心。2019 年，爱奇艺、腾讯视频订阅会员数量先后突破 1 亿后，提升每用户平均收

---

① 分账模式：视频内容上线后，平台根据点击观看情况，在规则框架内从会员费中抽取资金分账给片方，是通过付费用户的观看行为进行分账收益的网络视频内容的变现模式。

② 优酷网络院线. 优酷网络电影 2020 年度数据报告重磅发布！［EB/OL］.（2021-01-06）. https://mp.weixin.qq.com/s/wU8eahZXu-RGCDQLQBCDOA.

入（ARPU）就已成为视频平台针对国内用户市场提升商业转化率的关键所在。因此，当前视频平台在用户端的变现模式发展已经到达了拐点，随着超前点播、会员涨价等现象日趋常态化，用户付费的潜力也将进一步被开发出来。

总的来说，网络视频平台商业模式已经逐渐走向成熟，从 To B 向 To C 模式的重点转移有利于平台形成更为良性的产业循环，而生产端和用户端相辅相成的发展，也为视频平台带来了更多机遇。未来，视频平台将继续深耕双边市场，不断通过盈利模式的"微创新"为整体的商业模式添砖加瓦，成熟的网络视频市场也将指日可待。

（三）泛消费、泛内容企业入局，竞争主体洗牌推动市场融合

发展至今，网络视频市场已是一片"红海"，但"视频化"趋势所带来的红利仍旧吸引着众多互联网企业。随着主体业务的发展逐渐触及天花板，在生态化发展战略的指导之下，拓展业务、完善生态、寻求增长也成为其他领域的互联网企业涉足网络视频市场的重要动因。2019 年，众多泛消费、泛内容领域的互联网企业与网络视频平台开展"用户联运"，即通过推出联合会员或捆绑销售计划，打通不同平台的用户资源流动通道并实现引流。此举一方面是 BAT 等大型互联网企业试图促进内部版图的商业循环，打通用户资源流动的"任督二脉"，另一方面也是其他领域的互联网企业意图抢占网络视频市场红利的行动信号。2020 年，这些互联网企业持续拓展并深化自身在网络视频市场的布局，意图开拓更加核心的板块业务。

以泛内容领域为例，知乎和网易正在积极入局网络视频赛道。知乎在 2020 年多次发布视频创作者招募计划，表示将重点扶持优质或潜力视频创作者，打造业内有影响力的视频 IP，并于 10 月上线了视频创作工具，提升了"图文转视频"的便利性，降低了用户创作、上传视频内容的门槛。除此之外，知乎还新增了"视频"的标签分区，表明其向图文＋视频社区发展的战略布局。网易则从 2020 年起在网易新闻 APP 引入知识视频

创作者，挖掘资讯热点背后与人们生活息息相关的知识，并孵化出"解释XPLAN""逆向思维""硬核看板""答案如下"等一系列精品知识短视频IP矩阵，全网粉丝累计达 2 亿。2021 年 1 月 21 日，网易举办视频创作者线上大会，宣布正式投入视频领域，启动"NEXT 创作家计划"，并上线全网首个从选题脚本赋能创作者的知识短视频创作平台——网易知识公路。可以看出，知乎和网易希望通过盘活 UGC 内容的生产资源来开拓网络视频的业务版图，赋予用户更多内容创作上的话语权，并结合平台自身的内容调性进行拓展。

继抖音、快手、西瓜视频等中短视频平台布局长视频、推动长短视频融合之后，知乎、网易等泛消费和泛内容领域的互联网企业也加快了涉足网络视频市场的脚步。从用户联运到布局内容的跨越，意味着它们不满足于依靠视频平台的引流，而是希望自主打造更加丰富多元的内容生态和消费生态。对于知乎、网易来说，视频内容的转向是紧跟时代潮流的必然选择，而其本身优质的黏性用户、初代知识社区的定位都是其进行内容转化的良好基因。因此，泛内容、泛消费领域的入局者或将再度掀起网络视频市场的波澜，推动网络视频市场向"大文娱市场"的反向融合，而这也将拓展网络视频市场的边界，纳入更多的竞争主体和竞争领域，开掘"视频化"带来的更多可能性。

结语

总体上看，2020 年网络视频市场发展受到疫情的影响而迎来了更多的机遇与挑战，并且在市场发展的主要基调和主要方向下稳步向前。各大视频平台在寻求平台业务增长点、推动内容品牌化发展、探索用户付费模式升级、持续拓展海外市场等方面持续发力，不断为网络视频市场注入资本基础与发展活力。未来，平台间内容联姻的探索将逐步走向深化，平台商业模式将随着生产端、用户端盈利机制的完善而走向成熟，泛消费、泛内容领域的新入局者也将推动新一轮的市场融合。在市场融合和平台竞合的过程中，网络视频市场将迎来新的发展。

B.9
2020年中国短视频市场发展特征及未来展望

夏阳宇　卢肇学[①]

摘　要： 2020年是中国短视频行业发展的重要时间节点，这一年短视频发展呈现三个鲜明特征：第一，流量集聚，宏观层面上表现为短视频用户规模的井喷式增长和下沉市场的开拓；第二，市场扩张，从短视频产业上来说，形成了两超多强的市场格局，同时变现模式和产业链条也在不断优化；第三，场景多元，短视频平台在微观层面进行了对垂直类内容的深耕并与其他领域不断融合。

关键词： 短视频平台；流量集聚；市场扩张；场景多元

　　2020年，受新冠肺炎疫情影响，"宅经济"应运而生。在此背景下，短视频行业迎来了前所未有的发展机遇。2020年，我国短视频行业呈现三个鲜明特征：第一，流量集聚，短视频用户规模呈井喷增长。QuestMobile的数据指出，2020年，用户平均每天在短视频应用上花费的时间已经延长到110分钟。短视频用户规模首屈一指，渗透率在泛娱乐行业中高达87%，成为新的国民级应用行业。第二，短视频行业发展持续走高，表现

---

① 夏阳宇，中国传媒大学广播电视硕士研究生，研究方向为艺术管理；卢肇学，中国传媒大学传媒经济学硕士研究生，研究方向为智能融媒体经营与管理。

在市场规模的稳定增长、"两超多强"格局的基本确立以及短视频变现模式的不断成熟。第三，场景多元是短视频内容生态的发展趋势。从新闻传播、"短视频+"、"+短视频"、"云健身"、"云演出"等云浪潮，到电商直播搭建营销新渠道、KOL助力文旅资源开发，再到传统广电纷纷布局MCN发展新风口，疫情的冲击助力构建2020年短视频内容新生态。然而，当短视频用户规模触及天花板，版权意识的成熟、技术的赋能以及短视频内容的优化将成为短视频行业新一轮的发力点与角逐点，短视频的未来发展值得期待。

一、流量集聚：短视频用户规模呈井喷增长

2020年，我国短视频用户数量迎来井喷增长。中国互联网络信息中心（CNNIC）最新数据显示，截至2020年12月，我国网民规模达9.89亿，短视频用户规模达8.73亿，较2020年3月增长1.00亿，占整体网民的88.3%。[①]短视频已超越综合视频成为中国网民使用最多的网络视听产品类型。

（一）全民入局短视频，用户月活急速攀升

2020年上半年，受新冠肺炎疫情影响，短视频的用户规模和使用时长均有较大幅度提升。2020年用户规模的急速攀升使得"用户破圈"现象越发明显，用户年龄层、用户兴趣、用户性质等壁垒被打破，纷纷破圈。从短视频用户年龄特征来看，在"90后""00后"群体用户数量趋于饱和的情况下，2020年短视频掀起一阵复古风，有效地覆盖了"60后""70后""80后"的潜在用户群体。从影视音乐、餐饮美食到医疗健康、教育培训，"短视频+"推陈出新，更加大众化、类型化、价值化的视频内容推动短视频实现流量增值。2020年不仅是全民抗疫的关键一年，更是我国脱贫攻坚决战决胜之年，中央广播电视总台推出系列短视频"加油！脱贫攻

---

① 中国网信网. 第47次《中国互联网络发展状况统计报告》（全文）［EB/OL］.（2021-02-03）. http://www.cac.gov.cn/2021-02/03/c_1613923423079314.htm.

坚"，中国气象局也推出"决战决胜脱贫攻坚丨气象扶贫系列短视频"。从普通用户到市场 MCN 机构再到主流媒体，可以说，2020 年全民入局短视频趋势尤为明显。

短视频的"流量霸主"地位更多地体现为其月活跃用户和使用时长的提升幅度上。企鹅智库发布的《2020—2021 中国消费互联网竞争趋势报告》显示，从 2018 年 9 月到 2020 年 9 月，短视频月活跃用户规模从 5.18 亿提升至 8.65 亿，全网用户总使用时长占比由 8.8% 扩大到 18.9%；QuestMobile 发布的《2020 中国移动互联网年度大报告》数据也表明，截至 2020 年 12 月，短视频行业月活跃用户规模达 8.72 亿，同比增速超过 8%。作为目前我国用户规模最大的短视频平台，2020 年 12 月，抖音月活跃用户规模超 5.1 亿，快手以月活跃用户超 4 亿的数量排名第二，而其他平台用户量级均未达 1 亿（见图 1）。[1] 虽然短视频平台众多，但抖音和快手作为短视频领域的"双雄"，二者拥有庞大的用户群体，在短视频内容丰富性、商业化探索方面处于行业领先地位。[2]

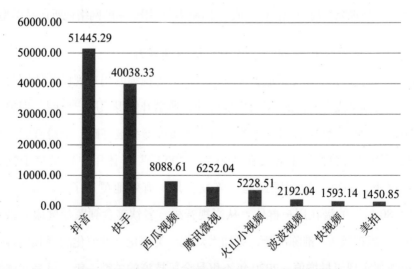

图 1　2020 年 12 月中国短视频 APP 活跃用户排名

数据来源：艾媒北极星互联网产品分析系统。

---

① 数据来源：艾媒北极星互联网产品分析系统。

② 吴锋，宋帅华.井喷增长、场景多元、分层传播：2020 年短视频行业发展特征及趋势前瞻［J］.编辑之友，2021（2）：53-58.

（二）下沉市场加油助力，用户拉新潜力十足

2020 年，从短视频市场的饱和程度来看，下沉市场仍处于短视频的流量高地，短视频"极速版"成为抢占用户的利器。自 2019 年 8 月起，快手和抖音竞相上线极速版，争夺三线及以下城市流量红利；2020 年 8 月，短视频新增下沉用户 9610.4 万[①]，占据移动互联网细分领域首位。短视频产业 60% 的活跃用户来自下沉市场，尤其是五线以下城市活跃用户占比最高。[②] 疫情催化下，2020 年，短视频成为下沉市场的"下沉明星"，短视频极速版成为收割下沉市场用户的利器。腾讯研究院发布的《短视频行业 2021 年度展望》指出，一、二线城市用户的短视频使用选择呈现归一化趋向，而三线及以下城市相比仍处于多元化状态，平台对下沉市场的存量竞争仍在进行。这就给短视频极速版平台提供了天然的增量土壤。短视频极速版针对下沉市场用户及对赚钱敏感的用户，取消创作功能，增加签到、提现等分享和邀请功能，注重轻互动，操作简单。截至 2020 年 12 月，抖音极速版、抖音火山版、快手极速版月活跃用户分别达到 1948.4 万、1507.3 万、1749.2 万，短视频极速版挖掘下沉市场的流量和价值深耕的重要性凸显。[③]

二、市场扩张：短视频行业发展持续走高

2020 年上半年，虽然受新冠肺炎疫情的影响，但作为"全民性流量"的新风口，短视频仍延续 2018 年起的稳步增长态势，迈向全面商业化发展阶段。[④] 从平台侧来看，抖音、快手竞争格局已定，短视频延续"两超

① Mob 研究院 . 2020 中国短视频行业洞察报告［R/OL］.（2021-01-15）. https://www.doc88.com/p-33573082223136.html.

② 孙怡 . 探寻第二增长曲线：短视频行业 2021 年度展望［EB/OL］.（2021-01-06）. https://www.sohu.com/a/442860364_455313.

③ 夏阳宇，卢肇学 . 盘点八 | 2020 年短视频市场盘点［EB/OL］.（2021-01-20）. https://mp.weixin.qq.com/s/OGRuFLjsgN0jSJDOHX9NEw.

④ 黄楚新，吴梦瑶 . 中国移动短视频发展现状及趋势［J］. 出版发行研究，2020（7）：65-70+64.

多强"态势；从变现端来看，短视频变现模式不断成熟，内容电商崛起成为常态，短视频平台搭建起营销新渠道。

（一）市场规模呈高增长态势，短视频成为互联网竞争主赛道

据 iiMedia Research（艾媒咨询）数据显示，2020 年中国短视频市场规模达到 1408.3 亿元，继续保持高增长态势。短视频商业化进程稳中求进，抖音的"中小企业复苏计划"和快手的"快手电商合伙人"都在围绕用户和企业不断进行格局扩张。2020 年，抖音完成了"短视频—直播—小店"生态闭环的初步搭建，快手在电商板块也顺利完成了 2500 亿元的年度 GMV 目标。[①] 此外，长视频的"短视频化"愈加明显，爱奇艺、优酷、腾讯视频等长视频平台或加大短视频扶持力度，或推出独立 APP。2020 年 4 月，位列长视频第一梯队的爱奇艺率先推出了自己的 Vlog 短视频产品"爱奇艺随刻"，加速向短视频领域的进击。[②] 字节跳动旗下西瓜视频提出了"中视频"概念。随着长视频平台纷纷加码短视频，国内短视频市场已经成为互联网竞争的主赛道。

聚焦海外，短视频巨头相继出海，海外市场版图加速拓展。2020 年 4 月，快手在海外上线 SnackVideo，5 月在美国上线 Zynn，抖音的国际版 TikTok 在 2020 年上半年也以将近 6 亿次的下载量稳居短视频应用榜首。但随着国内短视频产品社交属性越发明显，强大的用户影响力在国际上引发抵触，其发展面临着来自各地政府和海外巨头的威胁，短视频海外市场风险与机遇并存。2020 年，印度、日本、巴基斯坦等国家相继禁用中国短视频产品，2020 年 8 月，时任美国总统特朗普宣布 TikTok 须在 9 月 15 日前关闭或出售美国业务，引起轩然大波。出于政策友好度等因素的考虑，未来不少中国短视频企业将转向拉美等新兴友好市场。

---

① 刘南豆，夏晓茜 . 抖音快手争锋，深入对方领地 | 短视频直播 2020［EB/OL］.（2021-02-17）. https://mp.weixin.qq.com/s/7g1PcvRDJ-kL8bzZyaNWvw.

② TechWeb. 2020 视频行业新战事：长视频变短 短视频变长 中视频搅局［EB/OL］.（2021-01-16）. https://new.qq.com/rain/a/20210116a0ah4n00.

（二）两超多强格局基本建立，二、三梯队竞争激烈

进入 2020 年，短视频行业已经步入沉淀期。从行业的内部竞争来看，短视频平台竞争格局"稳中有变"，新进入赛道的平台发展难度逐渐加大，而头部平台的规模优势显现，并且相继寻求资本化道路，行业竞争格局分明（见图 2）。

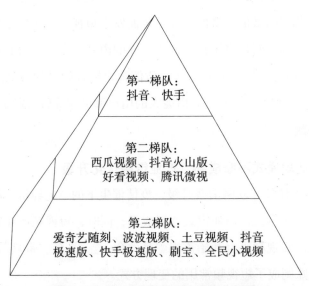

图 2　2020 年中国短视频市场竞争格局

资料来源：中国网络视听节目服务协会《2020 中国网络视听发展研究报告》。

CSM 发布的《2020 年短视频用户价值研究报告》显示，截至 2020 年 9 月，抖音和快手的活跃用户数量占全行业的 75.4%，尤其是上半年，在只有互联网信号"能出门"的这段时间，短视频迎来了爆发式的增长；2020 年 8 月，抖音日活跃用户规模达到 6 亿（包含火山小视频、抖音极速版日活跃用户数），距离 2020 年初其日活跃用户规模突破 4 亿仅仅时隔 7 个月；2020 年全年，快手的月活跃用户规模年同比增长了 45%（含小程序月活跃用户规模）。[①] 头部短视频平台的规模优势越发显现，在用户基础、

---

① 夏天. 从流量到变现，快手为创作者全方位提供养分［EB/OL］.（2021-04-24）. https://mp.weixin.qq.com/s/uvgypbO7LTKqArm0KEhd8A.

内容创作、市场变现等方面均处于行业领先地位，行业竞争格局已初步落定。但值得一提的是，2020 年在"宅经济"的机遇下，与往年相比，短视频第二、三梯队的表现也可圈可点。比如，2020 年春节期间，腾讯微视投入 10 亿元资金推出视频红包玩法，并邀请众多头部明星送出新年祝福，迅速形成裂变，吸引了众多用户使用。

值得注意的是，2020 年兴起了"视频号"大潮，最典型的便是以图文为主要内容载体的微信、微博、知乎全面发力短视频。区别于早年支持在内容中插入视频，而是将短视频视为独立的内容形态，针对其打造区别于图文的生态环境。截至 2020 年底，微信客户端视频号的日活跃用户规模已达 4.2 亿。[①] 两大社交平台凭借庞大的用户流量和背后的资本支持，未来发展不容小觑。

（三）变现模式不断成熟，产业链条优化升级

2020 年，伴随互联网消费升级、疫情催生下的"宅经济"崛起，短视频变现方式趋于多元，商业模式逐渐成熟，同时，短视频产业链条也进一步优化升级。短视频平台开始重视"品效合一"，平台"带货"、用户付费以及内容分账则成了短视频常用的变现方式。

2019 年，短视频"带货"成为行业变现的一大亮点，"短视频 + 直播 + 电商"模式火爆全网。2020 年，"短视频 +"适逢"宅经济"的浪潮，二者相互成就，不仅丰富了短视频平台内容创作模式，也使得短视频商业模式逐渐成熟且变现手段多样化。具体来看，格力电器董事长董明珠在格力"智惠 618·健康生活家"主题直播活动创下 102.7 亿元的销售纪录；小米科技创始人雷军的直播带货首秀总销售额高达 2.1 亿元；2020 年 8 月，快手电商订单量超 5 亿单。强大的数据体量彰显了"短视频 +"赋能的电商直播经济所带来的巨大经济效益，作为一个新的营销渠道，短视频展现出新的发展潜力。此外，值得关注的是，2020 年，快手开始试水影视和短剧

---

① 传媒 1 号 . 2020 短视频年报②：# 十大行业现象 #［EB/OL］.（2021-01-03）. https://weibo.com/ttarticle/p/show?id=2309404589406605410614&sudaref=www.baidu.com.

付费，上线了《江城花火》《石盘村诡事》《冒牌娇妻》等付费内容。快手官方数据显示，截至 2021 年 5 月 13 日，售价 3 元的《江城花火》已经卖出 112.1 万份，营收达到了 336.3 万元，于 11 月启动付费点映的《冒牌娇妻》在 24 小时内付费人次过万。同样，2020 年 2 月，抖音也上线了付费专栏，内容变现正式登上抖音平台。① 如果说 2019 年短视频平台在产业链上更加重视上中游的发展，忽视了下游的开发，那么 2020 年短视频平台则开始加紧布局产业下游，发挥其转化变现能力（见表 1）。

表 1   抖音、快手关于后续服务转化的营销计划及发布时间

发布时间	短视频平台	营销计划
2020 年 3 月	快手	启动"蜂芒计划"，可精准匹配不同领域品牌主的特点和营销需求，为品牌提供多元的营销解决方案
2020 年 5 月	抖音	推出"巨星节"，为广告主提供营销福利
2020 年 6 月	抖音	推出商业化扶持项目"繁星计划"，优化高潜力达人的商业变现能力
2020 年 10 月	抖音	上线"抖店罗盘"，为广告主提供数据分析服务

资料来源：根据公开资料整理。

三、场景多元：短视频内容生态发展倾向

（一）垂直类内容持续深耕，圈层特点显著

短视频平台的迅猛发展，吸引着无数企业、明星、素人等内容创作者入驻，每一天都有无数的短视频被创作并上传到平台，被众多网民观看、点赞、评论和分享。然而，随着内容同质化、低俗化倾向的出现，用户的耐心越来越有限，短视频用户群体正在逐步陷入审美疲劳的泥潭。因此，为了迎合用户的口味，进一步提升用户黏性，深耕垂直内容就成了广大创作者的最优选择。

---

① 刘晓 . 2020 年短视频市场进化之路［EB/OL］.（2021-02-09）. https://mp.weixin.qq.com/s/SNvGfLjnY06ENaiJN3mm7A.

比如，抖音依据创作内容所属，将其分为娱乐、才艺、萌宠、搞笑、二次元等 19 个垂直品类[①]；快手则是在推荐页面呈现了本地生活、家居家装、快手课堂等 36 个频道。对于内容的精准分类，短视频平台为用户迅速寻找到自己感兴趣的内容提供了便利。同时，在大数据和算法的帮助下，每一位用户都可以很快找到自己喜欢的内容，进入特定的文化圈层，这又从侧面助推了垂直类短视频内容的创作。根据卡思数据 2021 年 2 月发布的《2020 年抖音 KOL 生态研究报告》，短视频内容趋向于垂直化和细分化，并且各细分领域都出现了许多成绩亮眼的账号，2020 年涨粉最快的 30 个账号中，有 22 个都专注于垂直类内容，包括影视娱乐、剧情搞笑、汽车、美食、医疗健康、正能量等不同领域（见表 2）。

表 2　2020 年抖音账号粉丝增速 TOP10

排名	账号名称	所处赛道	粉丝数（万）[②]
1	人民日报	媒体	12827.5
2	央视新闻	媒体	11843.3
3	毒舌电影	影视娱乐	5720.6
4	四川观察	媒体	4761.7
5	大狼狗郑建鹏 & 言真夫妇	剧情搞笑	4776.7
6	疯产姐妹	剧情搞笑	3916.7
7	疯狂小杨哥	剧情搞笑	4869.3
8	我是田姥姥	剧情搞笑	3341.7
9	猴哥说车	汽车	3429.8
10	布衣探案	影视娱乐	2314.5

数据来源：卡思数据《2020 年抖音 KOL 生态研究报告》。

为应对日渐消退的短视频红利、日趋严重的平台内容同质化，2020

---

① 吴锋，宋帅华.井喷增长、场景多元、分层传播：2020 年短视频行业发展特征及趋势前瞻［J］.编辑之友，2021（2）：53-58.

② 粉丝数据截至 2021 年 5 月 30 日。

年，更多的短视频账号趋向于确定和凸显自己的垂直定位以吸引特定受众群体。如拥有 3058.8 万粉丝① 的抖音账号"虎哥说车"，其短视频内容几乎都是针对汽车的评测和介绍，其账号名称和账号所在垂直领域具有一致性，让受众一眼就知道其发布的内容是关于汽车的。而拥有 4142.3 万粉丝② 的快手账号"牧童和平精英—童家堡"直接将自己所在领域——"和平精英"游戏直播，作为自己的账号名称。在碎片化时代，内容消费趋于个性化，垂直领域的内容价值和商业价值得到凸显。短视频平台的社交互联网重塑了社群和社区，受众群体不再只以年龄、性别、地域和收入等人口属性指标分化，而是基于共同的兴趣、态度、爱好、价值观形成了不同的圈层。在同一圈层内，受众倾向于持续关注和消费特定内容，这也为内容的商业变现提供了保障，进而激励内容创作者不断产出新的高质量作品以赢得更多受众的时间和注意力。总体来说，垂直领域在未来一段时间内很有可能成为短视频平台的突破点，作为对于泛娱乐化内容的补充，深耕某一特定领域的深度垂直内容将成为平台拉新和留客的重要渠道。

（二）"短视频 +"跨界融合，强调文化传播属性

当前，中国的短视频平台正在逐步从在线娱乐平台向聚合平台转变，短视频平台事实上已经成了一种涵盖电子商务、知识科普、在线教育、文化传播等生活方方面面的"基础设施"。③ 它作为一种内容的载体，拥有巨大的包容性，可以弥补其他媒体在文化传播领域的不足，让发端于农业文明的传统文化体系在网络社会得以延续。《2019—2020 抖音文旅行业大数据研究报告》显示，一条"永兴坊摔碗酒"短视频的爆红使得超过 50 万人来到西安尝试摔碗酒；2020 年 11 月 27 日，快手与旅游 APP 同程艺龙达成战略合作，双方将通过品牌内容营销、用户流量共享、达人内容创作

---

① 粉丝数据截至 2021 年 5 月 1 日。
② 粉丝数据截至 2021 年 5 月 1 日。
③ ZHANG Z. Infrastructuralization of Tik Tok: Transformation, Power Relationships, and Platformization of Video Entertainment in China [J]. Media, Culture & Society, 2021, 43（2）: 219-236.

等方面的合作，探索在短视频场景下的旅游服务。① "短视频＋旅游"的模式成为许多城市旅游目的地营销的重要一环。同时，随着短视频平台用户数量的增加和宣传效果的提升，从2018年开始，中央及地方党政机构纷纷入驻短视频平台，利用其传播特征推动舆论宣传工作，政务短视频呈现井喷之势。2020年7月29日，浙江广播电视集团主办的浙江政务短视频联盟成立。联盟成立后，充分发挥资源整合优势，为地方定制媒体宣发渠道，提供短视频培训服务，助力政务短视频传播。② 随着"短视频＋电商""短视频＋政务""短视频＋新闻"等各类跨界融合的进行，"短视频＋"模式体现了巨大的社会价值。

此外，许多政府没有足够资金支持的领域，如文化遗产、在线教育、知识科普等，在短视频平台获得了新生，吸引了属于自己的受众，完成了商业变现。以知识科普为例，《2019年度抖音知识创作者图鉴》显示，截至2019年12月2日，抖音上粉丝过万的知识内容创作者数量已超过7.4万名，累计创作了1985万条优质知识科普短视频，累计播放量超过了1.9万亿次，这让抖音成为一个重要的知识普惠平台，在本质上推进了共享共创，从而拓宽了知识传播路径，改善了知识传播的环境。同时，短视频平台也成了互联网时代历史文化传承的新载体，为传统美食、传统手工艺品等提供了宣传渠道，形成了从展示到营销再到购买的闭环，不仅让传统文化为更多人所知，更帮助许多传统手艺人打开了销路，使得传统文化的文化价值和商业价值在互联网时代得到很好的开发。

（三）泛娱乐性弱化，专业创作寻求新增量

由于短视频具有短平快的特点，越来越多的创作者和观众参与其中。这种实时分享和无缝对接的视频技术，满足了用户的个性化、碎片化需

---

① 白金蕾.快手与同程艺龙达成战略合作，用户可在快手直接预订旅行服务［EB/OL］.（2020-11-27）. https://www.bjnews.com.cn/detail/160646444915330.html.

② "网信浙江"微信公众号.浙江政务短视频联盟启动！［EB/OL］.（2020-08-02）. http://www.cac.gov.cn/2020-08/02/c_1597926577146200.htm.

求，填充了用户的空余时间，使得用户获得感官上的刺激，但也可能让用户丧失思考的能力。同时，资本力量介入短视频平台，不断通过吸引用户消费的方式进行商业变现，助长了消费主义的氛围。

从 2018 年开始的全民短视频热潮延续至今，催生了无数网红博主，吸引了数以亿计的受众观看。但是到今天，随着短视频同质化现象日趋严重，观众的审美标准和观看需求水涨船高，短视频内容逐步度过野蛮生长期，以前毫无创意、无脑模仿的内容正在失去市场。内容竞争的市场从蓝海变为红海，短视频的创作从泛娱乐化向专业化转变成为大势所趋。

2020 年，短视频内容创作赛道持续降温，一种形式的短视频的爆红会迅速引发模仿行为，除了在同一平台上的模仿，还会被部分用户上传到其他短视频平台，引起更大范围的模仿。受限于短视频平台的技术框架和既定的内容模板，用户创作的内容会逐渐趋同，缺乏创意，这导致了同质化的内容在平台上不断传播，在算法的频繁推荐之下，造成用户的审美疲劳，大大降低了他们的观看欲望。根据卡思数据发布的《2020 年抖音 KOL 生态研究》，活跃账号（粉丝数 ≥ 10 万，月更视频数量 ≥ 1 条）总量增速下滑：从 2019 年的 147% 降至 92%，且相较上半年，2020 年下半年的总量增速进一步放缓。短视频平台"造星"能力减弱，账号"爆红"的概率大大减小。2020 年全年，仅有 6 个账号实现单月涨粉 1000 万以上，去除媒体号、政务号，KOL 账号仅占比 2 席。上述问题可能并非短视频平台内容创作发展中的"阵痛"，而是会成为未来一段时间内广大创作者不得不面对的持续性问题。

值得关注的是，剧情 / 搞笑类短视频因为制作简单、便于复制、易于传播而受到广大创作者的喜爱，用户也更喜欢在短视频平台消费这类泛娱乐、泛生活内容。2020 年增粉最快的 500 个账号中，剧情 / 搞笑类账号遥遥领先，占 27.4%。但卡思数据同时也显示，百万账号"永久"停更现象中，以剧情 / 搞笑类账号最为显著。2020 年"存活"下来的此类账号几乎都摆脱了简单翻拍和复制的模式，而是对内容质量进行了大幅度提升，在场景、人物、剧情的设定上都更为精美，演绎成分减少，源于生活的、真实的、共情的内容呈现增加的趋势。

四、短视频行业发展未来展望

（一）政策监管与时俱进，内容生产不断规范

互联网时代，信息发生爆炸式增长，在丰富了我们接收和传递信息渠道的同时也带来了诸多问题。作为近年来互联网领域的风口，短视频平台的乱象也引起了广泛的关注。尼尔·波兹曼在《娱乐至死》中说，"有两种方法可以让文化精神枯萎，一种是奥威尔式的——文化成为一个监狱，另一种是赫胥黎式的——文化成为一场滑稽戏"。因此，对于短视频平台而言，在泛娱乐时代的文化背景之下，来自外部的政策监管和来自平台内部的积极引导都显得尤为重要。[①] 作为在互联网时代诞生的新兴媒体，短视频没有时间和空间的限制，拥有无可比拟的资源优势和容量优势，更是给监管带来了巨大的难题。因此，传统的规制手段已经难以满足短视频行业的发展需求，必须与时俱进，不断更新和创新政策法律规制，以规范和引导短视频行业健康有序发展。

根据官方数据显示，2020 年，全国"扫黄打非"办公室举报中心共接到反映涉"抖音"平台传播色情低俗信息的举报线索 900 余条。[②] 2021年 1 月 8 日，抖音因存在传播淫秽色情低俗信息行为，被处以顶格罚款的行政处罚。这给全行业敲响了警钟——短视频平台并非法外之地。2019—2020 年，官方发布的直接针对短视频的监管政策主要有 5 条（见表 3）。随着针对短视频平台的监管体系和政策制定的不断完善，未来，短视频平台内容生产将趋于规范。

---

① 万可歆.新"娱乐至死"：短视频"泛娱乐化"现象的探究 [J].新丝路，2018（8）：132-133.

② 中国青年网.因传播淫秽色情低俗信息"抖音"被行政处罚 [EB/OL].（2021-01-08）.http://news.youth.cn/jsxw/202101/t20210108_12654197.htm.

表3　2019—2020年短视频监管政策及发布主体

日期	文件名称	政策发布主体
2019年4月	《未成年人节目管理规定》	国家广播电视总局
2019年9月	《网络信息内容生态治理规定》	国家互联网信息办公室
2019年11月	《网络音视频信息服务管理规定》	国家互联网信息办公室、文化和旅游部、国家广播电视总局
2020年11月	《关于加强网络秀场直播和电商直播管理的通知》	国家广播电视总局
2020年11月	《互联网直播营销信息内容服务管理规定（征求意见稿）》	国家互联网信息办公室

数据来源：根据国家广播电视总局、国家互联网信息办公室、文化和旅游部等部门公开信息整理。

（二）技术赋能推动创新，算法弊端逐步克服

移动互联网技术的不断进步将会为短视频平台注入发展的强大内生动力。近年来，5G、AI、云计算、大数据等技术的出现和发展给互联网带来了无限可能，在这些技术的推动下，短视频产业也将与时俱进，通过应用新技术，更好地满足用户的多元化需求。

2019年6月，工业和信息化部开始发放5G牌照，中国正式进入"5G元年"。在5G的支持下，更加丰富和高质量的短视频内容将被呈现给观众。大宽带、低延时的5G技术让短视频搭载4K/8K、VR/AR、动作捕捉等成为可能。在多种技术的交互作用之下，PCG内容的多样化表达能力得到提升，用户体验将极大改善。同时，短视频内容在各种智能终端上传输的速度和信息搭载能力也将得到提升，可以依托高质量内容建立与其他服务形式的连接，"短视频＋电商""短视频＋游戏""短视频＋广告"等将在5G时代打破、重构、融合产业边界，短视频平台逐步从内容平台转向包罗万象的聚合平台，涉及人们生活的方方面面，"短视频＋"模式很有可能成为未来一段时间的热点。

另外，大数据和人工智能将为短视频内容分发机制带来转型升级。目前，大多数短视频平台主要采用算法推荐的模式，根据用户观看短视频的偏好进行同类内容推送，但是在此模式下，同质化内容越来越多，其他类型内容减少，易形成"信息茧房"。一旦身处这样的"茧房"之中，就很难再接受异质化的信息和不同的观点，甚至在不同群体、代际间竖起阻碍沟通的高墙。而技术的进步将逐步克服这一缺陷，有效协调个性化需求和非个性化需求之间的矛盾，带给用户更好的使用体验。比如，360旗下快视频APP通过"智能搜索引擎"技术，在兴趣推荐的同时，特别强化了用户的情绪感知和自由探索，对克服推荐引擎"信息茧房"的弊端有着重要意义。

短视频发展与科技创新密不可分，正是不断优化的互联网技术和不断更新迭代的互联网硬件将短视频推上历史的舞台，成为互联网发展史中不可忽略的一环。可以预见，未来，短视频将通过与新兴技术的结合来破解自我发展的困境，不断完善自我、提升自我，在技术的浪潮中实现可持续发展。

（三）内容互动转向社交互动

随着短视频市场格局的确立和用户拉新触及天花板，短视频平台对于用户的运营已经进入了存量时代。在存量时代，精细化的用户运营方式成为主流，用户存量成为一个更加重要的指标。因此，未来短视频平台的竞争将不限于短视频，而将拓展到游戏、直播、电商等其他领域。打造以社交为连接的短视频综合社区已经成为各大短视频平台的当务之急。

马修·利伯曼在《社交天性》一书中写道："人类天生就是爱社交的社会动物。人类有一种内在的需要，即与他人建立连接并找到归属感。"但是根据The Infinite Dial 2020数据显示，在2017—2020这4年中，社交媒体使用量似乎已经触顶，变化率很小，并且在12—34岁的使用人群中甚至有小幅下降。许多年轻人开始离开原有的社交媒体，转而投向更加私人化、垂直化的平台。这对于短视频平台社交互动的建设提出了挑战。2020 年，抖音对"熟人"和"连线"两项功能进行测试，试水熟人社交和陌生人社交赛道。同时，还对短视频社交产品"多闪"进行改版，增强其与抖音的联系。快手则在《2020 快手用户及营销报告》中指出，将打造高黏度、有温度、环绕性以及去中心化的快手社交生态。将短视频领域第一梯队的两大平台的分发机制进行比较，普遍认为抖音偏向于公域流量，更多采用算法推荐，而快手更注重私域流量，主要分发所关注用户的内容（见表 4）。2018 年，快手 CEO 在年会上表示，过去一年，快手开始转型为半陌生人半熟人共存的社区，在社区里已经形成了混合的社交体验，沉淀了大量的社交关系。[①] 这标志着快手从内容互动到社交互动的逐步转变，反观抖音，2018 年推出的短视频社交 APP"多闪"，截至 2020 年 6 月，月活跃用户仅 1094.04 万[②]，可见它独立发展并未获得成功。

表 4　抖音 APP 与快手 APP 对比

短视频平台	理念	内容特点	分发机制	用户特点	主要变现路径
抖音	"记录美好生活"	消费属性	公域流量—推荐	偏 B 端	广告
快手	"拥抱每一种生活"	普通人生活的记录和分享	私域流量—关注	偏 C 端	直播带货

资料来源：笔者整理。

因此，内容互动向社交互动转变将成为未来一段时间内短视频平台的发展趋势。基于用户的社交动机进行分析，未来短视频的社交化可能会向着"共情社交"和"功利社交"两个方向发展。进行"共情社交"的用户目的是建立情感联结与获取情感体验，或者是寻找具有相同兴趣的其他用户。而"功利社交"则与之相反，以利益的交换作为连接点，通过相同

---

① DoNews. 快手转型半陌生人半熟人的社交社区［EB/OL］.（2019-01-28）. https://www.donews.com/news/detail/4/3035825.html.

② 数据来源：艾媒北极星互联网产品分析系统。

的利益诉求联结用户。以"老铁文化"为底层逻辑的快手，通过塑造一个个"人设"鲜明的 KOL，引起受众的共鸣，逐渐积累私域流量，成功构建了用户社区。[①] 因此，短视频平台依靠"功能性的内容媒体—用户集聚的社交媒体—内容价值匹配用户价值的智能场景媒体"这一转换路径，在未来将摆脱单纯的内容提供者的定位，真正成为我们生活中不可或缺的一部分。

---

① 朱柳香.快手 IPO，老铁文化下的造富经［EB/OL］.（2020-12-17）. https://m.sohu.com/ a/438866835_482004/.

B.10
2020 年全网剧集融合传播格局解析

陈洲　刘月尚①

摘　要： 在国家宏观政策调控和市场环境的双重影响下，2020 年剧集市场"减量提质"趋势越发明显，精品内容不断涌现。而随着媒体融合持续向纵深方向发展，台网联动共赢越发呈现广泛与多样的特征。电视台与视频网站之间不断加强并创新剧目合作模式，"台网联动、品效协同"成为双方的选择。本文重点对 2020 年全网剧集进行盘点和梳理，从题材分布、内容创新、制作营销模式等方面进行深入阐释。

关键词： 台网联动；减量提质；网络传播

　　2020 年，我国剧集市场②虽然受到新冠肺炎疫情的冲击，但仍然呈现整体向好的发展态势。从全网剧集题材类型来看，现实主义题材剧始终占据主流地位。多部映射现实、具有话题度的高品质剧目备受市场认可；女性向、悬疑向、行业向剧目蓬勃发展，精品爆款不断；30 集以下短剧迎来

---

① 陈洲，北京美兰德媒体传播策略咨询有限公司研究部总监；刘月尚，北京美兰德媒体传播策略咨询有限公司研究员。
② 中国剧集市场由电视剧市场和网络剧市场两部分组成。其中电视剧是指具有国家广播电视总局发出的发行许可证，可于电视台或网络视频平台播映的剧集；网络剧则指须经国家广播电视总局备案并审查且仅可于网络视频平台播映的剧集。

快速发展时期，并收获大批受众的关注与认可。2020 年同样也是全面建成小康社会及决战决胜脱贫攻坚的收官之年，面对疫情的严峻考验，抗疫题材、脱贫攻坚题材剧目成为 2020 年我国剧集市场中最具时代烙印的重要组成部分。与此同时，在融媒体环境下，新技术手段的运用及新媒体平台的发展均积极推动着剧集传播方式的持续创新。视听交互新技术逐渐被应用到剧集的创作过程中，从而进一步提升受众的视听体验；围绕微博、微信等社交平台和抖音、快手等短视频平台进行的跨平台营销更是有效提高了剧集网络传播的声量。

一、2020 年全网剧集制作发展趋势

2020 年，在新冠肺炎疫情、国家相关政策以及市场变革等多重因素的影响下，我国剧集"减量提质"趋势明显。鉴于台网两端对优质内容资源的需求均持续上升，二者间的联动越发注重"品效协同"。而伴随着新媒体、新技术、新业态的融合创新发展，全网剧集创作手法及营销方式也正不断革新。2020 年，网络影响力综合指数排名前十的剧集包括《亲爱的自己》《三十而已》等（见表 1）。网媒关注度、微信刊发量、微博提及量排名前十的剧集见表 2，视频点击量、爱奇艺热度、优酷热度排名前十的剧集见表 3。

表 1　2020 年全网首播剧集 [①] 网络影响力综合指数 TOP10

排名	剧名	综合指数	首播平台
1	《亲爱的自己》	83.3	湖南卫视
2	《三十而已》	83.2	东方卫视
3	《隐秘而伟大》	83.1	CCTV-8
4	《大秦赋》	82.7	CCTV-8
5	《狼殿下》	82.2	爱奇艺、优酷、腾讯视频

[①] 2020 年全网首播剧集：在 2020 年进行首轮播出的剧集，二轮、多轮播出剧集不被包含在内。以下同。

（续表）

排名	剧名	综合指数	首播平台
6	《以家人之名》	82.1	湖南卫视
7	《有翡》	81.1	腾讯视频
8	《流金岁月》	80.9	CCTV-8
9	《安家》	80.9	北京卫视、东方卫视
10	《三生三世枕上书》	80.8	腾讯视频

数据来源：美兰德·视频网络传播监测与研究数据库，2020.01.01—2020.12.31。

表2　2020年全网首播剧集网媒关注度、微信刊发量、微博提及量 TOP10

排名	剧名	网媒关注度（条）	排名	剧名	微信刊发量（篇）	排名	剧名	微博提及量（万条）
1	《三十而已》	469303	1	《三十而已》	446319	1	《重启之极海听雷》	6598.8
2	《有翡》	314050	2	《安家》	216320	2	《想见你》	6479.8
3	《安家》	285675	3	《隐秘的角落》	142894	3	《大主宰》	4646.8
4	《隐秘的角落》	277411	4	《大主宰》	126988	4	《有翡》	3897.3
5	《以家人之名》	220098	5	《清平乐》	105816	5	《狼殿下》	3748.7
6	《琉璃》	215341	6	《以家人之名》	94792	6	《三生三世枕上书》	3567.6
7	《唐人街探案》	197700	7	《完美关系》	89794	7	《亲爱的自己》	3088.6
8	《锦衣之下》	187925	8	《有翡》	89786	8	《琉璃》	2515.6
9	《鹿鼎记》	164472	9	《唐人街探案》	89691	9	《月上重火》	2315.9
10	《清平乐》	148563	10	《二十不惑》	73786	10	《他其实没有那么爱你》	1965.6

数据来源：美兰德·视频网络传播监测与研究数据库，2020.01.01—2020.12.31。

表3　2020年全网首播剧集视频点击量、爱奇艺热度、优酷热度 TOP10

排名	剧名	视频点击量（亿次）	排名	剧名	爱奇艺热度	排名	剧名	优酷热度
1	《三生三世枕上书》	75.7	1	《流金岁月》	4766.3	1	《绝世千金完结篇》	5543.6
2	《安家》	74.0	2	《重启之极海听雷》	4763.0	2	《黑白禁区》	5309.8
3	《三十而已》	71.4	3	《重启之极海听雷2》	4352.6	3	《乡村爱情12》	4942.1
4	《以家人之名》	50.0	4	《锦衣之下》	4261.5	4	《鹿鼎记》	4933.9
5	《清平乐》	46.7	5	《了不起的女孩》	4246.0	5	《太古神王》	4489.0
6	《下一站是幸福》	43.2	6	《二十不惑》	4240.2	6	《与晨同光》	4481.2
7	《完美关系》	35.1	7	《大秦赋》	4230.3	7	《瞄准》	4480.8
8	《琉璃》	32.8	8	《终极笔记》	4134.1	8	《了不起的儿科医生》	4441.2
9	《新世界》	31.7	9	《黑白禁区》	4059.8	9	《重生》	4171.1
10	《锦绣南歌》	31.3	10	《爱情公寓5》	3911.5	10	《法证先锋IV》	3951.2

数据来源：美兰德·视频网络传播监测与研究数据库，2020.01.01—2020.12.31。

总体来说，2020年全网剧集的发展特点主要体现在以下几点。

（一）受政策和市场环境影响，剧集"减量提质"趋势越发明显

近年来，为规范影视剧行业的发展，国家广播电视总局等相关机构陆续出台多项政策，"内容注水""天价片酬""收视率点击率造假"等不良风气得到有效治理。各大电视台、视频网站、影视制作主体对此做出了积极响应。行业创作焕发新生机，全网剧集"减量提质"趋势越发明显。

具体来看，"减量"主要体现在全网剧集总量持续减少。根据国家广

播电视总局每月发布的全国拍摄制作电视剧备案公示数据显示，2020年全年电视剧备案数仅有670部（见图1），相较2019年同比下降26.0%。"提质"则主要体现在全网精品剧目持续涌现。如《沉默的真相》《在一起》《龙岭迷窟》《隐秘而伟大》《风犬少年的天空》等剧目的豆瓣评分均在8分以上；《绝境铸剑》《三叉戟》两部剧目则分别斩获第32届飞天奖"优秀电视剧奖"、第29届华鼎奖"中国百强电视剧最佳电视剧"；《在一起》《三十而已》《以家人之名》则被国家广播电视总局评定为2020年度优秀海外传播作品。

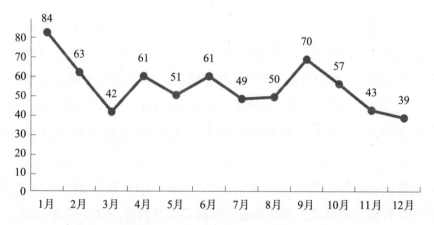

图1　2020年全国拍摄制作电视剧备案公示数量月际变化（单位：部）

数据来源：国家广播电视总局官网。

（二）台网联动注重品效协同，剧集市场竞争弱化平台属性

回首2020年，受新冠肺炎疫情影响，优质剧集稀缺。台网双平台对精品内容的需求急剧上升，彼此间的联动越发频繁。在此背景下，"台网联动、品效协同"成为整个剧集市场的关键词。如《在一起》《石头开花》等时代报告剧在多个上星频道及视频网站同步播出①，台网联动助推其影

---

① 《在一起》在东方卫视、浙江卫视、江苏卫视和广东卫视黄金档首播，湖南卫视、北京卫视次黄金档播出，腾讯视频、爱奇艺和优酷等网络平台同步播出。《石头开花》在东方卫视、浙江卫视、江苏卫视黄金档首播，广东卫视、湖南卫视、北京卫视跟播，腾讯视频、爱奇艺和优酷等网络平台同步播出。

响力快速扩散。此外，为实现《谁说我结不了婚》在台网两端同步收官，CCTV-8 电视剧频道在该剧播出后期（2020 年 6 月 6 日—10 日）将每晚播出 2 集调整为 3 集。《三十而已》《装台》等多部剧目则实行了视频网站会员领先电视观众进行收看的"先网后台"播出模式。由此可见，随着台网双平台间的竞争关系日趋弱化，剧集品质及传播声量已成为二者共同追求的目标。

（三）新技术应用进一步丰富内容样态，为剧集创作注入更多活力

伴随网络基础承载能力的大幅提升以及 VR、AR 等新技术的加速发展，剧集创作正在不断拓展全新的发展空间。技术的创新应用不仅进一步丰富了剧目的内容样态，也同样提升了受众的视听体验。如在《爱情公寓 5》中，VR 衍生剧、互动剧和竖屏剧等创意方式的运用为受众带来零距离沉浸式感受，其中第 13 集互动剧《弹幕空间》在播出后引发全网热议。#爱情公寓弹幕#登上微博热搜榜单，该条微博话题阅读量为 5.3 亿次，讨论量超 6 万条。而《龙岭迷窟》在热播时也推出了首部探险动作互动剧《最后的搬山道人》，并加入分支选项、动作模拟、QTE 等互动玩法。对于这类创新性的互动形式，受众展现出极高的参与热情，《最后的搬山道人》豆瓣评分为 8.2 分。

（四）营销方式不断创新，融媒体助推剧目破圈传播

营销推广是深化与扩展剧集传播效果的重要环节之一。电视端造话题、网络端造梗，台网营销各具特色。具体来看，电视首播剧善于从剧情中敏锐捕捉社会热点话题并在网络上形成舆情的持续发酵，从而带动网友热议。如《安家》热播期间，网民就 #房产证该不该加儿媳名字 ##原生家庭会影响择偶标准么# 等多个社会议题展开激烈讨论，上述微博话题阅读量均超亿次。而挖掘"趣梗"则成为热播网剧的出圈利器。如《隐秘的角落》热播期间，"一起爬山吗""你看我还有机会吗""小白船警告"等火爆全网。

此外，凭借传播力强、年轻用户多的优势，微博及抖音短视频平台逐渐成为剧集营销的主战场。当下，越来越多的优质剧目通过在上述平台进行碎片化内容传播并打造各类互动性玩法来增强曝光度。如《以家人之名》《传闻中的陈芊芊》热播期间，发行方在微博平台发起 # 以家人之名表情包大赛 ## 给传闻中的陈芊芊改名 # 活动。而广大网友主动参与的话题讨论及互动更是进一步提升了两部剧目的传播热度。其中，# 以家人之名表情包大赛 # 微博话题讨论量为 27.4 万条；# 给传闻中的陈芊芊改名 # 微博话题阅读量为 4.7 亿次，讨论量为 5.4 万条。在短视频平台，《三十而已》官方抖音账号快速推出了"三十·细品有味而已""三十·欢实日常而已"等视频合集。发行方将剧中名场面、剧外拍摄花絮等内容进行再次编辑，方便抖音用户利用碎片化时间观看。"三十·细品有味而已"视频合集播放量达 29.7 亿次（见图 2）。

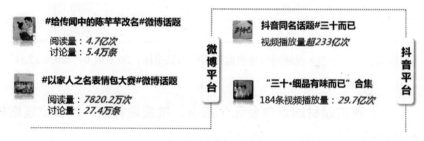

图 2　2020 年部分剧目创新营销方式示意

数据来源：美兰德·视频网络传播监测与研究数据库，2020.01.01—2020.12.31。

二、2020 年上星频道首播剧 [①] 网络传播状况

综观 2020 年上星频道首播剧网络影响力综合指数 TOP10 榜单（见表 4）可知，上榜剧目播出平台多集中在中央广播电视总台（简称总台）、湖南卫视、东方卫视、北京卫视、浙江卫视和江苏卫视等强势卫视频道。而从题材类型来看，现实题材剧目仍占据主流地位，多元社会话题更是掀起

---

① 上星频道首播剧：在国内上星电视频道首轮播出的剧目。以下同。

全民讨论热潮。与此同时，各电视台突出主题主线，聚焦亮点热点。抗疫题材时代报告剧、脱贫攻坚剧等纷纷成为荧屏亮点，积极引领社会主流价值观。

表4　2020年上星频道首播剧网络影响力综合指数 TOP10

排名	剧名	综合指数	首播平台
1	《亲爱的自己》	83.3	湖南卫视
2	《三十而已》	83.2	东方卫视
3	《隐秘而伟大》	83.1	CCTV-8
4	《大秦赋》	82.7	CCTV-8
5	《以家人之名》	82.1	湖南卫视
6	《安家》	80.9	北京卫视、东方卫视
7	《流金岁月》	80.9	CCTV-8
8	《向阳而生》	79.9	湖南卫视
9	《二十不惑》	79.9	湖南卫视
10	《清平乐》	79.8	湖南卫视

数据来源：美兰德·视频网络传播监测与研究数据库，2020.01.01—2020.12.31。

（一）现实题材剧走向多元化叙事，抗疫题材剧、脱贫攻坚剧极具时代特色

在2020年上星频道首播剧网络影响力综合指数 TOP10 榜单（见表4）中，现实题材剧目占比七成。凭借对社会生活的真实刻画以及对社会话题的精准捕捉，优质现实题材剧目获得青睐。具体来看，以《亲爱的自己》《三十而已》等为代表的女性向剧目通过反映"婚姻""事业""成长"等现实问题，紧抓受众情绪爆点，引发全民讨论热潮。如《亲爱的自己》全年微博提及量为3088.6万条，在上星频道首播剧微博提及量榜单中排名首位；《三十而已》网媒关注度为46.9万条，微信公众号刊发量为44.6万篇，均在上星频道首播剧对应榜单中排名第一（见表5）。以《安家》《完美关系》《决胜法庭》为代表的行业向剧目创作视角越发广泛，分别聚焦房屋中

介、公关、检察系统等特定行业，亦收获不俗影响力。如《安家》全年视频点击量为 74.0 亿次，在上星频道首播剧对应榜单中排名第一（见表 6）。

表 5　2020 年上星频道首播剧网媒关注度、微信刊发量、微博提及量 TOP10

排名	剧名	网媒关注度（条）	排名	剧名	微信刊发量（篇）	排名	剧名	微博提及量（万条）
1	《三十而已》	469303	1	《三十而已》	446319	1	《亲爱的自己》	3088.6
2	《安家》	285675	2	《安家》	216320	2	《以家人之名》	1951.1
3	《以家人之名》	220098	3	《清平乐》	105816	3	《最美逆行者》	1656.6
4	《鹿鼎记》	164472	4	《以家人之名》	94792	4	《下一站是幸福》	1551.0
5	《清平乐》	148563	5	《完美关系》	89794	5	《三十而已》	1388.9
6	《燕云台》	140654	6	《二十不惑》	73786	6	《秋蝉》	872.9
7	《下一站是幸福》	137278	7	《最美逆行者》	67699	7	《幸福触手可及》	806.9
8	《大秦赋》	133679	8	《亲爱的自己》	61572	8	《清平乐》	744.3
9	《隐秘而伟大》	129236	9	《下一站是幸福》	53532	9	《冰糖炖雪梨》	730.1
10	《二十不惑》	127909	10	《冰糖炖雪梨》	49646	10	《安家》	579.8

数据来源：美兰德·视频网络传播监测与研究数据库，2020.01.01—2020.12.31。

表 6　2020 年上星频道首播剧视频点击量、爱奇艺热度、优酷热度 TOP10

排名	剧名	视频点击量（亿次）	排名	剧名	爱奇艺热度	排名	剧名	优酷热度
1	《安家》	74.0	1	《流金岁月》	4766.3	1	《鹿鼎记》	4933.9

（续表）

排名	剧名	视频点击量（亿次）	排名	剧名	爱奇艺热度	排名	剧名	优酷热度
2	《三十而已》	71.4	2	《了不起的女孩》	4246.0	2	《太古神王》	4489.0
3	《以家人之名》	50.0	3	《二十不惑》	4240.2	3	《与晨同光》	4481.2
4	《清平乐》	46.7	4	《大秦赋》	4230.3	4	《瞄准》	4480.8
5	《下一站是幸福》	43.2	5	《青青子衿》	3906.8	5	《了不起的儿科医生》	4441.2
6	《完美关系》	35.1	6	《幸福触手可及》	3725.5	6	《只为那一刻与你相见》	3945.3
7	《新世界》	31.7	7	《猎手》	3570.5	7	《爱我就别想太多》	3903.8
8	《亲爱的自己》	31.2	8	《小娘惹》	3564.6	8	《冰糖炖雪梨》	3759.7
9	《幸福触手可及》	29.8	9	《鹿鼎记》	3551.9	9	《平凡的荣耀》	3451.7
10	《隐秘而伟大》	29.3	10	《新世界》	3249.6	10	《哪吒降妖记》	3423.6

数据来源：美兰德·视频网络传播监测与研究数据库，2020.01.01—2020.12.31。

此外，由于 2020 年是我国全面建成小康社会、决战决胜脱贫攻坚的收官之年，也是全民共同抗击新冠肺炎疫情的特殊年份，各家上星频道推出多部抗疫题材及脱贫攻坚重点剧目。具体来看，《在一起》《最美逆行者》等时代报告剧均采用单元剧模式，聚焦抗疫"众生相"。剧中各单元故事均取材于新冠肺炎疫情期间发生的真实故事。《在一起》豆瓣评分为 8.7 分；《最美逆行者》全年微博提及量为 1656.6 万条，位居上星频道首播剧对应榜单第三名（见表 5）；而以《最美的乡村》《绿水青山带笑颜》《花繁叶茂》等为代表的脱贫攻坚剧则以不同视角生动再现我国农村新风貌。《花繁叶茂》凭借轻松幽默、贴近生活的剧情在哔哩哔哩收获 9.5 分的高分评价。《最美的乡村》《绿水青山带笑颜》两部剧目则分别被《人民日报》《光明日报》主流媒体高度称赞。

（二）总台电视剧深化年轻态表达，推动平台网络影响力稳步提升

2020 年，通过推出一系列兼具年轻化与市场化表达的优质剧目，总台进一步深度强化并快速拓展其在年轻受众圈层中的影响力。具体来看，年代剧《隐秘而伟大》无论在演员选择还是在叙事表达上均符合年轻受众群体的审美喜好。该剧热播期间，34 岁以下微博热议用户占比超九成（92.1%，见图 3）；李易峰、金晨网媒贡献度分别为 56.6% 和 38.3%，不少网民对青年演员的表演给予了肯定。都市剧《流金岁月》则重点聚焦朋友情谊和女性蜕变，再加上刘诗诗、倪妮等青年演员以及陈道明、袁泉等知名演员的加盟，该剧成功吸引年轻受众的青睐。该剧热播期间，刘诗诗、倪妮两人微博贡献度均超过 65.0%。#电视剧流金岁月#微博话题阅读量为 14.4 亿次，讨论量超 469 万条。以上两部剧共同入围 2020 年全网剧集网络影响力综合指数 TOP10 榜单（见表 1），《隐秘而伟大》更以综合指数 83.1 的成绩稳居榜单第三位。除此之外，总台播出的《绝代双骄》《谁说我结不了婚》《大侠霍元甲》等剧也获得了年轻受众的喜爱和支持。

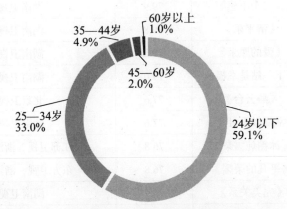

图 3　《隐秘而伟大》在播期间微博用户年龄占比

数据来源：美兰德·视频网络传播监测与研究数据库，2020.11.01—2020.11.30。

（三）湖南卫视独播剧持续领跑，头部省级卫视联播模式稳中有变

2020 年，我国剧集市场努力克服新冠肺炎疫情带来的不利影响，持续发力。凭借精致打磨的剧本内容、精良的制作能力以及演员出色的演技，多部优质剧目自开播之日起便收获了受众的大量关注。头部强势省级卫视则继续依托自身资本优势，整合大量优质剧集资源，抢占市场话语权。从 2020 年省级卫视首播剧网络影响力综合指数 TOP20 榜单（见表 7）来看，湖南卫视表现最为亮眼，共有 9 部剧目上榜；东方卫视和北京卫视紧随其后，各有 6 部剧目上榜；浙江卫视占据 4 个席位，江苏卫视占据 3 个席位。

表 7　2020 年省级卫视首播剧网络影响力综合指数 TOP20

排名	剧名	综合指数	首播平台
1	《亲爱的自己》	83.3	湖南卫视
2	《三十而已》	83.2	东方卫视
3	《以家人之名》	82.1	湖南卫视
4	《安家》	80.9	北京卫视、东方卫视
5	《向阳而生》	79.9	湖南卫视
6	《二十不惑》	79.9	湖南卫视
7	《清平乐》	79.8	湖南卫视
8	《爱的厘米》	79.2	湖南卫视
9	《下一站是幸福》	79.0	湖南卫视
10	《燕云台》	77.6	北京卫视
11	《幸福触手可及》	77.6	湖南卫视
12	《冰糖炖雪梨》	76.8	江苏卫视、浙江卫视
13	《平凡的荣耀》	76.8	东方卫视、浙江卫视
14	《完美关系》	76.7	湖南卫视
15	《在一起》	76.6	东方卫视、浙江卫视、江苏卫视、广东卫视

（续表）

排名	剧名	综合指数	首播平台
16	《新世界》	76.0	北京卫视、东方卫视
17	《了不起的儿科医生》	75.9	北京卫视
18	《秋蝉》	75.4	江苏卫视、浙江卫视
19	《猎狐》	75.1	北京卫视、东方卫视
20	《旗袍美探》	75.1	北京卫视

数据来源：美兰德·视频网络传播监测与研究数据库，2020.01.01—2020.12.31。

具体来看，头部省级卫视灵活调整排播策略，依托各自的优势内容资源抢占市场"赛道"。其中，湖南卫视坚持独播战略，推出的《亲爱的自己》《以家人之名》《二十不惑》等现实题材剧目均收获较高热度，从而有效提升"金鹰独播剧场"的品牌形象。而浙江卫视、东方卫视、江苏卫视和北京卫视则继续保持"联姻"模式，收获颇丰。如东方卫视和北京卫视双平台共同播出的《安家》网媒关注度为 28.6 万条，微信刊发量为 21.6 万篇，均位居省级卫视首播剧对应榜单前两名；浙江卫视与江苏卫视联播的《冰糖炖雪梨》微博提及量超 730 万条，在省级卫视首播剧对应榜单中排名第八；浙江卫视与东方卫视联播的《平凡的荣耀》同名微博话题阅读量高达 35 亿次，讨论量近 260 万条。

三、2020 年网络首播剧[①] 网络传播状况

2020 年，网络自制剧仍然保持着蓬勃的生命力，以《隐秘的角落》为代表的悬疑题材剧目成为新风口。现阶段，各大视频网站通过深耕剧场化运营模式并优化"超前点播"付费观看模式来进行差异化竞争，从而更好地满足用户多元化的观剧需求，增强用户黏性。2020 年网络首播剧网络影

---

① 网络首播剧：随着视频网站崛起，以网络为首轮播出渠道的剧目。包含网络自制剧（由网络公司出品投资或参与制作的剧目）、网络引进剧（网络自由引进的境外剧目）、网络反向输出剧（在网络渠道播出后，又在电视媒体上播出的剧目）。以下同。

响力综合指数 TOP10 见表 8，网络首播剧网媒关注度、微信刊发量、微博提及量 TOP10 见表 9。

表 8　2020 年网络首播剧网络影响力综合指数 TOP10

排名	剧名	综合指数	首播平台
1	《狼殿下》	82.2	爱奇艺、优酷、腾讯视频
2	《有翡》	81.1	腾讯视频
3	《三生三世枕上书》	80.8	腾讯视频
4	《隐秘的角落》	80.6	爱奇艺
5	《琉璃》	80.2	芒果 TV、优酷
6	《重启之极海听雷》	79.6	爱奇艺、优酷
7	《传闻中的陈芊芊》	79.4	腾讯视频
8	《锦衣之下》	79.4	芒果 TV、爱奇艺
9	《终极笔记》	77.5	爱奇艺
10	《想见你》	77.3	腾讯视频、爱奇艺

数据来源：美兰德·视频网络传播监测与研究数据库，2020.01.01—2020.12.31。

表 9　2020 年网络首播剧网媒关注度、微信刊发量、微博提及量 TOP10

排名	剧名	网媒关注度（条）	排名	剧名	微信刊发量（篇）	排名	剧名	微博提及量（万条）
1	《有翡》	314050	1	《隐秘的角落》	142894	1	《重启之极海听雷》	6598.8
2	《隐秘的角落》	277411	2	《大主宰》	126988	2	《想见你》	6479.8
3	《琉璃》	215341	3	《有翡》	89786	3	《大主宰》	4646.8
4	《唐人街探案》	197700	4	《唐人街探案》	89691	4	《有翡》	3897.3
5	《锦衣之下》	187925	5	《三生三世枕上书》	56088	5	《狼殿下》	3748.7
6	《传闻中的陈芊芊》	137066	6	《想见你》	55951	6	《三生三世枕上书》	3567.6

（续表）

排名	剧名	网媒关注度（条）	排名	剧名	微信刊发量（篇）	排名	剧名	微博提及量（万条）
7	《三生三世枕上书》	128458	7	《锦衣之下》	55364	7	《琉璃》	2515.6
8	《狼殿下》	121940	8	《传闻中的陈芊芊》	51251	8	《月上重火》	2315.9
9	《爱情公寓5》	91631	9	《琉璃》	49494	9	《他其实没有那么爱你》	1965.6
10	《穿越火线》	83177	10	《我是余欢水》	45709	10	《锦衣之下》	1375.5

数据来源：美兰德·视频网络传播监测与研究数据库，2020.01.01—2020.12.31。

（一）网络自制剧凸显强势影响力，超前点播模式[①] 正不断优化

从传播效果来看，网络自制剧在剧集市场中的影响力越发突出，成为各大视频网站抢占头部市场份额的重要武器。爱奇艺、腾讯视频、优酷三大视频网站在 2020 年推出的多部优质自制剧均收获了良好的市场反馈。如爱奇艺自制剧《沉默的真相》豆瓣评分高达 9.2 分，创下 2020 年国产悬疑剧口碑之最。腾讯视频自制剧《三生三世枕上书》全年视频点击量突破 75 亿次，以绝对优势位居 2020 年网络首播剧视频点击量榜单第一名（见表 10）。优酷自制剧《侠探简不知》获得了 8.2 分的豆瓣高分。

表 10 2020 年网络首播剧视频点击量、爱奇艺热度、优酷热度 TOP10

排名	剧名	视频点击量（亿次）	排名	剧名	爱奇艺热度	排名	剧名	优酷热度
1	《三生三世枕上书》	75.7	1	《重启之极海听雷》	4763.0	1	《绝世千金完结篇》	5543.6
2	《琉璃》	32.8	2	《重启之极海听雷2》	4352.6	2	《黑白禁区》	5309.8

---

① 超前点播模式是视频网站推出的一项增值服务，在会员的基础上再付费，可以提前观看剧集内容。

（续表）

排名	剧名	视频点击量（亿次）	排名	剧名	爱奇艺热度	排名	剧名	优酷热度
3	《锦绣南歌》	31.3	3	《锦衣之下》	4261.5	3	《乡村爱情12》	4942.1
4	《锦衣之下》	27.0	4	《终极笔记》	4134.1	4	《重生》	4171.1
5	《传闻中的陈芊芊》	22.9	5	《黑白禁区》	4059.8	5	《法证先锋IV》	3951.2
6	《将夜之光明之战》	22.2	6	《爱情公寓5》	3911.5	6	《三千鸦杀》	3942.6
7	《龙岭迷窟》	22.1	7	《隐秘的角落》	3687.9	7	《约定期间爱上你》	3868.8
8	《你是我的命中注定》	21.1	8	《天舞纪》	3434.0	8	《你听起来很甜》	3692.5
9	《我，喜欢你》	20.7	9	《功夫战警》	3424.6	9	《刘老根3》	3688.9
10	《穿越火线》	18.0	10	《他其实没有那么爱你》	3353.6	10	《我的隔壁有男神》	3661.0

数据来源：美兰德·视频网络传播监测与研究数据库，2020.01.01—2020.12.31。

而在用户增长陷入瓶颈、内容创作颇为艰难等多方压力下，爱奇艺、优酷、腾讯视频及芒果 TV 等主流视频平台均已通过开启超前点播这一变现模式来增加营收。在 2020 年网络首播剧网络影响力综合指数 TOP20 榜单中，开通超前点播变现模式的剧目占比为 75.0%。值得一提的是，各大视频平台超前点播模式同样在不断迭代升级。一方面，在剧目上线前或播出初期，视频平台会提前告知受众该剧将启用超前点播，从而方便用户届时根据自身需求来进行选择。另一方面，视频平台在超前点播规则及费用设置上不断向人性化靠拢，通过单集点播、打包点播等多种方式进一步提升会员的服务体验。

（二）网络剧专注内容细分，剧场化运营紧抓圈层受众焦点

在信息碎片化、用户需求多样化的时代背景下，各大视频网站通过

深耕剧场化运营模式，以求实现内容整合及品类细分并达到快速提高用户黏性的目的。其中，爱奇艺"迷雾剧场"和优酷"宠爱剧场"表现最为突出。

具体来看，爱奇艺"迷雾剧场"主打悬疑短剧，并在 2020 年先后推出《十日游戏》《隐秘的角落》《非常目击》《在劫难逃》《沉默的真相》这5 部精品剧目，从而成功吸引众多悬疑爱好者的持续关注。如《隐秘的角落》跻身 2020 年网络首播剧网络影响力综合指数榜单前五。优酷"宠爱剧场"则主要针对女性用户进行内容布局，持续推出《亲爱的麻洋街》《我好喜欢你》《三千鸦杀》等多部极具青春、甜宠气质的剧目。《亲爱的麻洋街》热播期间，女性用户占比高达 77.1%。微博话题＃亲爱的麻洋街＃阅读量破 20 亿次，讨论量达 223 万条。整体而言，视频网站剧场化运营不仅能增强自身品牌辨识度，更能够对圈层受众形成长期吸引力，从而进一步积攒平台人气。

（三）视频网站精品短剧不断涌现，市场热度不容小觑

相比往年，2020 年"注水剧""烂尾剧"明显减少，精品短剧迎来爆发式增长。各大视频网站推出的精品短剧内容精练、剧情紧凑、爽点密集，完美契合当代年轻受众群体的观剧习惯，因此更容易在剧集市场中获得口碑与热度的双丰收（见表 11）。具体来看，一方面，高品质悬疑类短剧集市场表现最为亮眼。如《隐秘的角落》《沉默的真相》均以 12 集体量叙述了一个完整的悬疑故事，并通过环环相扣的情节设定有效精准聚拢受众。两部剧目的豆瓣评分分别为 8.9 分、9.2 分。另一方面，与都市、古装、爱情题材相关的优质短剧集同样不断涌现。如 12 集的《我是余欢水》、24 集的《传闻中的陈芊芊》和《我，喜欢你》等，在演员演技、剧情节奏、场景设置、剪辑制作等方面更符合年轻受众碎片化追剧习惯及审美需求。《我是余欢水》同名微博话题阅读量达 14.3 亿次，讨论量达 55.3 万条；《传闻中的陈芊芊》《我，喜欢你》两部剧目视频点击量均突破 20

亿次。

表 11　2020 年三大视频网站独播短剧[①] 综合指数 TOP3

视频网站	剧名	综合指数	集数
爱奇艺	《隐秘的角落》	80.6	12
	《沉默的真相》	76.5	12
	《在劫难逃》	75.7	12
腾讯视频	《传闻中的陈芊芊》	79.4	24
	《龙岭迷窟》	75.9	18
	《我，喜欢你》	74.5	24
优酷	《全世界最好的你》	71.2	24
	《重生》	71.2	28
	《白色月光》	68.7	12

数据来源：美兰德·视频网络传播监测与研究数据库，2020.01.01—2020.12.31。

（四）悬疑网剧迎来爆发，"悬疑+"多元发展趋势明显

2020 年，各大视频网站主攻悬疑剧市场，带动该类题材剧目数量迎来爆发式增长。一方面，部分视频网站将悬疑与爱情、探险、推理等多元素进行融合，打造垂直细分类悬疑网络剧，以此吸引不同圈层受众。如《龙岭迷窟》主打"悬疑+探险"，全片制作精良、特效逼真，真实还原古墓探险细节，成功圈粉一波受众。该剧全年视频点击量为 22.1 亿次，豆瓣评分 8.3 分；《民国奇探》主打"悬疑+推理"，全年微博提及量为 304.7 万条，烧脑剧情引发热议；《十日游戏》则将悬疑线与爱情线巧妙融合，同名抖音话题 #十日游戏的视频播放量达 11.8 亿次。另一方面，伴随"她力量"的崛起，越来越多的悬疑剧目开始重点突出"她元素"，由此打造出独具特色的女性向悬疑剧集。如《白色月光》《摩天大楼》等悬疑剧，从

---

① 短剧定义为 30 集及以下剧集。

女性视角入手，讲述婚姻、原生家庭等社会热点话题，引发社交平台热烈讨论。#白色月光真实##逃离家暴有多难#等话题在电视剧热播期间均登上微博热搜榜。

悬疑+探险	悬疑+推理	悬疑+爱情	悬疑+女性向
《龙岭迷窟》	《民国奇探》	《十日游戏》	《白色月光》
豆瓣评分：8.3分	微博提及量：304.7万条	同名抖音话题#十日游戏	在播期间优酷热度
视频点击量：22.1亿次		11.8亿次 播放量	最高：9108

图4　2020年部分热播悬疑剧示意

数据来源：美兰德·视频网络传播监测与研究数据库，2020.01.01—2020.12.31。

（五）国内主流奖项将网络剧纳入评选，台、网剧分界线逐渐消解

近年，伴随着视频平台投资规模持续升级、专业制作团队试水网络剧市场以及实力派电影演员相继"触网"，网络剧精品化发展趋势越发明显。一大批类型多样、品质过硬、制作精良的网络剧作品拥有着强劲的市场竞争力及影响力。而随着台网融合进一步增强以及受众对网络剧的越发接受并认可，2020年，国内各大官方电视剧奖项逐渐放宽评奖范畴。如第26届上海电视节白玉兰奖和第32届电视剧飞天奖首次将"重点视频网站首播电视剧"列入评奖范畴。《破冰行动》在第26届上海电视节上荣获最佳中国电视剧奖，成为首部获得白玉兰奖的网络剧；第30届中国电视金鹰奖评选条件同样进一步放宽，包括《我是余欢水》在内的4部纯网络剧目入围提名名单。随着国内各大主流奖项开始将网络剧纳入评选范畴，台网剧的地位分界线正在逐渐消解。这一切恰恰印证了在台网两端的资源博弈中，电视剧的高质量创作才是硬道理。

2021年，从各家电视台、视频网站所公布的备播剧目来看，我国剧集市场将迎来新变化。一是在中国共产党建党100周年等重要的时间节点下，献礼题材剧将迎来创作、播出新高峰。革命历史剧、扶贫剧、军旅剧等多元类型剧目"全面开花"，单元化创作模式将得到更加广泛的应用。

二是伴随着"她力量"的迅速崛起，多部女性向剧目蓄势待发，有望掀起新一轮的收视热潮。三是视频网站剧场化运营模式越发成熟，将通过深挖更多垂直类剧目为用户提供精细化服务。四是台网合作将更加密切，"先网后台"趋势日益明显。

B.11
2020 年综艺节目融合传播特征与趋势分析

罗涛 刘璇[①]

摘　要： 随着媒体深度融合被写入"十四五"规划建议，媒体融合进一步向纵深推进，并深刻影响着内容传播趋势与视听节目市场业态。其中，在综艺市场方面，卫视与视频网站之间正不断推进合作，以多平台联动的方式共同推动节目创新，而优质综艺节目也实现了内容破屏、营销破壁、传播破圈。本文重点对 2020 年综艺节目进行盘点和梳理，对综艺节目内容创新特征及节目传播新趋势进行阐释。

关键词： 媒体深度融合；综艺节目；传播趋势

2020 年上半年，由于新冠肺炎疫情影响，综艺节目制播受到严重影响，"云综艺"应运而生。第三季度之后，随着疫情缓解，优秀综艺扎堆出现，综艺市场重现活力。整体来看，2020 年综艺节目更加注重价值引领，更加聚焦时代议题，体现人文关怀，传递文化内涵，"综 N 代"、选秀类、晚会类综艺市场影响力不容小觑；在播出方式上，综艺节目开始探索多平台的原创与共创，"双平台联手"成为重要发展模式；在技术方面，

---

① 罗涛，北京美兰德媒体传播策略咨询有限公司高级研究经理；刘璇，北京美兰德媒体传播策略咨询有限公司研究经理。

综艺节目持续深化新科技应用，"云综艺"成为亮点之一。同时，各大卫视、视频网站竞争激烈，纷纷通过垂直化、差异化布局吸引多类型受众。

一、2020 年综艺节目制作创新特征

（一）综艺节目更加注重社会价值与人文关怀，"主旋律"成为创作关键词

2020 年既是全面建成小康社会、决战决胜脱贫攻坚的收官之年，也是因为新冠肺炎疫情的突然暴发成为全民关注的焦点之年。在此特殊的背景下，2020 年众多综艺节目积极拓展题材类型，围绕扶贫、公益、战疫等主旋律元素进行多维度创新探索，成为特殊时期公众情绪疏导与舆论引导的重要方式。

在播出形式上，部分头部"综 N 代"节目探索出"综艺 + 直播 + 助农"的新模式。比如，《向往的生活》第四季联合知名主播薇娅策划公益助农直播，帮助西双版纳果农销售因疫情滞销的农产品；《王牌对王牌》第五季收官直播以"春雷助农，王牌送到"为主题，众多明星一起推荐公益好货。在内容制作上，部分优质综艺通过积极打造公益衍生节目或特别节目传递主旋律。比如，《极限挑战》衍生节目《极限挑战宝藏行·三区三州公益季》走进贫困地区，见证国家脱贫攻坚显著成果，豆瓣评分为 7.6 分[1]；《奔跑吧》特别节目《奔跑吧·黄河篇》围绕"黄河生态经济带"，展现黄河流域生态保护和高质量发展，排名 2020 年全网综艺爱奇艺热度、优酷热度前列。此外，2020 年部分原创新综艺也围绕公益主题展开创新表达，比如，《青春在大地》采用"下乡采风 + 舞台剧表演"的形式致敬扶贫工作者，展现青年榜样力量，微博同名话题阅读量达 5.5 亿次；《宝藏般的乡村》以寻宝作为叙事主线，通过"体验 + 漫游"的方式描绘乡村新貌，凸显乡村振兴，豆瓣评分高达 8.9 分。

---

[1] 注：文中若无特别说明，微博话题阅读量、豆瓣评分数据统计均截至 2021 年 2 月 25 日。

（二）各大卫视、视频网站不断加强原创与共创，开启"多平台联手"模式

近年来，综艺节目市场的内容同质化问题不断凸显，这使得各大卫视、视频网站开始有意加强差异化内容的布局，加强全新原创题材探索，以回避同题竞争。在这一背景下，2020年，一批原创综艺通过加强内容及题材的创新力度，拓宽了综艺赛道，激活了综艺市场。比如，中央广播电视总台（简称总台）《衣尚中国》通过对中国传统服饰的展示，解读中国审美，并利用文创前置的理念，打通大小屏互动；湖南卫视《新手驾到》作为首档原创驾考纪实类真人秀，把垂直领域和内容创新进行深度捆绑，微博同名话题阅读量超30亿次；腾讯视频《德云斗笑社》则将相声元素融入真人秀当中，创新喜剧竞技节目的全新表达，豆瓣评分达7.5分。

在加强原创的同时，各平台也开始逐渐探索优质节目共创这一资源互通实现共赢的新型合作方式。比如，2020年末，爱奇艺和腾讯视频首开双平台联合共创的合作模式（联合投资、联合出品、联合独播、轮值招商），共同推出大型公路行进式户外真人秀《哈哈哈哈哈》。该档节目在内容制作方面融入了两大平台的优质资源，在宣发推广方面集合了两大平台的流量优势，产生了"珠联璧合"的传播效果。截至2020年12月31日，节目微博提及量已超过400万次。

（三）新技术为综艺节目内容制作提供更多可能，"云综艺"再造综艺节目制播流程

5G、AI、4K等新技术的快速发展及普及运用，成为当前视听节目内容制作的重要支撑。特别是对于综艺节目而言，新技术的加入不仅能有效提升节目的视听效果，同时也能为节目创新表达提供更广阔的空间。2020年中，总台推出的大型文博探索节目《国家宝藏》第三季，运用虚拟视觉技术，通过极具创新意识的沉浸交互、数字艺术和装置艺术，将历史瑰宝用科技手段演绎呈现，带给受众顶级高端的视听感受；爱奇艺推出的《跨次元新星》，则将电影级光学动捕、顶级 CG 引擎实时 3D 渲染、数字孪生等多项技术进行了深度尝试和融合，以捕捉选手的舞台综合表现，实现了影视、综艺、游戏三种内容形态的融合；此外，北京卫视《上新了·故宫》第三季利用 5G 技术实现概念文化装置——紫禁城时空胶囊，实现了现代科技与故宫元素的碰撞。

同时，2020 年上半年新冠肺炎疫情的暴发给综艺节目的制作播出带来了不利影响。针对这一特殊情况，各大平台积极利用互联网"云技术"探索出了"云综艺"这一新形态，使综艺节目的制作成功突破了时间与空间限制，并进一步创新了综艺节目的题材与内容。其中，湖南卫视推出的《天天云时间》《嘿！你在干嘛呢？》、浙江卫视《我们宅一起》、优酷《好好吃饭》《好好运动》、腾讯视频《鹅宅好时光》以及爱奇艺《宅家点歌台》等节目均采用了"云录制"的制作方法提升了节目陪伴感。而《青春有你》第二季、《婚前 21 天》、《横冲直撞 20 岁》第二季则进行了"云发布"的创新尝试。此外，《中国新说唱 2020》、《这！就是街舞》第三季、《明日之子》第四季还将"云海选"运用到节目中，用"云"元素提升节目的网感。

二、2020 年综艺节目传播特征

（一）台综、网综竞争激烈，"综 N 代"影响力持续"在线"

2020 年的综艺市场虽然受新冠肺炎疫情影响而出现短暂发展"停滞"，但随着疫情得到有效缓解，台网优质综艺不断涌现，市场仍呈现了激烈的竞争态势。从 2020 年全网综艺节目网络影响力综合指数 TOP10 榜单（见表 1）来看，电视在播综艺和网络综艺的占比分别为 60.0%、40.0%，继续保持胶着的竞争关系。其中，芒果 TV 推出的《乘风破浪的姐姐》因创意独特、立意鲜明而成为现象级节目，综合指数位居全网综艺传播榜首。

因具有一定的市场基础和号召力，"综 N 代"始终是各大卫视和视频网站的编排重点。2020 年，头部"综 N 代"在内容制作、传播方式等方面创新升级，网络影响力继续保持前列。在全网综艺节目网络影响力综合指数 TOP10 榜单中，"综 N 代"占据 6 席。其中，腾讯视频《演员请就位》第二季除改变赛制外，还通过打造《导演请指教》《片场收工后》等衍生节目提升热度，综合指数排名"综 N 代"首位；湖南卫视《向往的生活》第四季则注重在新媒体平台的运营，如专门为节目萌宠开设微博账号等方式，在一定程度上有效助推了节目影响力的扩散。

表 1　2020 年全网综艺节目网络影响力综合指数 TOP10

排名	节目名称	综合指数	播出频道 / 视频网站
1	《乘风破浪的姐姐》	86.15	芒果 TV
2	《快乐大本营》	84.51	湖南卫视
3	《演员请就位》第二季	83.61	腾讯视频
4	《青春有你》第二季	83.25	爱奇艺
5	《2020 年中央广播电视总台春节联欢晚会》	82.57	CCTV-1
6	《向往的生活》第四季	82.54	湖南卫视
7	《奔跑吧》第四季	82.48	浙江卫视
8	《这！就是街舞》第三季	82.35	优酷
9	《美好有你浙江卫视 2021 跨年晚会》	82.29	浙江卫视
10	《极限挑战》第六季	82.22	东方卫视

数据来源：美兰德·视频网络传播监测与研究数据库，2020.01.01—2020.12.31。

（二）偶像选秀类综艺保持高热度，"哥姐系"综艺盘活市场

2020 年主打偶像养成元素的选秀类综艺在粉丝吸附、话题打造能力方面仍具有较强优势，多档偶像选秀类综艺形成头部影响力。其中，爱奇艺、优酷、腾讯视频各自推出的《青春有你》第二季、《这！就是街舞》第三季、《创造营 2020》微博提及量分别以 2.6 亿次、2.2 亿次、1.5 亿次排名 2020 年全网综艺节目微博提及量榜单前三位（见表 2），均形成了网

络热播、舆论热议的传播效果。

表2　2020年全网综艺节目网媒报道量、微博提及量、微信刊发量 TOP10

排名	节目名称	网媒报道量（条）	排名	节目名称	微博提及量(万条)	排名	节目名称	微信刊发量（篇）
1	《乘风破浪的姐姐》	1117529	1	《青春有你》第二季	26357.5	1	《乘风破浪的姐姐》	634129
2	《演员请就位》第二季	464491	2	《这！就是街舞》第三季	22231.8	2	《天天向上》	463405
3	《青春有你》第二季	462764	3	《创造营2020》	14745.6	3	《向往的生活》第四季	409296
4	《2020年中央广播电视总台春节联欢晚会》	404498	4	《第27届东方风云榜》	14023.3	4	《快乐大本营》	345763
5	《快乐大本营》	393699	5	《我是唱作人》第二季	11535.0	5	《2020年中央广播电视总台春节联欢晚会》	326601
6	《向往的生活》第四季	386918	6	《苏宁易购818超级秀》	10689.3	6	《中国诗词大会》	205291
7	《极限挑战》第六季	267379	7	《快乐大本营》	7198.5	7	《青春有你》第二季	189965
8	《中国好声音2020》	247666	8	《2020年中央广播电视总台春节联欢晚会》	7172.3	8	《中国好声音2020》	186533

（续表）

排名	节目名称	网媒报道量（条）	排名	节目名称	微博提及量（万条）	排名	节目名称	微信刊发量（篇）
9	《王牌对王牌》第五季	239130	9	《朋友请听好》	5217.1	9	《最强大脑》第七季	175219
10	《天天向上》	225273	10	《奔跑吧》第四季	4499.8	10	《极限挑战》第六季	160430

数据来源：美兰德·视频网络传播监测与研究数据库，2020.01.01—2020.12.31。

与此同时，"姐姐系""哥哥系"综艺也在 2020 年走红，成为新的综艺 IP 热点。该类综艺通过限定嘉宾身份和年龄，突出代际互动，与受众情感形成有效勾连，网络影响力表现强劲。在全网综艺节目综合指数榜单 TOP30 中，《乘风破浪的姐姐》《追光吧！哥哥》《元气满满的哥哥》《姐姐的爱乐之程》4 个"哥姐系"代表性综艺上榜，其中微博话题 # 乘风破浪的姐姐 # 阅读量近 490 亿次，形成超高话题度。

（三）晚会类综艺大放异彩，电商直播晚会成为各大卫视标配

2020 年，各大卫视及视频网站均围绕春节、元旦、购物节等打造了多档综艺晚会，内容题材不断出新，表达形式迭代升级，成为综艺节目市场中极具亮点的组成部分。其中，《2020 年中央广播电视总台春节联欢晚会》通过创新主持与嘉宾阵容、充分运用新技术手段、增设疫情相关节目等方式，尽显总台的创新优势与责任担当，综合指数排名晚会类综艺首位。

随着电商直播行业的快速发展，越来越多头部卫视开始着力布局电商晚会"赛道"，通过与电商平台、各类型品牌合作打造定制晚会、公益助农晚会等，拓展品牌知名度，促进地域经济发展。如东方卫视打造的融合"明星＋商品＋场景"的综艺直播晚会《苏宁易购818超级秀》在社交媒体引起热议，微博提及量超过 1 亿次；围绕"双十一""双十二"两大购

物节特殊时间节点打造的品牌定制类晚会《2020 湖南卫视天猫双 11 开幕直播盛典》《2020 湖南卫视 1212 超拼夜》视频点击量[①] 也均在 7000 万次以上。

三、2020 年电视在播综艺网络传播特征

（一）电视在播综艺具备较强的网络传播声量，仍是当前综艺市场的重要组成部分

从 2020 年综艺市场整体传播表现来看，虽然近年来网络综艺发展迅猛，但电视在播综艺凭借王牌节目数量众多、受众基础庞大等诸多优势，仍然是当前市场的重要组成部分，在全网综艺网媒报道量、微信刊发量的占比分别达到 57.1% 和 71.1%，微博提及量占比亦接近五成（见图 1）。

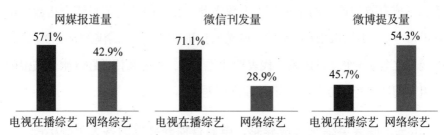

图 1　2020 年电视在播综艺及网络综艺网媒报道量、微信刊发量、微博提及量占比

数据来源：美兰德·视频网络传播监测与研究数据库，2020.01.01—2020.12.31。

2020 年，各大卫视频道头部季播综艺节目悉数回归，为受众带来精彩的综艺盛宴；部分卫视频道还不断拓宽综艺领域，推出一批极具创新力的原创综艺。从全网综艺网络影响力分维度指标来看，电视在播综艺同样引领了多维度头部榜单。如电视在播综艺在微信刊发量、爱奇艺热度、优酷热度三维度 TOP10 榜单中（见表 3）均占据 8 席；在全网综艺网媒报道量维度 TOP10 榜单中（见表 2）均占据 7 席，在全网综艺微博提及量、视频

---

① 视频点击量维度监测平台主要包括腾讯视频、芒果 TV、凤凰视频、搜狐视频、乐视视频 5 家视频网站。

点击量两个维度 TOP10 榜单中（见表 2、表 3）均占据 6 席。其中，浙江卫视、东方卫视、湖南卫视各自的王牌综艺节目《王牌对王牌》第五季、《极限挑战》第六季、《快乐大本营》均频繁登上全网综艺节目网络影响力六维度 TOP10 榜单，极具市场号召力；而《追光吧！哥哥》《奔跑吧·黄河篇》两档节目在视频网站拥有强劲竞争实力，前者排名全网综艺优酷热度第 1 位，后者同时排名爱奇艺热度、优酷热度第 2 位。

表 3　2020 年全网综艺节目视频点击量、爱奇艺热度、优酷热度 TOP10

排名	节目名称	视频点击量（亿次）	排名	节目名称	爱奇艺热度	排名	节目名称	优酷热度
1	《乘风破浪的姐姐》	52.6	1	《美好有你浙江卫视 2021 跨年晚会》	6262.0	1	《追光吧！哥哥》	5124.2
2	《快乐大本营》	45.1	2	《奔跑吧·黄河篇》	4680.3	2	《奔跑吧·黄河篇》	4417.9
3	《妻子的浪漫旅行》第四季	37.0	3	《奔跑吧》第四季	4479.0	3	《非诚勿扰》	4292.8
4	《王牌对王牌》第五季	28.2	4	《哈哈哈哈哈》	4338.3	4	《王牌对王牌》第五季	4057.7
5	《朋友请听好》	27.2	5	《王牌对王牌》第五季	4251.7	5	《火星情报局》第五季	4035.6
6	《密室大逃脱》第二季	25.0	6	《非日常派对》	3934.0	6	《这！就是街舞》第三季	3942.2
7	《向往的生活》第四季	24.9	7	《我们的歌》第二季	3911.5	7	《欢乐喜剧人》第六季	3787.2
8	《奇妙小森林》	22.0	8	《极限挑战》第六季	3789.5	8	《极限挑战》第六季	3702.9
9	《姐姐的爱乐之程》	21.7	9	《奇葩说》第七季	3710.1	9	《我们恋爱吧》第二季	3679.2

（续表）

排名	节目名称	视频点击量（亿次）	排名	节目名称	爱奇艺热度	排名	节目名称	优酷热度
10	《创造营2020》	21.2	10	《青春环游记》第二季	3662.6	10	《我就是演员》第三季	3558.0

数据来源：美兰德·视频网络传播监测与研究数据库，2020.01.01—2020.12.31。

（二）总台以文化类综艺坚守价值引领高地，激发受众的情感共鸣与共振

近年来，一批优质文化类综艺不断创新节目表现形式，拓宽垂直类文化综艺范畴，注重与受众的共情和互动，收获了不俗的口碑和关注度。其中，总台文化类综艺在主流文化形态的价值引领和文化认同建立等方面显示了充分的优越性，多档节目声量及口碑位居 2020 年全网综艺前列。

具体来看，总台推出的《国家宝藏》第三季以新形式、新面貌重磅回归，节目内容与前两季一脉相承，文案与配乐更加精进，同时，节目将 AR 技术植入视觉设计中，不断升华内容观感，一经播出立刻得到受众肯定，获得豆瓣 9.5 分的高评分。《经典咏流传》第三季一方面结合各类型音乐形式积极发展创新，另一方面注重短视频、年轻化布局，在抖音平台推出"竖屏看经典"合集，并在哔哩哔哩上传节目相关视频，以超 4000 万次微博提及量排名电视在播综艺节目微博提及量第 7 位，豆瓣评分达 8.5 分。《中国诗词大会》第五季以家国情怀贯穿始终，内涵更加深厚，打动受众内心，节目进入电视在播综艺节目微信刊发量 TOP10 榜单，豆瓣评分为 7.2 分。此外，《故事里的中国》第二季以"致敬时代最闪亮的星"为主题，尽全力讲好中国故事；《衣尚中国》以服饰之"美"为主题，描绘当下时代图谱；《海报里的英雄》则以我国优秀抗战影片海报为切入点，传递时代正能量。三档节目均获得媒体及受众的普遍关注与赞誉，美誉度分别达

90.2、90.9、83.8。

（三）头部省级卫视加强垂直化新综艺打造，有效触达不同圈层受众

2020年，头部省级卫视在面临分众化需求与网综冲击的情况下，在持续打造王牌IP综艺节目的同时，也不断加强垂直化、差异化节目布局，以期触达不同圈层受众。以五大卫视为例：湖南卫视高频次推出驾考类、手作类、运动类等多品类全新节目，比如《新手驾到》《巧手神探》《运动吧少年》等；浙江卫视以户外真人秀见长，推出《还有诗和远方》《周游记》《宝藏般的乡村》等；东方卫视职场类综艺较具特色，如《神奇公司在哪里》《花样实习生》等；北京卫视凭借文化类综艺跻身头部市场，推出《我在颐和园等你》《了不起的长城》等；江苏卫视则努力拓宽全品类综艺，《我们的乐队》《蒙面舞王》等收获一定关注。

从2020年电视在播综艺节目各维度TOP10榜单来看，湖南卫视、浙江卫视及东方卫视仍构成当前电视在播综艺市场的"三驾马车"。其中，湖南卫视有3档节目进入综合指数榜单前十，同时在视频点击量TOP10榜单中占据7个席位，并占据网媒报道量TOP10榜单5个席位；浙江卫视有4档节目进入综合指数榜单前十，同时在爱奇艺和优酷平台表现出较强的竞争力，分别有6档、4档节目上榜；东方卫视则有2档节目进入综合指数榜单前十（见表4、表5、表6）。

表4 2020年电视在播综艺节目综合指数TOP10

排名	节目名称	综合指数	所属频道
1	《快乐大本营》	84.51	湖南卫视
2	《2020年中央广播电视总台春节联欢晚会》	82.57	CCTV-1
3	《向往的生活》第四季	82.54	湖南卫视
4	《奔跑吧》第四季	82.48	浙江卫视
5	《美好有你浙江卫视2021跨年晚会》	82.29	浙江卫视

（续表）

排名	节目名称	综合指数	所属频道
6	《极限挑战》第六季	82.22	东方卫视
7	《王牌对王牌》第五季	81.87	浙江卫视
8	《我们的歌》第二季	81.39	东方卫视
9	《中餐厅》第四季	81.36	湖南卫视
10	《我就是演员》第三季	80.49	浙江卫视

数据来源：美兰德·视频网络传播监测与研究数据库，2020.01.01—2020.12.31。

表5　2020年电视在播综艺节目网媒报道量、微博提及量、微信刊发量TOP10

排名	节目名称	网媒报道量（条）	排名	节目名称	微博提及量（万条）	排名	节目名称	微信刊发量（篇）
1	《2020年中央广播电视总台春节联欢晚会》	404498	1	《第27届东方风云榜》	14023.3	1	《天天向上》	463405
2	《快乐大本营》	393699	2	《苏宁易购818超级秀》	10689.3	2	《向往的生活》第四季	409296
3	《向往的生活》第四季	386918	3	《快乐大本营》	7198.5	3	《快乐大本营》	345763
4	《极限挑战》第六季	267379	4	《2020年中央广播电视总台春节联欢晚会》	7172.3	4	《2020年中央广播电视总台春节联欢晚会》	326601
5	《中国好声音2020》	247666	5	《朋友请听好》	5217.1	5	《中国诗词大会》第五季	205291

（续表）

排名	节目名称	网媒报道量（条）	排名	节目名称	微博提及量（万条）	排名	节目名称	微信刊发量（篇）
6	《王牌对王牌》第五季	239130	6	《奔跑吧》第四季	4499.8	6	《中国好声音2020》	186533
7	《天天向上》	225273	7	《经典咏流传》第三季	4064.7	7	《最强大脑》第七季	175219
8	《中餐厅》第四季	171011	8	《我们的乐队》	3879.0	8	《极限挑战》第六季	160430
9	《奔跑吧》第四季	170182	9	《极限挑战》第六季	2753.0	9	《王牌对王牌》第五季	140443
10	《最强大脑》第七季	164486	10	《微博之夜》	2659.7	10	《见字如面》第四季	119775

数据来源：美兰德·视频网络传播监测与研究数据库，2020.01.01—2020.12.31。

表6　2020年电视在播综艺节目视频点击量、爱奇艺热度、优酷热度TOP10

排名	节目名称	视频点击量（亿次）	排名	节目名称	爱奇艺热度	排名	节目名称	优酷热度
1	《快乐大本营》	45.1	1	《美好有你浙江卫视2021跨年晚会》	6262.0	1	《追光吧！哥哥》	5124.2
2	《妻子的浪漫旅行》第四季	37.0	2	《奔跑吧·黄河篇》	4680.3	2	《奔跑吧·黄河篇》	4417.9
3	《王牌对王牌》第五季	28.2	3	《奔跑吧》第四季	4479.0	3	《非诚勿扰》	4292.8
4	《朋友请听好》	27.2	4	《王牌对王牌》第五季	4251.7	4	《王牌对王牌》第五季	4057.7

（续表）

排名	节目名称	视频点击量（亿次）	排名	节目名称	爱奇艺热度	排名	节目名称	优酷热度
5	《向往的生活》第四季	24.9	5	《我们的歌》第二季	3911.5	5	《欢乐喜剧人》第六季	3787.2
6	《姐姐的爱乐之程》	21.7	6	《极限挑战》第六季	3789.5	6	《极限挑战》第六季	3702.9
7	《中餐厅》第四季	20.8	7	《青春环游记》第二季	3662.6	7	《我们恋爱吧》第二季	3679.2
8	《我们的乐队》	17.6	8	《我就是演员》第三季	3628.4	8	《我就是演员》第三季	3558.0
9	《婆婆和妈妈》	17.2	9	《极限挑战宝藏行》	3462.3	9	《奔跑吧》第四季	3460.4
10	《歌手·当打之年》	15.5	10	《做家务的男人》第二季	3162.5	10	《爱情保卫战》	3453.3

数据来源：美兰德·视频网络传播监测与研究数据库，2020.01.01—2020.12.31。

四、2020 年网络综艺网络传播特征

（一）网络综艺保持强劲发展势头，各大视频平台以差异化布局激发市场活力

2020 年，网络综艺市场继续保持高速、高质量的发展态势。其中各大视频网站兼顾头部内容打造与垂直类领域布局，使网络综艺市场呈现不断精耕圈层又持续破圈传播的特点。而从 2020 年网络综艺节目综合指数 TOP50 分布来看（见图 2），各大视频网站更加注重塑造自身独特的综艺节目品牌与风格，头部位置竞争激烈。

其中，腾讯视频上榜综艺占比以 30% 排名第一，除打造《演员请就位》第二季、《创造营 2020》等多领域竞技类节目外，还注重布局

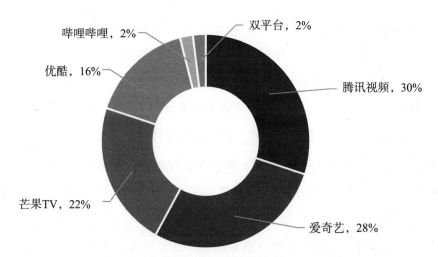

图2　2020年网络综艺节目综合指数 TOP50 中各大视频网站占比情况

数据来源：美兰德·视频网络传播监测与研究数据库，2020.01.01—2020.12.31。

《脱口秀大会》第三季、《德云斗笑社》、《认真的嘎嘎们》等喜剧类综艺。爱奇艺上榜综艺占比以28%位列第二，一方面聚焦于《我是唱作人》第二季、《乐队的夏天》第二季等垂直类音乐综艺的打造，另一方面也紧跟年轻族群的关注热点推出了《潮流合伙人》第二季、《跨次元新星》等关注国潮、二次元的综艺。芒果 TV 和优酷分别以22%、16%的占比排名第三、第四位。其中，芒果 TV 节目题材较为多元，涉及情感观察、侦探推理、竞技真人秀等各个领域；优酷则持续深耕《这！就是街舞》《火星情报局》等王牌 IP，并推出《奋斗吧主播》等融合直播带货综艺，突出题材的差异性与新颖性。此外，哔哩哔哩在2020年开始向长视频领域进行积极探索，并推出潮流音乐综艺《说唱新世代》，正式加入网络综艺市场的竞争当中，成为"腾爱芒优"之外另一极具实力的市场竞争者。

（二）网络综艺不断加强情感表达与价值输出能力，实现与社会议题的接轨、受众情感的对焦

在网络综艺市场不断发展、节目内容品质不断提升的背景下，网络综艺逐渐撕下"重娱乐、轻内涵"的标签，开始在保持原有娱乐效果的同时不断加强自身情感表达与价值输出能力，这使得网络综艺不仅提升了内容意涵深度，也更易与社会议题、受众感情进行对接。比如在主打情感深度、聚焦社会议题方面，2020年腾讯视频推出的《忘不了餐厅》第二季通过温情化的叙事方式聚焦老龄化、代际沟通等社会议题，加强了受众的共情与思考，豆瓣评分高达9.5分；抖音平台推出的《很高兴认识你》则以轻松舒适的方式呈现多元的人生态度，旨在治愈现代人的焦虑，豆瓣评分达8.8分。

与此同时，随着女性独立意识崛起，以女性诉求为核心的综艺备受瞩目，一系列"她综艺"也在2020年陆续推出，共有4档以女性为主的综艺进入网络综艺节目综合指数TOP10榜单（见表7）。其中《乘风破浪的姐姐》关注"30+"女性的多样追梦历程、现实困境等，打破舆论对于女性的狭隘偏见，展现更多的"非样板"女性人生；《青春有你》第二季、《创造营2020》两档女团选秀类综艺分别以"多远都可以到达""敢，我有万丈光芒"为核心主题，激励女性勇敢追梦；《女儿们的恋爱》第三季则聚焦女性的恋爱、婚姻，借明星家庭讲述女性问题，给受众以启迪。此外，还有部分网络综艺以女性话题为节目聚焦点，同样引发热议，如《脱口秀大会》第三季中杨笠为女性发声的段子激起热烈讨论；《演员请就位》第二季中聚焦以倪虹洁、温峥嵘、黄奕等人为代表的中年女演员困境问题，引发了较高关注。

表7 2020年网络综艺节目综合指数TOP10

排名	节目名称	综合指数	所属视频网站
1	《乘风破浪的姐姐》	86.15	芒果TV
2	《演员请就位》第二季	83.61	腾讯视频
3	《青春有你》第二季	83.25	爱奇艺
4	《这！就是街舞》第三季	82.35	优酷

（续表）

排名	节目名称	综合指数	所属视频网站
5	《创造营2020》	81.88	腾讯视频
6	《女儿们的恋爱》第三季	79.88	芒果TV
7	《令人心动的offer》第二季	79.53	腾讯视频
8	《明星大侦探》第六季	79.25	芒果TV
9	《哈哈哈哈哈》	78.81	腾讯视频、爱奇艺
10	《奇葩说》第七季	78.65	爱奇艺

数据来源：美兰德·视频网络传播监测与研究数据库，2020.01.01—2020.12.31。

（三）贴近年轻消费市场，花式玩"梗"助力网络综艺传播"出圈"

当前，中国社会主流消费人群正加速向年轻群体偏移，因此，网络综艺也牢牢对准"90后""00后"这些核心用户群体的喜好、偏好，深度把握其情感诉求。2020年，各大视频网站在综艺节目制作中更加聚焦潮流时尚、小众青年文化等品类，比如《乐队的夏天》第二季、《我们的乐队》、《明日之子》第四季等一系列乐队综艺轮番上场，获得热捧；《潮流合伙人》第二季、《潮玩人类在哪里》、《720潮流主理人》等一系列"潮流向"综艺发力，成为话题。

好内容是节目"叫好叫座"的基石，而节目中的热"梗"、热议话题同样对内容"破圈"传播起到重要作用。2020年，部分网络综艺也不断通过打造热点话题、占领舆论高地的方式提升节目热度，以期迅速实现有效的传播"出圈"。比如《青春有你》第二季擅长通过选取节目中的"笑点""雷点"花式玩"梗"来提升节目热度。其播出期间，"淡黄的长裙，蓬松的头发""女团reader""哇哦"等热词火爆全网，其中"淡黄的长裙，蓬松的头发"同名微博话题阅读量接近9亿次；而《创造营2020》也通过打造"是我站得不够高吗""长得像我不需要自卑"等话题与受众进行互动，收割流量热度（见表8、表9）。

表 8　2020 年网络综艺节目网媒报道量、微博提及量、微信刊发量 TOP10

排名	节目名称	网媒报道量（条）	排名	节目名称	微博提及量（万条）	排名	节目名称	微信刊发量（篇）
1	《乘风破浪的姐姐》	1117529	1	《青春有你》第二季	26357.5	1	《乘风破浪的姐姐》	634129
2	《演员请就位》第二季	464491	2	《这！就是街舞》第三季	22231.8	2	《青春有你》第二季	189965
3	《青春有你》第二季	462764	3	《创造营2020》	14745.6	3	《演员请就位》第二季	98426
4	《创造营2020》	202844	4	《我是唱作人》第二季	11535.0	4	《创造营2020》	72908
5	《这！就是街舞》第三季	132824	5	《乘风破浪的姐姐》	3912.7	5	《造浪》	64270
6	《脱口秀大会》第三季	117898	6	《非日常派对》	3663.0	6	《脱口秀大会》第三季	62891
7	《女儿们的恋爱》第三季	114469	7	《潮流合伙人》第二季	3584.9	7	《奇葩说》第七季	54081
8	《吐槽大会》	104397	8	《少年之名》	3415.3	8	《吐槽大会》	51612
9	《明日之子》第四季	100518	9	《横冲直撞20岁》第二季	3141.8	9	《乐队的夏天》第二季	44838
10	《幸福三重奏》第三季	88894	10	《炙热的我们》	2594.7	10	《这！就是街舞》第三季	43934

数据来源：美兰德·视频网络传播监测与研究数据库，2020.01.01—2020.12.31。

表9　2020年网络综艺节目视频点击量、爱奇艺热度、优酷热度 TOP10

排名	节目名称	视频点击量（亿次）	排名	节目名称	爱奇艺热度	排名	节目名称	优酷热度
1	《乘风破浪的姐姐》	52.6	1	《哈哈哈哈哈》	4338.3	1	《火星情报局》第五季	4035.6
2	《密室大逃脱》第二季	25.0	2	《非日常派对》	3934.0	2	《这！就是街舞》第三季	3942.2
3	《奇妙小森林》	22.0	3	《奇葩说》第七季	3710.1	3	《少年之名》	2875.7
4	《创造营2020》	21.2	4	《青春有你》第二季	3406.6	4	《火星情报局》	2815.3
5	《说唱听我的》	19.4	5	《姐妹们的茶话会》	3189.6	5	《这！就是灌篮》第三季	2597.4
6	《女儿们的恋爱》第三季	18.7	6	《五哈和他们的朋友》	3106.8	6	《告诉世界我可以》	2390.9
7	《小巨人运动会》	14.0	7	《跨次元新星》	3065.0	7	《看我的生活》	2161.1
8	《新生日记》第二季	13.2	8	《我要这样生活》	3049.5	8	《宇宙打歌中心》	2140.0
9	《德云斗笑社》	12.6	9	《未知的餐桌》	2834.5	9	《观复嘟嘟》	2093.1
10	《脱口秀大会》第三季	12.0	10	《奇葩有奇迹》	2647.2	10	《师父！我要跳舞了》	1639.9

数据来源：美兰德·视频网络传播监测与研究数据库，2020.01.01—2020.12.31。

五、2020年综艺艺人影响力分析

（一）综艺热度与艺人话题度双向影响，偶像型、喜剧型艺人曝光率较高

嘉宾艺人是综艺节目的重要组成部分，同时也与综艺节目具备着双向

引流能力。一方面，综艺节目节奏快、话题丰富以及娱乐性强的特点更容易为艺人制造话题、提升曝光度；另一方面，综艺节目也能够借助艺人流量提升节目知名度、扩大节目受众范围，收获更多关注。从 2020 年艺人网络人气综合指数 TOP10 来看（见表 10），如肖战、王一博、蔡徐坤等高流量明星均分别参与了《演员请就位》第二季、《这！就是街舞》第三季、《极限挑战》第六季等多档头部综艺。与此同时，"有笑点"的艺人能够产生较强的娱乐效果，持续受到综艺节目的欢迎。比如相声、影视演员郭麒麟凭借知名度高等特点成为综艺节目嘉宾阵容中的"黑马"，2020 年累计加盟、参与了《漫游记》、《奔跑吧》第四季、《最强大脑》等 10 余档节目；歌手、演员大张伟凭借言语搞笑犀利、综艺感强等特点，成为《出发吧，师傅！》、《乐队的夏天》第二季等近 10 档综艺的登场嘉宾。此外，沙溢、王耀庆、杨迪等极具喜剧感的艺人同样频繁活跃在《奔跑吧》第四季、《元气满满的哥哥》、《王牌对王牌》第五季等多档综艺中。

表 10　2020 年艺人网络人气综合指数 TOP10

排名	艺人名称	网络人气综合指数
1	肖战	98.47
2	王一博	92.38
3	朱一龙	91.74
4	迪丽热巴	84.30
5	易烊千玺	80.20
6	杨幂	80.06
7	杨紫	79.61
8	赵丽颖	79.58
9	蔡徐坤	79.41
10	邓伦	78.37

数据来源：美兰德·视频网络传播监测与研究数据库，2020.01.01—2020.12.31。

（二）综艺节目依然拥有强大"造星"能力，并成为知名度高、曝光量少的艺人的"翻红"舞台

偶像选秀类综艺能够为拥有唱跳能力但没有相关娱乐圈背景的普通人或知名度较低的年轻艺人提供优质的曝光平台，特别是在当前偶像选秀类综艺影响力不断提升、粉丝受众基础不断扩大、垂直领域赛道不断拓展的情况下，其具备着强大的"造星"能力。比如 2020 年《青春有你》第二季、《创造营 2020》、《明日之子》第四季等推出的 THE9、硬糖少女 303、气运联盟等新生代组合和乐团备受热议。微博话题数据显示，#the9# 阅读量超 20 亿次，# 硬糖少女 303# 阅读量达 15 亿次，# 气运联盟 # 阅读量超 5 亿次，成功借助偶像选秀类综艺实现自身在网络中的"爆红"。

同时，2020 年部分知名度高、曝光量少的艺人也纷纷加盟人气综艺，凭借高光表现重获话题热度，实现人气"翻红"。如杨洋时隔 5 年重回综艺，参与《元气满满的哥哥》，使节目及自身影响力双向提升，微博话题 # 杨洋元气满满的哥哥 # 阅读量近 23 亿次；赵丽颖产后复出首秀，成为《中餐厅》第四季固定嘉宾，迅速激发受众关注热情，微博话题 # 赵丽颖中餐厅 # 阅读量超 11 亿次；万茜凭借在《乘风破浪的姐姐》中的优异表现再次走红，其"高冷"又温柔的性格受到不少网民追捧，微博话题 # 万茜乘风破浪的姐姐 # 阅读量超 5 亿次。

IV　商业模式篇

B.12
2020 年互联网公司智能广告营销研究①

刘菁②

摘　要： 由于客户市场和用户市场面临的激烈竞争和巨大挑战，2020 年，互联网公司加速了人工智能的布局与运用。本文以 6 家互联网公司的 2020 年度财务报告或相关媒体报道为基础，对其主营业务和广告收入进行梳理，对互联网广告的智能化和互联网广告的智能终端展开讨论，最终提出了互联网公司在人工智能应用上的根本矛盾。

关键词： 人工智能；互联网公司；广告智能化；智能终端

2020 年席卷全球的新冠肺炎疫情给互联网公司带来了不小的挑战。一方面，某些行业的客户受到疫情的负面影响而削减了广告预算，导致这些行业的网络广告需求疲软。另一方面，与硬件厂商合作，在新智能手机上预装 APP 应用是不少互联网公司新增用户的重要来源，但近年来，随着智能手机的全民普及，我国智能手机市场逐渐饱和。据中国信息通信研究院（CAICT）发布的数据显示，2016—2020 年国内手机出货量逐年下降，2020 年中国手机市场累计出货量达到 3.08 亿部，累计下降

---

① 本文为 2019 年北京市教委社科一般项目"人工智能与北京广告业的融合创新研究"（项目代码：201910009003）阶段性成果。

② 刘菁，博士，北方工业大学文法学院广告学系讲师。

20.8%。^① 新智能手机出货量放缓给新用户的增长率及相应的广告市场带来一定的不利影响。面对客户市场和用户市场的激烈竞争，2020 年，互联网公司加速了人工智能的布局与运用。本文以百度股份有限公司、腾讯控股有限公司、阿里巴巴集团控股有限公司、新浪微博和京东公司（以下分别简称百度、腾讯、阿里巴巴、微博、京东）的 2020 年度财务报告，以及北京字节跳动科技有限公司（以下简称字节跳动）的公司网站信息和相关媒体报道为基础，对这 6 家互联网公司的智能广告营销进程进行梳理和分析。

一、互联网公司广告营销的主要类型

2016 年，国家工商行政管理总局发布的《互联网广告管理暂行办法》将互联网广告定义为"通过网站、网页、互联网应用程序等互联网媒介，以文字、图片、音频、视频或者其他形式，直接或者间接地推销商品或者服务的商业广告"，包括"推销商品或者服务的付费搜索广告"。目前互联网公司广告营销服务的主要类型如下。

（一）"P4P"营销服务

"P4P"是 pay for performance 的缩写，即按照广告投放后带来的实际效果，而不是按照广告投放时间来付费。"P4P"营销服务的本质是根据算法和竞价机制以确定广告展示的位置及价格。

1. 按点击付费的在线营销服务

客户可以通过在线拍卖的 P4P 平台，以每次点击成本（CPC, Cost Per Click）为基础，对基于搜索或信息流的与客户产品列表匹配的关键词进行竞价。P4P 搜索结果的排名基于各互联网公司的专有算法。该算法一般都考虑关键词的出价、商品或商户的受欢迎程度、商户的客户反馈排名和产品显示质量等多个不同权重的因素。信息流广告则是原生广告的一

---

① 前瞻产业研究院. 2020 年中国手机市场发展现状与出货量分析 出货量整体下滑、5G 手机增长强劲［EB/OL］.（2020-11-17）. https://www.sohu.com/a/432471813_120868906.

种，将广告置入用户接触的信息流中，在有吸引力的内容环境下以"去广告化"的形式吸取消费者注意力并最终达到广告目的。基于信息流的营销服务通过对广告目标和用户数据的分析匹配，帮助广告主通过 P4P 在线拍卖系统竞购具有相似特征的消费者群体。P4P 客户可以根据竞标优先放置付费赞助链接，客户还可以选择广告库存购买的标准，如每日消费限额和目标用户的个人资料等。

2. 其他基于效果的在线营销服务

除了按点击出价之外，互联网公司还提供了基于其他效果标准的在线营销服务，如移动应用程序的下载量、用户注册量以及预先确定的完成交易的比例等。

（二）在线展示营销服务

互联网公司以图文、音视频等多种形式，通过搜索结果、信息流或其他资源位，向客户提供在线展示广告服务。客户可以用固定价格，如按每日成本（CPD，Cost Per Day）或基于市场的投标系统确定的价格，以千人成本（CPM，Cost Per Mille）为基础，对展示位置进行投标。互联网公司的展示广告按展示 / 曝光次数或按合同约定方式向其广告代理商确认收入。

（三）第三方营销联盟

第三方营销联盟是互联网公司通过利用联盟合作伙伴的网络流量来扩大其客户的赞助链接或广告分销的项目。客户能够将其营销和推广范围扩展到第三方营销机构，从而为互联网公司自有营销服务平台提供额外的流量和收入分成。第三方主要是在线媒体，如搜索引擎、新闻订阅、视频娱乐网站以及移动应用程序等。第三方在线媒体与互联网公司签订协议，将其指定的在线资源链接到互联网公司的在线拍卖系统。具体操作上，是将商户的营销内容与第三方在线资源的文本内容进行匹配算法，通过上下文关联技术将商户的营销内容以图片或文本链接的形式放置在第三方在线资源上。当点击第三方在线资源上的链接时，用户将被转移到公司市场的登录页，在该登录页上会显示参与交易的商户以及其他商户的类似产品或服务的列表。互联网公司还可以在第三方在线资源中嵌入搜索框，当在搜索框中输入关键字时，用户将被转移到显示搜索结果的公司市场。当用户进一步单击登录页上的 P4P 营销内容或展示营销内容时，收入被确认。

二、互联网公司的主营业务和广告收入

据五大互联网公司 2020 年度财务报告显示，阿里巴巴、百度、腾讯、京东、微博 2020 年广告及营销收入占收入总额的百分比分别为 34.85%、68.03%、17%、7.17% 和 88%。

（一）阿里巴巴

阿里巴巴集团的业务包括核心商业、云计算、数字媒体和娱乐以及创新举措，其收入来源主要包括客户管理服务、佣金、会员费、物流服务、云计算服务、货物销售和其他收入。其中，广告收入被列在客户管理服务收入中，主要表现为集团核心商务平台、数字媒体和娱乐领域中的 P4P、信息流和展示营销服务。从表 1 中可以看出，2020 财年阿里巴巴集团总营收 5097.11 亿元，其中广告收入 1776.13 亿元，同比增长 17%，主要是源于付费点击量的增加和每次点击平均单价的增加。[1]2020 年阿里巴巴广告收入占收入总额的 34.85%。

表 1 阿里巴巴 2018—2020 年收入来源

收入来源（按类型划分）	2018 年	2019 年	2020 年
客户管理服务（具体如下）	1288.96	1656.16	1974.63
P4P，信息流和展示营销	1198.22	1516.54	1776.13
其他客户管理服务	90.76	139.62	198.50
佣金	524.11	810.86	1001.29

---

[1] 详见阿里巴巴 2020 年度财报：https://www.alibabagroup.com/en/ir/secfilings。

（续表）

收入来源（按类型划分）	2018 年	2019 年	2020 年
会员费	138.23	191.39	228.46
物流服务	67.59	233.97	339.42
云计算服务	133.90	247.02	400.16
货物销售	187.19	469.42	955.03
其他收入	162.66	159.62	198.12
总计	2502.66	3768.44	5097.11

数据来源：阿里巴巴官网，财年截至 3 月 31 日，单位：亿元人民币。

阿里巴巴集团的互联网营销推广平台——TANX 负责执行网络广告库存的实时自动交易。平台支持基于关键词搜索排名的 P4P 营销服务，针对不同消费群体的信息流营销，以及通过拍卖竞价的固定位置展示营销。商家既可以通过核心商务平台 TANX 购买 P4P、信息流和展示营销服务，直接导流到店面，还可以从第三方营销分支机构购买额外的流量。2018—2020 财年，阿里巴巴集团广告费和促销费分别为 168.14 亿元、220.13 亿元和 309.49 亿元。

（二）百度

百度集团的业务由百度核心和爱奇艺组成。百度核心提供在线营销服务、云服务和其他增长计划，包括阿波罗智能驾驶、小度智能设备等。爱奇艺提供在线娱乐领域的会员服务、在线广告服务、内容分发和其他服务。从表 2 中可以看出，百度 2020 财年总营收 1070.74 亿元，其中在线营销收入同比下降 6.7%，为 728.4 亿元，占收入总额的 68.03%。2018—2020 财年，百度集团广告和促销费用分别为 101 亿元、105 亿元和 84 亿元。①

---

① 详见百度 2020 年度财报：https://ir.baidu.com/static-files/372d3aff-d7c3-44e6-923f-710ce8c04f46。

表 2　百度 2018—2020 年收入来源（1）

收入来源	2018 年	2019 年	2020 年
在线营销服务	819.12	780.93	728.40
其他	203.65	293.20	342.34
总收入	1022.77	1074.13	1070.74

数据来源：百度官网，财年截至 12 月 31 日，单位：亿元人民币。

表 3　百度 2018—2020 年收入来源（2）

收入来源（按部门及类型划分）	2018 年	2019 年	2020 年
在线营销服务	726.45	700.38	662.83
云服务	30.05	63.70	91.73
提供金融服务取得的利息收入	17.24	—	—
其他	8.97	33.03	32.28
百度核心总计	728.71	797.11	786.84
会员服务	106.23	144.36	164.91
在线广告服务	93.29	82.71	68.22
内容分发	21.63	25.44	26.60
其他	28.74	37.43	37.34
爱奇艺总计	249.89	289.94	297.07
分部间冲销	（9.83）	（12.92）	（13.17）
总营收	1022.77	1074.13	1070.74

数据来源：百度官网，财年截至 12 月 31 日，单位：亿元人民币。

（三）腾讯

2020 年，腾讯网络广告收入同比增长 20%，达 822.71 亿元，占收入总额的 17%。这主要得益于平台整合及算法升级，以及来自教育、互联网服务和电子商务平台等行业的广告主的需求增加。腾讯网络广告收入由社交及其他广告收入和媒体广告收入组成，包括效果广告和展示广告。如表 4 所示，社交及其他广告收入约 680 亿元，同比增长 29%，该项增长主要受微信朋友圈广告库存的增加以及移动广告联盟因视频广告带来的收入贡献所推动。媒体广告收入约 143 亿元，同比下降 8%，该项减少主要反映在腾讯视频的广告收入下降，部分被音乐流媒体应用的广告收入增长抵销。

表4　腾讯 2019—2020 年收入来源

收入来源（按类型划分）	2020 年	2019 年
网络游戏	1561.01	1147.10
社交服务	1081.11	852.81
增值服务总计	2642.12	1999.91
社交及其他广告	679.79	528.97
媒体广告	142.92	154.80
网络广告总计	822.71	683.77
金融科技及企业服务	1280.86	1013.55
其他	74.95	75.66
总收入	4820.64	3772.89

数据来源：腾讯官网，财年截至 12 月 31 日，单位：亿元人民币。

腾讯网络广告 2020 年的收入成本为 400 亿元，同比增长 15%。这主要源于流量获取、服务器带宽成本的增加，部分被综艺节目及体育赛事的内容成本下降抵销。2019—2020 财年，腾讯广告和推广费用分别为 164.05 亿元和 265.96 亿元。[①]

（四）京东

京东的主要业务分为京东零售业务和新业务。京东零售业务主要包括在线零售、在线市场和营销服务。新业务包括为第三方提供物流服务、海外业务、技术方案，为物流地产投资者提供资产管理服务以及京东地产出售开发物业。京东在其各种网站、APP 渠道以及第三方营销分支机构的网站上为第三方商户、供应商和其他业务伙伴提供在线营销服务，包括按有效点击量确认收入的 P4P 广告和按 CPM 确认收入的展示广告。如表 5 所

① 详见腾讯 2020 年度财报：https://static.www.TENCENT.com/uploads/2021/04/08/27ed85125124 1c67fc697a18d7d8dc88.pdf。

示，2020 年京东总收入为 7458.02 亿元，其中市场和广告收入同比增长 25.29%，达 534.73 亿元，占收入总额的 7.17%。2018—2020 财年，京东广告费用总计分别为 159.70 亿元、192.86 亿元和 230.88 亿元。[①]

表 5　京东 2019—2020 年收入来源

收入来源（按类型划分）	2019 年	2020 年
电子及家电收入	3287.03	4009.27
一般商品收入	1820.31	2509.52
产品净收入	5107.34	6518.79
市场和广告收入	426.80	534.73
物流及其他服务收入	234.74	404.50
净服务收入	661.54	939.23
总净收入	5768.88	7458.02

数据来源：京东官网，财年截至 12 月 31 日，单位：亿元人民币。

（五）微博

微博的收入主要来自广告和营销服务，其次来自增值服务（主要包括 VIP 会员、直播和游戏相关服务）。2020 年财报数据显示，微博营收 16.9 亿美元，同比下降 4%。其中，微博最核心的广告和营销收入为 14.9 亿美元，较 2019 年的 15.3 亿美元下降 3%。2020 年，微博广告和营销服务产生的收入占总收入的 88%。

微博的广告和营销收入主要来自在线广告，包括社交展示广告和推广营销。社交展示广告按每千次展示成本（CPM）或者按每日成本（CPD）定价。推广营销主要基于 CPM 定价。在微博"移动为先"的理念下，2020 年移动广告收入约占广告和营销总收入的 90%，相比 2019 年占比提高 3 个百分点。

2020 年，来自大客户和中小企业的广告和营销收入为 13.3 亿美元，较 2019 年的 14.3 亿美元下降 7%，这主要与新冠肺炎疫情对整体广告需

---

① 详见京东 2020 年度财报：https://ir.jd.com/。

求端尤其是对 2020 年上半年需求端的消极影响有关。具体来看，来自大客户的收入增长了 2%，从 2019 年的 7.293 亿美元增长到 2020 年的 7.415亿美元，这主要得益于微博和品牌广告客户之间的密切关系。另外，来自中小企业的收入从 2019 年的 7.032 亿美元下降到 2020 年的 5.927 亿美元，降幅达 16%，主要是由于在疫情期间，中小企业的复苏速度相对较慢，市场竞争激烈。再加上广告预算相对较低的个人客户出现流失，2020 年全年微博广告客户总数从 2019 年的 240 万下降到 160 万。①

2018—2020 财年，阿里巴巴作为广告商分别占微博集团总收入的 7%、6% 和 9%，是微博最大的广告客户和重要的社交商务战略合作伙伴。如表 6 所示，2020 年，微博从作为广告主的阿里巴巴获得了 1.52 亿美元的广告和营销收入，从阿里巴巴从事广告代理业务的子公司获得了 3660万美元，总计约 1.89 亿美元。阿里巴巴在微博平台上的支出与其营销策略高度相关。阿里巴巴在微博平台广告支出的持续增长反映了双方合作的加强。微博仍然是阿里巴巴在社交营销、电子商务和粉丝经济等领域的关键平台。

表 6　微博 2016—2020 年广告和营销收入

广告和营销收入来源	2016 年	2017 年	2018 年	2019 年	2020 年
第三方	428275	780545	1172136	1202437	1202712
阿里巴巴	57908	84688	117696	97772	188597
新浪及其他相关方	84799	131512	209348	230002	94846
小计	570982	996745	1499180	1530211	1486155

数据来源：微博官网，财年截至 12 月 31 日，单位：千美元。

（六）字节跳动

据 CNBC 报道，字节跳动的收入从 2018 年的 74 亿美元增长到 2019 年

---

① 详见微博 2020 年度财报：http://ir.weibo.com/static-files/9d492ab8-3e17-47e4-bbf4-ad8d01473ca4。

的 170 亿美元，2019 年实现了 30 亿美元的净利润。[①②] 据 Tech 星球 2020 年获得的调研报告显示，字节跳动 2020 年全年营收接近 2400 亿元，其中广告营收将达到 1750 亿元，电商业务能创造 60 亿元营收，直播流水将达到 450 亿—500 亿元，游戏版块创造 40 亿—50 亿元流水，教育赛道创造 20 亿—30 亿元营收。[③] 字节跳动的广告平台——穿山甲以巨量引擎的技术能力为基础，主要提供按激活且付费等效果指标确认收入的 P4P 广告和视频优先的各种类型的展示广告。

三、+AI：互联网广告业务的智能化

互联网公司应用各种人工智能技术，以提高企业运营效率。人工智能通过数据分析助力互联网广告营销的全流程，高效实现多媒体广告文案的创意、制作、投放和监测，帮助广告主在多个业务场景中实现"落地—评估—优化"的智能决策，促进广告活动的准确点击和有效转化，在为广告主提高获客效率、销售转化率和投资回报比的基础上提升公司的竞争力和盈利。

（一）智能广告创意

人工智能通过文本、图片、视频，包括直播和游戏等大量非结构化数据来理解广告内容和销售主张，对创意标签进行自动化提取与重构，结合广告推荐模型，对不同投放人群快速实现不同广告内容的创意生产。智能广告创意还可以计算创意相似度，对投放效果数据进行分析从而优化广告创意和制作。

① SHEAD S. TikTok owner ByteDance reportedly made a profit of $3 billion on $17 billion of revenue last year［EB/OL］.（2020-05-27）. https://www.cnbc.com/2020/05/27/tiktok-bytedance-profit.html.

② OSAWA J, ZHANG Y. ByteDance's Revenue More Than Doubled in 2020［EB/OL］.（2021-04-22）. https://www.theinformation.com/articles/bytedances-revenue-more-than-doubled-in-2020.

③ 企查查. 字节跳动投资第八年：2021 年已投资 16 起，或创历史新高［EB/OL］.（2021-03-29）. https://www.thepaper.cn/newsDetail_forward_11939315.

1. 音视频广告智能化

随着短视频与直播的内容形态和变现渠道越来越多元和成熟，互联网短视频广告收入也在不断增加。目前，互联网公司可以利用人工智能技术，自动、快速、批量制作适合互联网分发的视频内容，提升内容制作效率。

多模态 AI 算法基于计算机视觉识别、语音识别及语义理解，可用于分析视频的内容及结构，提取精彩片段并剪除重复内容，将其制作为摘要短视频应用于广告投放。多模态 AI 算法分析还可以将图文、音频和长视频自动生成创意短视频，快速完成广告素材制作。比如，在版权库的基础上，根据广告文案一键生成广告视频。AI 通过学习指定风格的音乐数据，具备合成歌曲的能力，可为广告提供智能配乐创作方案，基于语音合成技术，为广告提供定制的声音。

2. 图文广告智能化

通过自然语言处理（NLP）算法，AI 可以根据商品信息、销售卖点、目标人群属性或指定关键词，批量生成广告文案。AI 技术可以实现对广告图片、文字内容的智能编辑，自动生成多种尺寸的内容样式，适配桌面端、移动端、大屏等多平台同步分发，也适用于各平台不同广告位的投放。

（二）智能推荐和智能广告投放

智能推荐以大规模机器学习和个性化推荐技术为基础，以实现更相关的内容（包括信息、产品、广告）推荐和更有效的目标受众触达。比如微博开发的社交兴趣图谱（SIG，social interest graph）推荐引擎，使得客户能基于用户的人口统计学特点、社交关系、兴趣和行为进行针对个人的营销，锁定目标受众，助推营销活动具有更高的精准度、活跃度和推广效率。

高效数据和智能推荐驱动下，互联网公司可以选定目标人群，设定年龄、性别、地域等定向维度，自定义投放时间和流量比例，动态更新流量配置，实现程序化广告投放。在广告投放过程中，用户对平台上显示的广告频率、相关性、体验性会形成不同的刺激和反应，智能广告投放可以测试不同广告投放策略的使用情况和趋势，并做出相应调整和优化。

（三）智能广告监测

互联网公司有义务监控平台上显示的广告内容，以确保其真实、准确并符合中国法律法规。《互联网广告管理暂行办法》禁止网络广告发布中的不正当竞争，包括"（一）提供或者利用应用程序、硬件等对他人正当经营的广告采取拦截、过滤、覆盖、快进等限制措施；（二）利用网络通路、网络设备、应用程序等破坏正常广告数据传输，篡改或者遮挡他人正当经营的广告，擅自加载广告；（三）利用虚假的统计数据、传播效果或者互联网媒介价值，诱导错误报价，谋取不正当利益或者损害他人利益"。针对互联网营销环境中可能出现的广告导流评论、垃圾邮件、机器刷量等问题，结合大数据分析、机器学习、业务风险识别等技术和能力，人工智能可以帮助监测广告营销活动，净化社区生态。互联网公司也使用机器学习技术对用户上传到平台的视频进行语义理解，从中提取并生成内容标签，以加速视频内容的审查和分发。

四、AI+：互联网广告的智能终端和基础设施

工业和信息化部出台的《促进新一代人工智能产业发展三年行动计划（2018—2020年）》中，提出要积极培育人工智能创新产品和服务，促进人工智能技术的产业化。近年来，互联网公司通过对人工智能的开发与应用，已经实现了模式识别、智能语义理解、智能分析决策等核心技术与广告营销业务的深度融合，实现了互联网广告的AI+。2020年，互联网公司继续在智能硬件方面加大布局，推动人工智能在智能家居、移动智能终端等领域的研发和应用。目前已经上市的智能硬件中，智能屏和OTT盒

子的广告市场已经逐渐建立起来，并有望成为智能融媒时代的超级流量入口，智能网联汽车和智能音箱也存在很大的广告想象空间。在万物互联的物联网时代下，智能硬件的加入使人工智能有可能进一步成为互联网公司探索广告新入口和营销新模式的平台基础设施，这也使互联网广告市场的竞争面临更多的变量和挑战。

（一）智能网联汽车

在本文分析的 6 家互联网公司中，百度在智能网联汽车上的布局更全面，拥有包括大数据、车辆智能计算平台、自动驾驶操作系统、车载智能芯片的底层支撑性基础技术，还有以百度大脑为核心的人工智能开放平台，以及百度地图、小度等可以搭载使用的互联网产品。百度研发的人工智能驾驶系统 Apollo（阿波罗）已与超过 70 家车企的 600 款车型展开合作，实现超过 100 万台的小度车载 OS 前装量产搭载。Apollo 还发布了"乐高式"汽车智能化解决方案，推出纯视觉感知的高级别自动驾驶产品。2020 年 10 月，百度领投了吉利控股集团投资运营的汽车智能公司——亿咖通科技，以打造智能网联开放平台。2021 年 1 月，《麻省理工技术评论》发布题为《五项人工智能发展或将重新塑造 2021 年以后的格局》的报告称，在自动驾驶领域，百度不断创新，已成为中国唯一一家在多个城市启动无人驾驶出租车试运营的公司，未来的商业化前景十分乐观。[①]

2020 年 6 月，京东将其持有的易车控股有限公司（上市公司，以下简称易车）股票出售给投资者财团。同年 11 月，腾讯收购并总计拥有易车发行在外的 68.2% 的股权，完成对易车的私有化交易。预计这两家公司在接下来的一两年内在智能网联汽车方面将有新的举措。

阿里巴巴研发了智能汽车操作系统 AliOS，联合多家车企合作开发智联网汽车。2019 年，阿里巴巴收购了智能城市基础设施和服务提供商——

---

① 企业观察报.百度吉利"联姻"能否幸福长久？［EB/OL］.（2021-01-22）. https://baijiahao. baidu.com/s?id=1689555687920295338&wfr=spider&for=pc.

千方科技有限公司 15% 的股权，其产品包括智能交通运营服务。2020 年，阿里巴巴对投资的一家智能汽车操作系统和解决方案提供商——斑马网络科技有限公司进行重组，最终拥有其大约 50% 的有效股权。汽车与电梯看似不搭界，但都具有限定时间内的封闭式广告传播环境。阿里巴巴在截至 2019 年 3 月 31 日的年度内收购了分众传媒约 7% 的总股本权益。作为中国最大的电梯媒体的大股东，阿里巴巴在探索物联网广告的进程中增强了学习迁移的竞争优势。

（二）智能语音交互系统

语音识别和语音合成技术促进了客户服务智能化的发展。字节跳动投资语音智能交互平台——灵犀科技，将其核心产品"摩西大脑"应用于智能客服、智能导购等人机对话场景。阿里巴巴通过人工智能聊天机器人提供全天服务。作为智能语音交互系统终端之一的智能音箱成为互联网大公司的热门产品，比如京东联合科大讯飞推出的"叮咚"、阿里巴巴的"天猫精灵"、百度的"小度"系列、小米的"小爱"、腾讯的"听听"等。一方面，智能音箱为研发人工智能语音引擎的互联网大公司提供了大量数据，并在口语化语音识别、个性化语音识别等方面有助于改善语音人工智能的分辨能力和准确率；另一方面，智能音箱作为互联网公司大力打造的新平台，为其用户和客户参与数字经济创造了全新的互动界面，也为新的数字营销做好了准备。

结语

在《2017 年人工智能与广告业的融合发展》一文中，笔者曾提出并讨论了人工智能与广告业融合中存在的几点挑战：人工智能的成熟程度和系统安全、大数据的开放和共享、用户的数据安全和隐私保护。至今这些挑战依然存在，并且引发了政府机构、广告主、广告从业人员、用户以及媒体的更多关注。2018 年 11 月，国家互联网信息办公室和公安部发布《具有舆论属性或社会动员能力的互联网信息服务安全评估规定》，对开办论坛、博客、微博客、聊天室、通讯群组、公众账号、短视频、网络直播、信息分享、小程序等互联网信息服务提供者，依照《中华人民共和国网络安全法》等法律法规规定自主开展安全风险评估提供了指导。2019 年，国家互联网信息办公室公布了《百款常用 APP 申请收集使用个人信息权限情况》，其中披露的 APP 对权限和数据的过度索取引发媒体和民众热议。2020 年 10 月，全国人大常委会法制工作委员会公布了《中华人民共和国个人信息保护法（草案）》，为大数据时代下的个人信息保护提供了更加有力的法律保障，也对现行的数字营销行为加强了监管。高质量的大数据是人工智能向前发展的重要影响因素。如果互联网公司不能在隐私安全和数据使用中找到博弈平衡点，或者在内容和广告审查、网络安全审查、用户隐私合规等方面缺乏更加符合政策要求的解决方案，将会给未来运营带来不小的风险，甚至可能造成重大不利影响。

B.13
2020年视频网站超前点播模式分析

方涵　翟春晓[①]

摘　要： 在互联网助力下，我国网络视频市场经过数年发展不断壮大。与
此同时，面对流量红利逐渐触顶、盈利模式略显疲态、平台间竞
争加剧等现实问题，各视频平台的压力也随之加剧。在此情形下，
2019年，腾讯视频与爱奇艺相继试水超前点播模式，一时间引发
各界争议，甚至被用户告上法庭。而到了2020年，超前点播的
剧集越来越多，芒果TV与优酷也试行了超前点播。据国家广播
电视总局监管中心发布的《2020年1—8月"超前点播"作品扫
描》报告显示，2020年提供超前点播服务的剧集数量大幅增加，
前8个月就有66部剧做此尝试。观众对于超前点播的质疑声逐渐
减轻，视听平台剧集类内容正在形成差异化排播、多层次付费的
局面。

本文从平台视角切入，结合案例分析，对视频平台推出超前点播
模式的产生背景、发展历程与现状、影响等进行了较为全面的探
讨，对视频平台这一创新营收模式的可持续发展前景进行展望并

[①] 方涵，中国传媒大学传媒经济学硕士研究生，主要研究方向为视听内容管理与运营；翟
春晓，中国传媒大学传媒经济学硕士研究生，主要研究方向为智能融媒体经营与管理。

提出建议，旨在促进我国视频内容生产的良性循环。

关键词：超前点播；视频平台；内容付费；盈利模式

据第 47 次《中国互联网络发展状况统计报告》显示，截至 2020 年 12 月，我国网民规模已达 9.89 亿，其中网络视频用户规模达 9.27 亿，占整体网民的 93.7%。尽管网络视频平台依旧保持着良好的市场占有率，但也面临着用户体系、盈利模式、行业竞争等各方面的压力。为了解决这一系列的困境，视频平台也在不断尝试与探索。其中，腾讯视频于 2019 年率先推出了超前点播模式，官方将该模式定义为"针对 VIP 用户推出的一项全新观看升级服务"，指用户在成为网络视频平台会员的基础之上，针对特定作品进行再次付费，从而拥有提前观看该作品尚未面向其他用户开放的内容的权益。超前点播模式与韩国动漫产业中流行的"等就免费"模式有着相通之处，这本质上是一种差异化付费模式。

在近两年的发展中，超前点播模式历经波折，如今已演化为视频平台的一项常态化服务，这反映出的平台盈利模式更新和行业现状值得分析。本文通过对超前点播模式的产生背景、发展历程与现状、影响等进行梳理和总结，结合传播学、经济学的相关理论进行分析，旨在对超前点播模式有一个全面、深入的认知，从而发现其在发展过程中存在的问题，并结合国外的优秀案例提供合理、可行、有效的建议。

一、超前点播模式的产生背景

（一）视频平台会员数增速放缓，规模几近触顶

自 2014 年网络剧时代[①]开启以来，网络视频平台的会员模式逐步得到推广。2019 年 6 月 22 日，爱奇艺会员规模突破 1 亿，这标志着我国的视频付费市场正式进入"亿级"会员时代，这也在一定程度上印证了视频会

---

① 党同桐.我国网络自制剧营销策略研究［D］.南昌：南昌大学，2016.

员服务已成为中国用户的刚需服务。

在会员模式逐渐成熟的同时，视频平台也面临着新的困境。据图1可知，在推出超前点播模式前后，2017—2019年爱奇艺、腾讯视频的会员数量都呈现增长态势，但增速均明显放缓。这反映头部视频平台的会员规模增量有限，几近触顶。视频平台会员高速增长的时代已然谢幕，低速增长或成为未来常态。头部平台尚且如此，其他的视频平台也难逃这一局面。

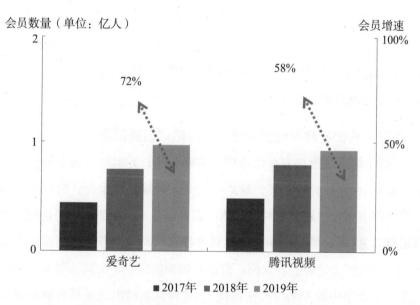

图1　爱奇艺、腾讯视频2017—2019年会员规模及增长情况

由此可见，视频平台用户的付费意愿需要被进一步刺激，服务需再次拓展，会员体系的重构也势在必行。

（二）视频平台连年亏损，盈利模式显疲态

网络视频平台的主要盈利模式是"广告收入+会员付费"。在广告收入方面，受到国内宏观经济环境的挑战和信息流广告竞争加剧等影响，各大视频平台的在线广告收入不断承压。据爱奇艺财报显示，2020年爱奇艺的在线广告服务营收为人民币68亿元，仅占总营收（297亿元）的

22.9%，远不及会员服务营收（165亿元，占全年总营收的55.6%）。会员付费收益不仅在体量上超过了广告收入，增速也远远高过广告收入的增速。付费会员取代广告，成为视频平台最主要的营收支柱。但据上文分析可知，网络视频平台的会员规模达到了几近触顶的态势，再加上国内视频平台的ARPU值①普遍偏低，基本在10—20元，这实际表明会员服务收入也已进入存量阶段，增量空间有限，盈利赛道变窄。

盈利模式的两项主体收益均面临困境，网络视频平台盈利压力有增无减。据爱奇艺财报显示，2017年到2020年，爱奇艺分别亏损了37亿元、91亿元、103亿元和70亿元。腾讯视频和优酷的预计亏损额度也在80亿元左右。面对连年的巨额亏损，网络视频平台变现边界亟须扩张，亟须探索下一个盈利点来自救。

（三）头部视频平台竞争加剧，深陷"囚徒困境"

"纳什均衡"指双方在博弈中，策略会随对方策略变动而调整，以此实现战略上的"均衡态势"，这本质上是一种策略的组合。当每一方的策略都期望达到收益最大化时，其他博弈者也会采取相似策略，这便是"囚徒困境"。这解释了即使在合作对双方都有利时，保持合作也很困难的原因。"爱优腾"（爱奇艺、优酷、腾讯视频的简称，下文同）等头部视频平台在多年竞争中就深陷"囚徒困境"。这种局面的出现与平台背后的资本博弈息息相关，"爱优腾"分别代表了百度、阿里巴巴、腾讯三家头部互联网公司。

对于一项内容或服务，如果头部平台均不投入，则达到最优合作。这种状态虽难以收获额外流量和变现机会，但也不会造成额外的亏损。尽管合作对行业、自身都有益，但保持合作非常困难。一旦有一方投入，另外几方选择不投入，则持续投入的一方便逐渐实现了市场垄断趋势，从而在与上游内容供给方的议价中具有强大话语权，同时也能够实现下游的用户

---

① ARPU（Average Revenue Per User）：每用户平均收入，是运营商用来测定其取自每个最终用户的收入的一个指标。

黏性增长，最终实现盈利。为了不在市场竞争中陷入劣势，其余几方也会选择投入。三方持续这种状态，导致三方都不能盈利，进而陷入"囚徒困境"，难以实现行业共赢。

此外，网络视频平台也面临着用户之间的需求差异加大等因素的冲击，以及直播、短视频等其他新进入者的干扰。这些因素都是超前点播模式产生的催化剂。超前点播模式的出现看似为视频平台"自救"带来一线希望，但其能否真的助力平台摆脱困境，还需要时间来证明。

二、超前点播模式的发展历程与现状概述

（一）超前点播模式在我国的发展历程

我国的超前点播模式最早来自腾讯视频的试水。2019 年 8 月 7 日，腾讯视频 IP 剧集《陈情令》开创超前点播先河，用户在已开通会员的基础上，可再花费 30 元观看 6 集大结局。同年 12 月 11 日，爱奇艺、腾讯视频同步播出的剧集《庆余年》也尝试了超前点播模式——在已开通会员的基础上再花 50 元，可以比普通 VIP 用户多看 6 集，比非会员用户多看 12 集，提前半个月直通大结局；亦可选择以 3 元 / 集价格单集点播。这次《庆余年》的尝试直接导致了负面舆论的发酵，将超前点播推向舆论中心，爱奇艺、腾讯视频分别被用户诉至法庭。

2020 年，超前点播模式逐渐走向成熟。1 月 12 日，爱奇艺《爱情公寓 5》自开播便公布了超前点播相关权益。次日，腾讯视频发布了《关于付费超前点播的公告》。两大平台对超前点播相关权益进行了解释，明确传递了要将超前点播模式做成常态化服务的意愿。5 月，芒果 TV 和优酷的拼播剧集《三千鸦杀》开启超前点播模式。这也宣告着四大头部视频平台均接受并开始推行超前点播模式。

6 月 2 日，爱奇艺《庆余年》超前点播案一审宣判，判决结果中"会员专属推荐不构成违约"的陈述也被视作对超前点播模式的肯定，这意味

着超前点播又向常态化迈进了一步。之后，以《隐秘的角落》为代表的悬疑题材剧集和以《三十而已》为代表的台网同步剧集也纷纷开启超前点播，超前点播的推行范围进一步扩大。

2020年9月底，国家广播电视总局监管中心发布的《2020年1—8月"超前点播"作品扫描》报告中指出，2020年，提供超前点播服务的剧集数量大幅增加，前8月中作品数量累计达66部。用户对于超前点播的质疑声逐渐减轻，视频平台的剧集渐渐形成差异化排播、多层次付费的局面。

（二）超前点播剧集的特征

1. 平台层面："爱腾"先行，"酷芒"紧跟，逐步成为头部视频平台共识

2020年以来，提供超前点播服务的剧集大幅增加[1]，头部视频平台均已加入超前点播的行列，其中腾讯视频数量最多，独播剧高达23部。爱奇艺独播剧有12部，优酷和芒果TV紧随其后。除独播剧外，也有多平台拼播的剧集实行了超前点播，比如爱奇艺、芒果TV拼播的《天醒之路》，"爱优腾"三家拼播的《长相守》等。从视频平台的尝试来看，各平台还处在建构差异化优势的摸索阶段，在细节考量、标准界定等方面仍需优化。

2. 内容层面：IP改编占比大，女性向剧集和悬疑短剧颇受青睐

按照剧集内容进行划分，目前的超前点播剧集主要分为以下三类。

第一类是IP改编（包括网文、小说、漫画、已播剧IP等）的头部网络剧，这约占所有超前点播剧集的75%。[2] 原有IP可以锁定核心用户群，且IP改编剧多采用流量明星担当主演，易于带动内容付费。此外，IP剧

---

[1] 财讯网.国家广播电视总局发布"超前点播"报告：针对用户需求 多平台形成差异化排播局面［EB/OL］.（2020-09-25）.https://tech.china.com/article/20200925/092020_613161.html.

[2] 统计区间：2019年8月至2020年8月，本段其余数据同。

集的题材涵盖广，其中古装剧占比高达 38%，是占比最大的 IP 剧集类型，"古装 +IP 改编"也成为平台开启超前点播模式的一大参考因素。

第二类是女性向、强粉丝属性的腰部剧集。比如《我好喜欢你》《我才不要和你做朋友呢》等。此类剧情具备较浓郁的偶像色彩，瞄准了"她经济"下的市场红利。

第三类是以悬疑题材为代表的高质量短剧。随着短剧《隐秘的角落》的爆红，《摩天大楼》《沉默的真相》等超前点播的悬疑短剧也在口碑、话题上双丰收。高品质的悬疑题材颇受青睐，目标用户范围更大，是目前看来性价比更高的剧集类型。

3. 付费形式：超前点播定价标准趋于稳定

2019 年，采用超前点播模式的剧集出现了四种定价，有 6 元 / 集、30 元 /6 集的《陈情令》，2 元 / 集的《没有秘密的你》，3 元 / 集的《明月照我心》，还有 50 元 /6 集的《庆余年》。这显示出在当时，对于超前点播的定价标准还处于"摸着石头过河"的探索状态。

如今，超前点播的定价标准趋于稳定，基本呈现两种点播方式：第一种是会员付费分集解锁，价格以 3 元 / 集居多；第二种是一口价打包出售，每周多更新数集或直通大结局，打包价通常有折扣。此外，临近大结局点播成为视频平台的一大共识，在最后 6 集和 12 集开启的居多，但也有部分古装 IP 剧开播过半就进行超前点播，如《庆余年》《三生三世枕上书》《锦绣南歌》等。

4. 排播方式：在纯网络剧和网络首播剧基础上，台网联播剧也试水参与

2020 年前 8 个月，近六成网络首播电视剧、近三成重点网络剧提供超前点播服务。2020 年 7 月，电视剧《三十而已》首轮上星东方卫视，同时在腾讯视频独播。腾讯视频 VIP 用户每天可以抢先看 2 集，网络平台的剧集更新速度快于电视。此外，平台在剧情白热化的最后 8 集开启付费超前

点播，VIP 会员可提前 6 天通过付费来观看大结局。《三十而已》也成为首个在一线卫视黄金档播出、视频网站先行完结的台网联播剧案例。未来，也将有更多台网联播剧踏入超前点播的行列。

三、超前点播的影响分析

2019 年底，随着用户起诉腾讯视频、爱奇艺，关于超前点播的舆论一时间达到高潮。媒体也纷纷就此事发声，认为视频平台超前点播损害了用户利益，将不利于视频平台的可持续发展。

然而，作为一种新的商业尝试，超前点播反映了视频平台在"囚徒困境"中的破局勇气，虽挑战了过去几年基本稳定的市场习惯，但亦存在其合理之处。对于超前点播带来的影响，应当以辩证的方式，理性地从不同角度来进行分析。

（一）消极影响

1. 影响用户的体验与权益，陷入舆论旋涡

超前点播模式的推出，利用了用户追剧过程中的"上瘾"心理，让其为了满足自身追剧欲望而付更多费用。但视频平台在剧集播出过程中贸然上线这一服务，忽视了用户的体验感，使自己陷入舆论旋涡中是必然结果。

在《庆余年》引发的纠纷中，微博博主 @ 逻格斯 logics 对腾讯视频的起诉也是针对该平台《VIP 会员服务协议》中的规定"视频网站有权进行 VIP 会员权益的变更、调整、取消、增加"。无论用户内心是否接受这样的条款，只要想观看视频平台的专属内容，就必须选择接受并为之付费。突然推出的"超前点播"无异于一种"VVIP"般的存在，是"对已有会员的隐形降权"[①]。在这种套路下，用户在与平台的博弈中可谓一退再退，处在

---

① 钟明涛 . 网络视频平台实行超前点播机制原因与前景的探析［J］. 传媒论坛，2020，3（8）：43-44.

一个非常被动的弱势地位，甚至失去了与平台展开对话的可能性。当这些用户发现自己的会员权益不再是第一梯队时，这种心理落差感势必会激发大量不满情绪，让这一新生而脆弱的模式陷入舆论旋涡。

2. 使盗版行为更猖獗

网络视频的侵权盗版现象一直有之，随着互联网移动技术的不断发展，侵权盗版传播的渠道也从早期的服务器存储、P2P 下载，演变成盗链、网盘等更多形态。搜索技术的优化，让这些渠道以更隐蔽、去中心化的方式滋生、蔓延，屡禁不止，成为影响网络视频发展的一个重要因素。据艾瑞咨询发布的《2019 年中国网络视频版权保护研究报告》显示，仅 2017 年，盗版的网络视频（不包括体育比赛）给平台带来的用户付费损失就至少有 136.4 亿元。虽然近年来中国在版权保护上不断出台法律条文、行政规范，也展开了诸如"剑网行动"的网络盗版专项治理工作，但网络盗版肆虐依旧是视频网站健康发展中的"拦路虎"。

据艾瑞咨询 2018 年调查结果，中国网络视频用户对于正版与盗版的认知较为模糊，仅 22.6% 的用户明确了解自己是否能识别盗版。当用户的版权意识还处在一个成长期时，其很难抵制盗版的"免费诱惑"，超前点播无形中助长了盗版的肆虐。平台只给出了"50 元解锁全集""30 元直通大结局"之类的粗暴付费规则，而未与用户展开合理对话，让部分不满于这个规则的用户忽视了知识产权，被情绪牵引而参与盗版内容的传播，甚至把传播盗版资源称为一种"合理"的抵制与反抗，这给整个网络版权保护工作带来了严峻的考验。

3. 平台"拔苗助长"，挑战用户现有消费习惯

回溯视频平台付费会员在中国的推广历程，从全部免费到付费用户进入亿级，是历经数年市场教育、习惯培育的结果。对于一项新产品，人们会经历从获知、说服、决定、实施，再到确认的过程。不同用户对于新产品的接受态度是不同的。由于各种因素，过去许多用户"为精神劳动产品

付费"的意识较为薄弱，将免费享用内容产品视作理所当然，因此，各视频平台的付费机制一直在试探和争议中前行。过亿的用户规模证明视频平台确实已经在中国用户中建立起了一定的付费氛围，但差异化内容付费却尚未被用户普遍接受。视频平台需要更多耐心。在用户付费习惯没有完全养成之时推出超前点播，不免有"拔苗助长"的风险。当用户不满情绪加剧，不仅会影响平台的收益，更是对于用户付费意愿的打击，动摇的是视频平台目前的重要收入支柱。

4. 分流核心观众，话题热度锐减

剧集的核心观众，即剧粉，是维持其曝光度和热度的主要力量。通过剧粉的自发性推荐传播，能够吸引那些本来对于这部剧关注不多的用户来观看。话题营销的重点亦在于建立一个空间，让不同看法的观众参与讨论，从而形成更大的声量和社会影响力。但超前点播模式出现后，这部分核心观众为此买单的意愿较高，往往在短时间内就完成付费和观看行为，导致对于剧的讨论与传播也就集中在较短时间内，网络舆情发酵时间不足，剧集热度难以为继。

这也受到具体剧集类型的影响。对于部分注重叙事过程、画面质量的短剧来说，观众即便知道结局，依旧会为了享受观看过程而追剧；但对于更多剧来说，被剧透会直接影响观众的观剧情绪，一旦知道结局不符合自己的期待或不合理，就会做出"弃剧"的决定。电视剧《三十而已》超前点播时，付费的用户便了解了大结局三位主人公的走向，一些不满意的观众在网上剧透并讨论结局的合理性，让剧集话题的热度提前释放完毕，缺乏了原本传播中的自然扩圈过程，导致剧集话题热度锐减。

5. 挤出用户到其他平台，替代效应造成用户流失

信息技术的快速发展，让更多碎片化、移动化的内容产品抢占了人们有限的时间。在这样注意力稀缺的背景下，头部综合网络视频平台正在遭受前所未有的挑战。

一方面的威胁来自同行业第二梯队的"虎视眈眈"。以芒果 TV 为例，其月人均单日使用时长已高于其他头部视频平台。优质独家综艺如《乘风破浪的姐姐》直接促使其付费会员数同比增长了 84.3%，虽然有效用户规模较"爱优腾"尚有差距，但增长势头迅猛。而且得益于与湖南卫视的特殊合作关系，芒果 TV 可以低成本购入湖南卫视的优质内容与版权，已经实现盈利，现金流充足。同时，根据芒果超媒 2020 年 12 月 3 日公告内容，芒果传媒拟通过公开征集转让方式向阿里创投协议转让 5.26% 公司股份，这意味着阿里系资本将以 62 亿元入股芒果，综合视频平台的竞争局势将变得更加复杂。而拥有高用户黏性的哔哩哔哩在今年通过一系列破圈手段，也获得了不错的增长效果。据哔哩哔哩 2021 年 Q1 财报，付费用户同比增长 53%，正式突破 2000 万大关，多元化营收再创新高。第一梯队视频平台率先推出超前点播，实际上挤出了部分用户到其他平台，替代效应下，这部分用户的流失并非"爱优腾"想看到的结果。

另一方面的威胁则来自其他文娱平台，尤其是短视频。据《2020 年中国网络视听发展研究报告》显示，2020 年 6 月，短视频应用的人均单日使用时长已经超过综合视频应用，甚至超过了即时通信应用。短视频平台的蓬勃发展，让人们在视频内容的消费上不再局限于综合视频网站。

（二）积极影响

首先，从用户角度思考，超前点播客观上是一种尊重用户差异需求的存在——其并非强制消费，而是作为一种可供选择的形式出现，用户根据自身对于内容需求的迫切程度、付费意愿而进行选择是否为"超前"付更多费用。用户为超前点播所支付的额外金额，可以视作优质内容的一种溢价，是否解锁更多剧集的交易是建立在用户自愿的前提下，不存在"强买强卖"关系。由于不同用户的消费水平、付费意愿、对内容的认可程度存在差异，超前点播在没有损害普通用户观影进度的情况下，通过差异化付费体系，让愿意付更多费用享受超前、持续性观影快感的用户得到满足，实际上给了用户更多的选择权利。用户根据自身需要"定制"个性化的观影安排，是数字化场景下对用户多样化需求的进一步满足。

其次，对平台而言，超前点播有助于其搭建一个优质的内容生态系统。一方面，这样差异化排播、多层次付费的方式，给平台带来了直观的现金收益，可以在一定程度上缓解视频平台巨额亏损的现状，改善平台的财务状况。以《陈情令》为例，仅这一部剧的6集超前点播就给平台带来了约1.5亿元收入。即使是盗版在各种渠道流出的《庆余年》，也凭借超前点播模式在两个平台共揽1.45亿元。

另一方面，超前点播创收效果如何，根本上还是取决于内容供给质量的优劣。因此，这也从销售端催促平台生产更多优质、独家内容，这客观上有助于视频平台搭建起一个良性的内容生态循环。相较于普通、免费内容或会员打包内容而言，超前点播更能直观地反映用户对于内容的喜好、需求的迫切程度，倒逼平台深度考量供给内容的质量和受欢迎程度。一部剧超前点播所带来的收益，可以快速反哺其他内容的生产制作环节，加速平台持续供给优质内容。当超前点播成为常态，视频平台若想生存，就必须搭建一个长期的优质内容生态环境，才能获得用户认可与收益上的双赢。

最后，对于整个行业而言，超前点播的出现为视频行业破局提供了新的思路。超前点播不仅需要生产优质的内容，同时也呼吁整个行业参与对版权的保护行动。我国的视频市场从最初的盗版横行阶段，到用户逐渐形成正版意识，再到愿意为优质内容付更多费用，每一步都离不开行业打击盗版侵权行为的决心与耐心。正版有序变现提高了用户满意度，亦激发平台加大自制和采购版权作品的力度，同时要求全行业携手合作打击盗版。依旧处在营收困境中的视频行业，下一步应如何走，需要有超前点播这样的新尝试。

四、前景与展望：以超前点播为重要构成的差异化付费体系

（一）充分考虑用户心理，做好排播设计和友好沟通

面对超前点播这样一种新模式，用户需要经过认知阶段、情感阶段、行为阶段这样一个过程。视频平台在排播设计时应当充分考虑到用户心理，在剧集播出之初就告知用户该剧集是否进行超前点播，具体收费标准如何，避免播出进行到一半的时候突然通知用户的情况发生，影响其观看情绪。同时可以推出一些优质的会员周边服务，补偿用户因超前点播而对会员制度产生偏见的心理。平台要做"用户的朋友"，而不是站在用户的对立面。真诚的沟通永远是获得用户信任感的最佳途径。

从这个角度看，2020 年夏季的古装偶像剧《琉璃》就是一个较为成功的案例。该剧在播出时就制订了超前点播计划，按原追剧日历，如果用户想要从 27 集直通大结局，需要花费 99 元。于是，众多剧粉在网上呼吁剧方延迟超前点播，连该剧出品方之一的欢瑞世纪也帮助剧粉对话播出平台。经过一番博弈，优酷平台决定延迟一周再对《琉璃》进行超前点播，虽然减少收费的集数并不多，但这一做法体现了平台对于用户声音的重视，赢得了不少用户的好感，不失为一次平台与用户之间开展良好沟通的范例。

（二）通过优质内容构建差异化会员体系，让用户为内容买单

超前点播的初衷是通过会员分级，构建一个差异化付费体系，让用户根据自身需要为内容买单，形成"资本投入、内容生产、用户付费、内容再生产"的良性循环。超前点播能否可持续性发展，关键在于能否在防止用户流失的同时，解决视频平台的盈利难题，这要求视频平台"提升付费内容的异质性和服务质量"[①]。

---

① 喻国明，段泽宁，孙琳.计算社会科学框架下内容付费产品研究［J］.现代传播（中国传媒大学学报），2018，40（2）：7-12.

相对而言，海外视频市场在这方面已有了一套成熟的思路。以 Netflix 为例，凭借优质内容的持续输出，其付费用户规模已经达到了近 2 亿。而 2020 年 10 月底，Netflix 再度调整了其会员体系价格，这是其历史上第 6 次涨价。调整后订阅 Netflix 内容的三档月费价格分别为 17.99 美元 / 月、13.99 美元 / 月、8.99 美元 / 月。不同档次的会员级别下，在提前观看、内容清晰度、可观看屏数等权利上有所差异。在海外疫情持续蔓延的大背景下，Netflix 能够逆市完成新一轮涨价，离不开其一直以来持续输出精品内容的运营策略——在内容过硬的前提下，设置不同的价格区隔，搭建差异化的会员体系，让用户根据自己的经济实力与需求进行选择。且 Netflix 的涨价策略往往会对老用户延迟、逐步生效，给予其一定的心理适应时间，也能防止订阅量锐减的情况发生。

依托优质自制内容磁场，吸引更多的用户订阅付费，让平台和制片方实现收入增长，从而投入更多原创内容的生产中，精品内容的产出又进一步吸引新的用户订阅，Netflix 的这套"增长飞轮"理论是对视频平台理想化运营状态的概括，由此带来的卓越成效也使其成为世界范围内流媒体的标杆。据 Netflix 披露的财报显示，2021 年第一季度，其实现营收 71.63 亿美元，比去年同期的 57.68 亿美元增长 24.2%；净利润为 17.07 亿美元，比去年同期的 7.09 亿美元增长 141%。

目前，国内的各大视频平台也在加大投入自制内容的创作，但依旧存在扎堆创作、流量至上、重改编轻原创等各种乱象，比起随波逐流追热点，如何发掘下一个具有潜在开拓价值的稀缺内容应当成为各大视频平台当下关注的方向。

（三）从差异化付费角度进行新的探索

以超前点播为重要构成的差异化付费体系的核心是优质内容，但优质内容的类型并不需要局限于剧集。从差异化付费角度，视频平台完全可以结合自身优势展开新的尝试与探索。比如，芒果 TV 就在其擅长的自制综艺领域试水了综艺节目的超前点播模式。2019 年 11 月，《明星大侦探》第五季在节目先导片"NZND 破冰演唱会"上线时，采用 168 小时内限时付费解锁形式，对会员定价 3 元，非会员则为 12 元。但由于内容并未很好地满足用户的期待，造成了综艺正片口碑下滑的局面。不过芒果 TV 并没有放弃从综艺切口进行超前点播的尝试。2020 年 8 月，《乘风破浪的姐姐》和《密室大逃脱》第二季两档芒果热门综艺展开合作互动，上线了特别企划番外综艺，超前点播周期为一周，这期间会员观看单期节目为 8 元（非会员为 12 元），两期打包价 12 元（非会员为 18 元）。综艺节目超前点播的切口已经出现，无论未来超前点播是否会成为综艺的常态模式，综艺势必也将成为会员体系差异化付费的一个重要涉及领域。

除此之外，各视频平台还在快速加码布局会员差异化服务体系。2020 年上半年，"爱优腾"相继对会员体系进行升级，推出了个性化的升级会员包——爱奇艺上线"星钻 VIP 会员"，腾讯视频上线"超级影视 VIP 会员"，优酷则推出了"电影通会员"，在价格和享有权益上都与基础版会员不同。升级版的会员不仅享有基础版会员的权益，还可以免费观看更多超前点播剧集、单片付费影片，在观看端上也进行了升级，支持多端口、多屏使用，同时还联合其他平台推出附赠权益来诱导用户进行会员升级。从超前点播开始，视频平台自救的大幕已然徐徐拉开，无论如何，差异化付费将成为大势所趋，而我们正站在视频内容生态变革的转折处。

结语

在视频平台连年亏损而会员增长逐渐触顶的背景下，超前点播作为视频平台增收的探索，人们应当对其给予更多包容。不过，超前点播模式若想获得长足发展，平台就需要提供"物有所值"甚至是"物超所值"的内容与服务，而非无限制地"割用户韭菜"。

用户与平台，从来不应是对立的关系。通过沟通，平台让用户享受到更好的内容，用户让平台获得更健康的收益，中国的视频内容生态才会有更好的发展。以超前点播为重要构成部分的差异化付费的商业模式探索，道阻且长。

B.14
2020—2021年中国直播经济发展与创新报告

周恩泽[①]

摘　要： 市场规模和用户基础集中增长、细分领域垂直深耕、电商直播等衍生形态异军突起、行业监管及时跟进……2020年的网络直播发展精彩纷呈，迅速跃升为仅次于短视频、综合视频的重要视听领域。体量迅速成长壮大的同时，网络直播不断赋能平台经营、产业发展与媒体转型，服务经济社会发展大局的步伐加快，未来亦将在技术、资本、需求等传媒要素的交织中融汇出更为广阔的价值图景。

关键词： 传媒新业态；直播经济；迭代创新

回顾2020年的文化传媒热点，无论是疫情期间火神山、雷神山医院建设的"云监工"，还是积极发挥作用助力复工复产、助农扶贫的"李佳琦们"，网络直播及其各类实践备受关注。国家广播电视总局《2020年全国广播电视行业统计公报》特别指出，全年包括短视频、电商直播在内的其他收入达到2113.13亿元，同比增长87.18%。[②]据天眼查数据显示，截至

---

① 周恩泽，中国传媒大学经济与管理学院硕士研究生，主要研究方向为传媒经济、传媒产业研究。

② 国家广播电视总局. 2020年全国广播电视行业统计公报［EB/OL］.（2021-04-19）. http://www.nrta.gov.cn/art/2021/4/19/art_113_55837.html.

2020 年 10 月 19 日，我国共新增近 2.6 万家与直播相关的企业，前三季度同比增长 565.32%。[①]

考虑到自 2016 年以来，各类"直播 +"的应用创新与价值创造活力持续迸发，细分市场之间的边界日益消弭，有必要预先对其类别做一界定。本文结合中国互联网络信息中心和易观智库的统计口径，围绕传统的娱乐直播（包括真人秀直播、演唱会直播、体育直播）、游戏直播与新兴的电商直播、教育直播、企业直播进行梳理总结。

一、2020 年中国直播经济发展的总体特征

（一）市场规模与用户基础稳中有增，呈持续蓬勃发展态势

我国直播经济体量分别在 2016 年、2019 年出现过两次大幅度增长，整体保持"稳中向好"的蓬勃态势。根据中国网络视听节目服务协会的测算，我国网络直播的市场规模已经突破 800 亿元，同比增长 63.4%，以 2015 年为基期的年均复合增长率达 183.4%（见图 1）。[②]

行业发展环境持续利好的背景下，2020 年的网络直播亦经历了极不平凡的一年。从用户的角度来看，网络直播使用率明显攀升，由 2016 年底的 47.1% 升高至 62.4%，总规模达到 6.17 亿（见图 2）；在经常使用的各类手机 APP 中，直播用户使用时长占比 7.3%，首次超过网络游戏应用（使用时长占比 6.6%）。结合易观千帆的用户监测数据（见图 3），不难发现：直播 APP 月活跃人数于 2020 年第一季度显著增长，4 月份达到峰值后有所回落，下半年月活跃人数稳定在 1.45 亿左右。这与 2020 年的特殊时期不无关联，疫情催生的"宅经济"力量加速线上文娱产业的发展，承载多元内容的网络直播自然成为用户连接外界的重要渠道。与同一时期的

---

① 36 氪 . 我国今年前三季度新增直播相关企业 2.5 万家，同比增长 565%［EB/OL］. (2020-10-19). https://36kr.com/newsflashes/931076600629640.

② 中国网络视听节目服务协会 . 2020 中国网络视听发展研究报告［R/OL］. (2020-10-12). http://www.cnsa.cn/home/industry/download/id/813.html.

动漫娱乐、移动阅读、数字音乐等其他文娱领域相比，直播用户的基础规模和活跃频率增幅最大。以"直播"为关键词的百度搜索媒体指数在 2020年第一季度达到 1511，远超 2019 全年均值的 268.5，社会热度同样居高不下。^① 虽然下半年回归常态的直播市场稍有降温，但总体在波动中趋于稳定。特别是对比综合视频（含短视频）千亿级的市场规模和趋于饱和的用户基数，网络直播距离触及行业"天花板"仍存有较大的上升空间。

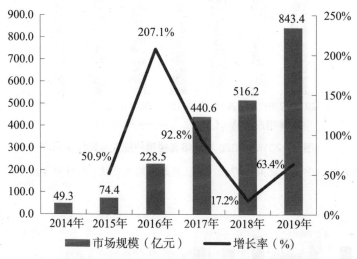

图 1　2014—2019 年网络直播市场规模及增长率

数据来源：根据中国网络视听节目服务协会发布的年度报告整理。

进一步来看，网络直播用户呈现男性、"90 后"及"00 后"、中高学历使用率高于 60% 的结构特征，地域分布侧重一、二线城市^②；使用时段的集中趋势较为明显，18—23 时的时长占比合计超过 40%。^③ 在使用动机方面，据艾媒咨询 2020 年 1 月和 7 月的两次调研数据显示，除消遣娱乐、学习知识之外，"了解产品信息，购买商品"的变化最为明显。该比

---

① 易观千帆 . 2020 年 1 季度中国娱乐直播行业观察［EB/OL］.（2020-06-18）. https://www.analysys.cn/article/detail/20019814.

② 中国网络视听节目服务协会 . 2020 中国网络视听发展研究报告［R/OL］.（2020-10-12）. http://www.cnsa.cn/home/industry/download/id/813.html.

③ 中国互联网络信息中心 . 第 46 次《中国互联网络发展状况统计报告》［EB/OL］.（2020-09-29）. http://www.cnnic.net.cn/hlwfzyj/hlwxzbg/hlwtjbg/202009/P020210205509651950014.pdf.

例在半年内由 10.1% 提高至 39.5%，跻身用户观看网络直播的重要目的之
一。①②

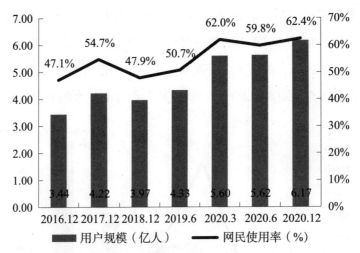

图2　2016—2020 年网络直播用户规模及网民使用率

数据来源：CNNIC 第 46、47 次《中国互联网络发展状况统计报告》。

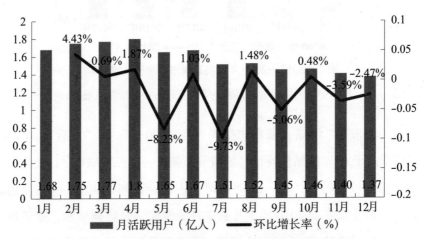

图3　2020 年网络直播行业月活用户规模及环比增长率

数据来源：根据易观千帆行业洞察报告整理。

① 艾媒大文娱产业研究中心 .2019—2020 年中国在线直播行业研究报告［EB/OL］.（2020-02-20）. https://www.iimedia.cn/c400/69017.html.
② 艾媒大文娱产业研究中心 .2020 上半年中国在线直播行业研究报告［EB/OL］.（2020-08-14）. https://www.iimedia.cn/c400/73538.html.

需求侧的几组数据表明，年轻化、娱乐化虽然仍是直播行业的主要特征，但随着用户规模进一步增长，市场向中高年龄段人群和三、四线城镇居民等多元主体渗透的趋势日益凸显，以电商直播为代表的新兴业态发展潜力巨大，"全民直播""万物皆可播"的时代或将真正到来。

（二）娱乐直播与游戏直播各具特点，聚焦商业模式竞争

具体到网络直播的细分领域，以真人秀场为主的娱乐直播、以电子游戏和电竞赛事为主的游戏直播发展多年，长期满足用户休闲与社交需求。经过 2016 年移动互联网风口下的"千播大战"，两大赛道的竞争格局趋于稳定。就移动端月活数据来看，娱乐直播市场"一超多强"，成立 12 年的头部平台 YY 遥遥领先，用户占有率高达 40%；花椒、映客、一直播紧随其后，平均月活在 1000 万左右；月活规模在百万以下的尾部平台多达 300 家（见图 4）。[①] 游戏直播市场双寡头特征明显，虎牙、斗鱼稳坐一、二把交椅，远超同类的企鹅电竞和触手直播。

第一梯队（平均月活
大于2000万）
虎牙、YY、斗鱼

第二梯队（平均月活
500万至2000万）
花椒、映客、一直播、
企鹅电竞

第三梯队（平均月活
低于500万）
腾讯NOW、KK、
酷狗、触手、小米

图 4 2020 年游戏直播、娱乐直播 APP 市场格局

数据来源：艾媒北极星《全网 APP 排行榜》。

在平台经营方面，实现业绩增长是 2020 年各头部直播平台的共同特征，虚拟礼物打赏收入仍然是游戏直播平台的重要盈利方式。根据公司 2020 年前三季度财报，虎牙和斗鱼平均付费用户分别增长至 610 万与 770

---

① Mob 研究院 . 2020 中国直播行业风云洞察报告［EB/OL］.（2020-05-21）. https://www.mob.com/mobdata/report/95.

万，净利润等指标与往年相比大幅提高，总营收均超 70 亿元，直播打赏收入占九成左右，广告等其他收入则分别占到 5.4% 和 7.5%。作为成立最早的直播平台之一，YY 见证了从 PC 端到移动终端的升级，历经直播场次超过 3.7 亿次，观看总人次 1540 亿，主播及合作伙伴分成近 300 亿元。[1] 相比之下，较为年轻的映客互娱围绕"互动社交"的战略布局，预期 2020 年实现营业收入 46 亿—50 亿元，同比增长 41%—53%，税后净利润同比增长率超过约 200%。

尽管如此，面对行业生态日臻完善的外部环境，聚集垂直内容的游戏直播、娱乐直播平台将持续面临许多新进入者如短视频平台的竞争。无论是处于头部还是腰尾部，如何探寻更加成熟稳健的商业模式成为平台必须解决的重要问题。

（三）新业态与新消费繁荣稳定，助推数字经济转型

在文化娱乐之外，网络直播以实时便捷、双向互动的新媒体属性不断向其他行业渗透，衍生出多种"直播+"新兴业态，尤其在 2020 年得以集中体现。在企业数字化转型方面，直播对于业务增长和业务创新的作用也日益凸显，提供相关软硬件支持以及多种增值服务的专业市场高速发展，同比增长率达到 158%，有望于 2022 年突破 100 亿元。[2] 比如，从 K12（学前教育至高中教育）到成人培训，在线教育的商业运作离不开直播技术的支持。大班直播课借以实现规模经济和口碑营销，而一对一直播课为满足个性化需求，寻求高单价、高利润的利基市场。医疗健康、金融理财、数字会展以及各类商务活动同样借力直播越过物理位移，实现知识生产与内容传播的"云"模式。

凭借信息传播优势、粉丝经济规律等诸多特点，直播与电商的结合不仅迅速成长为当前增速最快的个人互联网应用，更是在疫情的影响下不断

① 晓梅.YY直播发布十年业绩数据 主播和合作伙伴获分成近300亿［EB/OL］.（2021-01-19）. http://science.china.com.cn/2021/01/19/content_41433529.htm.
② 艾瑞咨询.中国企业直播服务行业发展研究报告［EB/OL］.（2021-03-08）. https://www.iresearch.com.cn/Detail/report?id=3742&isfree=0.

升温，赋能经济社会高质量发展。作为"互联网＋服务"的新形态，电商直播在补齐企业服务能力短板、助推传统产业数字化转型、扩大内需和经济增长等方面具有独特价值。据国家商务部的监测数据显示，2020 年的电商直播突破 2400 万场，上半年活跃的主播数量多达 40 万，观看人次累计超过 500 亿。[①] 截至 2020 年底，电商直播用户规模达到 3.88 亿，较 2020 年 3 月增长 1.23 亿 [②]，市场体量从 4338 亿元直接迈向万亿大关（见图 5）。迅速膨胀的数字是电商直播拉动经济增长的有力佐证，中央和地方也及时出台各项扶持政策，进一步促进市场发展。2020 年 9 月 21 日，国务院办公厅发布《关于以新业态新模式引领新型消费加快发展的意见》，鼓励实体商业通过直播电商、社交营销开启"云逛街"等新模式，推动线上线下融合消费双向提速。全国至少 22 个地方政府已经制订相应的行动计划，纷纷提出打造"直播电商之都""直播经济总部基地"的产业目标。在我国连续 8 年位居全球第一大网络零售市场的背景下，直播电商成交额与电商总成交额的比值（渗透率）尚未超过 10%，未来交易规模的增长潜力依然可观。

图 5　直播电商市场规模及渗透率

数据来源：毕马威、阿里研究院《迈向万亿市场的直播电商》。

①　中国商务部 . 2020 年中国商务发展情况［EB/OL］.（2021-01-30）. http://www.mofcom.gov.cn/article/i/jyjl/j/202101/20210103035550.shtml.
②　中国互联网络信息中心 . 第 47 次《中国互联网络发展状况统计报告》［EB/OL］.（2021-02-03）. http://www.cnnic.cn/hlwfzyj/hlwxzbg/hlwtjbg/202102/P020210203334633480104.pdf.

（四）行政执法与制度建设持续跟进，探索多元主体共治

持续火热的电商直播频频出现虚假宣传、假冒伪劣、数据造假等问题，约束和规范市场发展显然成为 2020 年相关监管部门的首要任务。根据国家市场监管总局 12315 平台的统计，2020 年前三季度接收与直播相关的投诉举报 2.19 万件，同比增长 479.6%，其中近六成的投诉举报是由"直播带货"引起的。对此，相关部门主动出击，通过约谈、处罚、剑网行动等执法措施，着力把网络直播专项整治和规范管理工作引向深入。针对青少年过度沉迷网络直播甚至出现不当消费、收看低俗内容的行为，教育部等六部门在 8 月联合开展的未成年人网络环境专项治理行动中，特别将以上现象列入整治工作。

法律条文、规范性文件以及行业协会和互联网商业平台发布的自律公约从不同层面完善了网络直播治理的制度性缺口（见表 1）。新修改的《中华人民共和国著作权法》为网络版权保护再筑防线，对直播行业也将产生一定影响：第十条将网络直播等非交互性的在线传播行为纳入"广播权"的保护范畴；同时新增的第四十五条，对网络直播中使用录音制品的情况做出版权规范。2020 年 11 月 23 日，国家广播电视总局发布《关于加强网络秀场直播和电商直播管理的通知》，完善平台、主播以及用户等多个主体的管理制度，包括登记备案、业务评分档案、资质审查和实名认证等具体措施。为保障消费者的合法权益，国家市场监督管理总局和国家互联网信息办公室先后发布专项指导意见和征求意见，针对行业乱象做出明文规定。2021 年 2 月 9 日，全国"扫黄打非"工作小组办公室等七部门联合发布《关于加强网络直播规范管理工作的指导意见》，较为全面系统地对推动行业健康有序发展做了进一步要求，包括明确总体要求、督促落实主体责任、确保导向正确和内容安全、建立健全制度规范、增强综合治理能力五个方面。

中国广告协会、中国商业联合会经过充分的市场调研，分别于 2020

年 6 月和 9 月发布《网络直播营销行为规范》《直播营销服务规范》。二者
虽然缺少一定的强制性，但依然能够从行业组织的角度，行使提示劝诫、
公开批评、督促整改、提请监管机关依法查处等重要职责，为营造良好的
电商直播生态做出贡献。

无论是假货、假宣传还是假流量，都与直播电商平台的管控缺位紧密
相关。一些地方性行政单位积极督促平台自律自治，约束其"野蛮生长"。
比如，在北京市、区两级市场监督管理局的指导下，抖音、快手和京东于
2020 年 9 月共同发布《网络直播和短视频营销平台自律公约》，将 80 多
万户经营者纳入管理范畴，自觉落实各项规定并接受社会监督，共同维护
市场秩序。另外，《人民日报》等主流媒体也充分发挥"社会雷达"功能，
连续发文呼吁"流量平台当建价值高地"。

表 1　2020 年网络直播行业相关监管文件

类型	发布时间	发布主体	具体文件
法律法规	2020 年 11 月 11 日	全国人民代表大会常务委员会	新修改的《中华人民共和国著作权法》
行业规范性文件	2020 年 11 月 23 日	国家广播电视总局	《关于加强网络秀场直播和电商直播管理的通知》
	2020 年 11 月 6 日	国家市场监督管理总局	《关于加强网络直播营销活动监管的指导意见》
	2020 年 11 月 13 日	国家互联网信息办公室	《互联网直播营销信息内容服务管理规定（征求意见稿）》
	2021 年 2 月 9 日	国家互联网信息办公室、工业和信息化部、公安部等七部门	《关于加强网络直播规范管理工作的指导意见》
行业自律性文件	2020 年 6 月 24 日	中国广告协会	《网络直播营销行为规范》
	2020 年 9 月 22 日	中国商业联合会	《直播营销服务规范》
	2020 年 9 月 28 日	抖音、快手、京东	《网络直播和短视频营销平台自律公约》

资料来源：根据网络公开信息整理。

总之，数字环境下的传媒生态复杂多变，行业乱象滋生的新挑战呼唤多元主体协同治理的新模式。对于电商直播来说，外部监管监督与平台自律自治缺一不可。前者依靠法律效力和社会监督机制发挥作用，后者需要完善主播、商户、前中后台以及文化价值内核的管理闭环，避免由此造成的信用透支和用户流失等负面效应，谋求可持续发展之路。

二、2020 年中国直播经济的迭代与赋能

（一）平台经营：推陈出新升级内容生产与商业变现

最早兴起的娱乐直播、游戏直播正过渡到存量竞争的成熟阶段，市场结构日益稳定而增长红利渐少，新用户获取成本和潜在进入者的壁垒升高，行业同质化竞争加剧。[①] 此时，面向内容和市场的精细化运营成为平台经营管理的重点。

过去，这两类直播平台主要通过 UGC 模式输出内容，凭借低门槛和高参与度吸引用户自发成为主播或粉丝，自身仅作为提供服务的技术中介。但不可否认，这一路径在带来海量内容的同时往往伴随着质量的参差不齐，甚至招致监管层面的审查风险。2020 年，困局之下的平台方积极整合各类资源，入局专业生产内容（PGC）、扩充内容品类、扶持优质主播，以应对全新的发展趋势。花椒直播聚焦线上演艺，推出舞蹈、音乐等多种赛事活动，增加跨年星光夜、年度巅峰对决等活动，投入专业资源挖掘和培养新兴主播；映客全年上线《元气满满的爱豆》《声音之战》《偶像的诞生》等多档选秀综艺，并与香港亚洲电视年度选美比赛达成独家战略合作；被微博收购的一直播借力明星流量，搭建粉丝互动渠道，为《音乐时光机》《王牌驾到》《炙热的新星》等自制内容引流；虎牙立足电竞游戏领域，延续已有 IP 制作《GodLie》《虎牙功夫嘉年华》等季播节目，凸显品牌价值，培养用户忠实度。

---

① 陶喜红.不同生命周期状态下传媒市场结构的特征［J］.现代传播（中国传媒大学学报），2014，36（1）：110-114.

面对营收结构的单一化，探索多元业务、丰富盈利模式也是直播平台在内容布局之外的关键思路。头部企业通过收购兼并向日本、东南亚、欧洲、南美等国家和地区扩张海外版图；YY 直播深耕公会经纪业务，上线积分体系和资源兑换体系扶持公会成长，致力于打造集平台、公会、主播于一体的成熟生态；虎牙推出教学直播间和"虎牙一起学"APP，跨界布局在线教育赛道；映客围绕"互动社交"开发产品矩阵，旗下积目、对缘等多个垂直社交应用增长势头强劲；虎牙、斗鱼和企鹅电竞竞相购入大型电竞赛事直播版权，推出付费观看模式，优化打赏收入占比过高的盈利结构。

从渠道到内容，平台以差异化和多元化的策略实现精细化运营，贡献用户增长率和留存率。但无论何种方式，对于游戏直播和娱乐直播来说，将注意力资源转化为经济收益的传媒经济规律没有改变，输出优质内容仍然是挖掘用户价值、丰富平台生态、创新商业变现的基础所在。

（二）产业格局：立异标新丰富电商直播生态链

交易规模高速增长的电商直播市场吸引越来越多的参与主体，各类互联网平台竞相加入的"蓝海"赛道已然形成。当前，布局电商直播的商业平台主要分为传统电商或导购社区、内容社区、社交媒体等新兴直播电商平台这三类（见图 6）。淘宝、京东等传统电商平台和导购型社区蘑菇街率先推出直播功能，升级以图文货架为主的商品呈现方式。拼多多也于 2020 年伊始开放直播工具，提升合作方用户黏性和流量转化效率。寻求流量变现的短视频平台纷纷通过自建小店和链接跳转的思路试水电商领域，直播在其中起到关键的引流作用。字节跳动宣布成立以"电商"明确命名的一级业务部门；快手电商推出商家双百扶持计划与服务商合伙人计划，为生态伙伴创造百亿级收入。截至 2020 年 12 月，快手和抖音的直播用户占比分别为 83.8%、84.5%，和年初相比有大幅提升，直播购物备受青睐。[①]类似地，社交媒体如新浪微博与淘宝打通电商直播，上线相关服务平台，升

---

① QuestMobile 研究院. QuestMobile2020 中国移动互联网年度大报告·下［EB/OL］.（2021-02-02）. https://www.questmobile.com.cn/research/report-new/143.

级一系列内容展示和分发策略。腾讯看点直播推出"引力播"计划，旨在助力微信 10 万户商家获取用户和盈利，同时扶持超过千户商家利用电商直播突破 1000 万元的年成交额。2020 年 8 月，微信小商店全面开放注册，帮助企业和个体实现"云摆摊"和直播卖货。

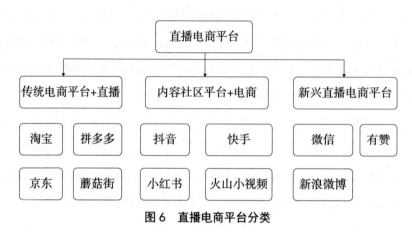

图 6　直播电商平台分类

数据来源：艾媒网《2020 年中国直播电商行业热点、投融资及痛点分析》。

从市场占有率来看，传统电商淘宝排名首位，商品品类丰富，供应链成熟，交易数额巨大，直播带货的转化率最高；快手、抖音两大短视频平台紧随其后，活跃着大量个人主播为品牌方带货，前者以私域流量居多，后者则突出更高的用户消费水平（见表 2）。

平台竞争下，带货主播、商品品类以及直播场景的多元扩张成为重要趋势。出于社会公益或商业利益的考虑，领导干部、企业高管、演艺明星等利用自身公信力和影响力跨界参与电商直播，其中不乏超越专业主播的情况出现。从快速消费品零售到大额耐用品支出，电商直播正向更为广阔的商品市场渗透。比如，疫情期间销量受挫的宝马、奥迪、路虎等一众车企积极与直播平台合作推出"云看车""云卖车"服务，湖南省株洲市王府井百货等商场入驻抖音直播后的单场销量接连突破百万，淘宝头部主播薇娅在某次直播中更是售出高达 4500 万元的火箭发射服务。另外，电商平台和主播越来越倾向于搭建自己的供应链，选择与生产商直接对接，打通从制造、销售到物流的各个环节。由此带来的直播场景日益丰富，覆盖工厂车间、储存仓库、商场专柜等地，向消费者展示商品生产、包装、出库的全过程，杭州四季青服装批发市场和云南瑞丽玉石批发市场皆是如此。

表2　2020年头部直播电商平台带货数据

A 栏：平台 TOP100 主播年均数据				
平台	年均直播场次（次）	年均带货销量（万件）	年均带货销售额（亿元）	平均客单价（元）	个人主播与品牌主播比例
淘宝	447	1909.5	28.5	149	54：46
快手	607	3370.6	13.4	39.9	100：0
抖音	232	383.7	2.1	81.4	97：3
B 栏：平台 TOP3 主播带货数据				
平台	主播名称	粉丝数量（万）	直播场次（次）	销量（亿件）	销售额（亿元）	直播指数
淘宝	薇娅 viya	3984	298	2.7	387	100.0
	李佳琦 Austin	3857	261	1.9	252	86.9
	天猫超市	11500	638	1.3	124	72.5
快手	赵四（尼古拉斯）	1547	264	0.15	155.5	100.0
	辛有志　辛巴 818	6992	30	0.86	86.7	88.2
	快手小店 - 百亿补贴	11500	26	0.04	39.2	74.4
抖音	罗永浩	1603	90	0.13	20.4	100.0
	陈三废 gg	2558	327	0.11	8.5	81.1
	苏宁易购超级买手	320	71	0.03	10.6	81.0

资料来源：浙江省电商促进会数字贸易研究院《2020年直播电商主播指数榜单（TOP100）》。

电商直播连接着制造商、品牌商、经销商、主播或关键意见领袖、用户以及最终的消费者，通过重构人、货、场三大要素的关系，缩短营销链路，实现降本增效。这一新兴商业形态逐渐成为平台标配，与短视频、社交媒体的内容端耦合并不断深入，政府监管部门、物流和移动支付等第三方服务商同时到位，日趋完善的产业生态将持续迸发新的活力。

（三）媒体融合：守正创新嵌入现代化治理图景

区别于以往的电视直播，发端于互联网的视频直播因低门槛、易操作的表达方式得到普遍运用。[1] 特别是 2020 年，主流媒体积极发起各类网络直播活动，在内容生产、公共服务、经营管理方面亮点频出，成为推动深度融合转型和社会现代化治理的创新案例。

疫情防控使得融媒体的数字新闻实践集中增长，内容和形式丰富多样。移动化、可视化、智能化的网络直播在其中起到了重要的新闻宣传和舆论引导作用。新冠肺炎疫情暴发伊始，《人民日报》、新华社、中央广播电视总台迅速响应，在移动客户端及其各类新媒体账号开启直播入口，实时进行权威信息传递和知识科普。2020 年 1 月底至 3 月初，人民视频策划的 56 期特别节目联动 251 家直播平台，实现累计近 7 亿次、单期最高 2000 多万次的播放量数据[2]；央视频对武汉火神山和雷神山医院建设情况进行全天候、多机位的"慢直播"，上线不到 6 天累计观看人次超过 1 亿。面对突发事件，过去稍显滞后的新闻工作经由网络直播实现轻量级报道，互动陪伴式的传播优势更有利于疏导公众情绪、把握舆论风向，融媒体优势进一步凸显。

文化娱乐节目也借助网络直播探索"大小屏互动"的新模式，既形成对正片内容的互补和营销，又输出粉丝圈层的运营渠道。上海东方卫视综艺《神奇公司在哪里》在录制、播出以及播后同步发起手机端直播，或记

① 张力，廖芮."直播+"新场景：现实重塑与社会治理的价值共创［J］.中国报业，2020（23）：48-49.
② 申宁，曹为鹏.《人民战"疫"》：5G 时代直播新闻的新探索［J］.新闻与写作，2020（5）：92-94.

录现场花絮，或邀请明星嘉宾与观众互动。[①] 2020 年底，多档电视晚会采用相同的思路，拓宽融合传播维度，湖南卫视天猫双十一开幕盛典甚至将电商直播间搬上演出舞台，打造突破物理屏障的深度互动方式。

主流媒体也全面入局直播电商，从组织公益带货到组建 MCN、产业园区，在公共服务领域取得显著成效的同时，抓住机遇以应对经营困局。2020 年上半年，各级媒体联同网络媒体、电商平台及其知名主播，发起多场直播带货，助力复工复产、脱贫攻坚、乡村振兴事业（见表 3）。广电系统充分发挥视听传播优势，积极与地方政府合作，纵深推进相关产业园区、产业基地建设，服务于经济发展大局与自身经营管理转型，包括浙江广播电视集团与杭州萧山区政府合作打造的直播电商园、央视控股的上市公司中视传媒与佛山电视台等多方联合打造的中视大湾区产业直播基地等。

表 3　2020 年主流媒体直播带货的部分案例

直播时间	主要媒体	直播活动	带货成效
2020 年 1 月	河南日报报业集团《大河报》	联合淘宝发起"我为河南两会来带货"系列报道，邀请河南省人大代表、返乡创业代表和当地网红共同直播，向网友推荐家乡特色农产品	1 月 12 日当晚，全网观看量超过 192 万次，达成 17.16 万元交易额
2020 年 4 月至 5 月	中央媒体、各地方媒体	抖音"援鄂复苏"计划联动 175 家主流媒体合力直播，为 200 多家湖北商家带货	参与媒体既包括新华社、央视网等中央媒体，也包括《北京日报》、《齐鲁晚报》、江苏新闻广播等地方媒体
2020 年 4 月至 5 月	央视新闻	联合淘宝、快手、国美电器发起 3 场直播带货活动，以"传统主持人 + 网红主播或明星"的跨界组合为特点，如"小朱配琦""央视 boys"等	促成超过 6 亿元的销售额，累计观看量破亿

---

① 北京青年报.这边录制那边直播 综艺节目玩转"大小屏互动"［EB/OL］.（2020-11-10）.http://ent.cnr.cn/zx/20201110/t20201110_525324684.shtml.

（续表）

直播时间	主要媒体	直播活动	带货成效
2020 年 4 月	人民日报新媒体	联合知名主播薇娅、淘宝以及明星艺人发起"为鄂下单"系列公益直播带货	首场直播创下秒售 51 万单、单品价值近 1000 万元的佳绩；4 月 30 日最后一场销量近 250 万单，成交金额超过 2 亿元；系列直播活动累计观看人次过亿，相关话题全网阅读量 10 亿次以上，互动量超过 50 万次
2020 年 6 月	北京卫视	联合京东在颐和园发起"'颐'起热爱，就现在"综艺直播带货	京东直播平台的观看人数突破 941 万，带货额达到 2.86 亿元

三、2021 年中国直播经济发展趋势探析

（一）战略资本活跃布局，强化直播平台机遇与风险

继 2016 年经历"千播大战"的互联网风口之后，直播行业再度处于互联网巨头横向整合与资本入局的活跃期，蓬勃发展的同时，平台监管也随之而来，如不审慎经营，将面临一定的市场风险。淘宝直播平台活跃着大量中小型企业与上亿级消费者，2020 年为阿里巴巴带来超过 4000 亿元的商品交易总额（GMV），未来，阿里将投入更多资源深化布局和完善电商直播生态。[①] 无独有偶，字节跳动在 2020 年涉及文娱赛道的投资事件最多，其营收结构中直播业务的占比不断增加。相比之下，百度对直播及电商的布局较晚，但也逐渐在旗下产品中增加直播入口，并拟于 2021 年上半年完成对 YY 直播的全资收购（以 36 亿美元的价格），服务自身生态发展战略。

---

① 杨洁.淘宝直播年度报告:2020 年直播超 10 万场 主播数量增长 661%［EB/OL］.（2021-
04-29）. http://www.cs.com.cn/cj2020/202104/t20210429_6162995.html.

2021 年 2 月，由国务院反垄断委员会颁布的《关于平台经济领域的反垄断指南》适时补位，与《中华人民共和国反垄断法》《禁止滥用市场支配地位行为暂行规定》等文件共同构成互联网平台反垄断行为的约束体系。在此之前，两大游戏直播平台曾共同发布战略合并公告：虎牙拟通过以股换股的方式合并收购斗鱼所有已发行股份。若方案顺利实施，后者将从纳斯达克退市，归属虎牙全资子公司，共同占据 70% 以上的市场份额，而腾讯作为控股股东稳居主导地位。虽然此举已经由平台方事先向国家市场监管总局进行经营者集中申报，但仍需接受后续的反垄断审查。2021 年 7 月 10 日，国家市场监督管理总局对二者合并事宜予以驳回。比较而言，另一家游戏直播平台触手因资金链断裂、运营不当等诸多问题，于 2020 年 7 月关闭服务器，遭到众多主播声讨其拖欠薪酬。

平台经济的价值创造作用日益凸显，行业资本向头部聚拢的规模化效应加速到来。对于各大互联网公司来说，直播已经成为其中拉动营收增长的战略重点之一，然而加快整合自身的同时更不容忽视外部环境的变化。尤其是在监管力度不断强化的趋势下，经营版图扩张需要保留一定的调整空间，适时应对以期健康发展。

（二）技术新基建如火如荼，驱动直播产业链再升级

技术驱动下的媒介环境日新月异，视频正在成为未来传播的重要形态和社会表达的主流语言。[①] 2020 年，围绕 5G、人工智能、区块链等技术的新基建政策密集出台，产业数字化与数字产业化进程不断加快，未来将以一种基础性力量创新直播及直播经济发展。

同 4G 相比，5G 在用户体验速率、连接设备数量、时延方面具有明显优势，其应用场景之一的增强型移动带宽（eMBB）能够在直播流畅度、清晰度和稳定性方面实现质的飞跃。在此基础上，与 4K、8K 结合的高清和超高清视频直播升级视听体验，满足更多特定业务的场景应用。以往互

---

① 喻国明.理解未来传播：生存法则与发展逻辑［J］.新闻与写作，2020（12）：61-64.

动性、社交性和体验形式有限的信息消费借助 5G 与 AR、VR 的融合升级为沉浸型数字内容与服务，打造新的商业增长点。

人工智能、算法和大数据逐渐深入数字内容产业，实现高效生产、精准分发、自动审核的多环节应用。对于直播来说，基于深度合成（Deep Synthesis）的虚拟偶像、虚拟主播、虚拟助理发展潜力巨大。[1] 国内主流媒体如新华社积极探索核心技术，与搜狗合作推出的"新小萌""新小微"等虚拟形象受到广泛关注。在直播内容运营和用户管理方面，千人千面的精准推荐算法和大数据建模有利于平台的精细化操作，提升分发效率和匹配度以进行高质量转化。另外，区块链在互联网内容服务方面起到的存证作用能够降低版权维权成本，更对解决直播安全隐患和信任危机问题大有裨益。

我国从 2019 年 11 月开始提供 5G 服务，目前用户覆盖率在 10% 左右，消费级应用仍处于导入初期，创新型应用尚在培育。[2] 5G 加速布局下的场景拓展与智能交互日益成熟，从"在线"到"在场"的沉浸式体验方兴未艾，直播形态势必进一步深化。更多信息技术产业的集群发展也同时助推内容生产、经营管理、数字消费等全链条升级，为直播经济注入创新源泉。

（三）就业规模与人才需求不断扩大，加速直播专业能力培养

火热的直播经济与迅速壮大的从业人员规模相辅相成，扩大就业需求的同时更催生许多新兴职业。2020 年 6 月底，人力资源和社会保障部、国家市场监管总局与国家统计局联合发布包括互联网营销师在内的 9 个新职业，并且增设"直播销售员"工种[3]，对职业定义和工作任务做出详细说

① 腾讯研究院.腾讯发布 2020 人工智能白皮书：泛在智能 | 附完整下载［EB/OL］.（2020-07-10）. https://mp.weixin.qq.com/s/JKFWwhw2zqemzyBqtd_XWg.
② 中国信息通信研究院.中国 5G 发展和经济社会影响白皮书（2020 年）［EB/OL］.（2020-12-15）. http://www.caict.ac.cn/kxyj/qwfb/bps/202012/t20201215_366185.htm.
③ 人力资源和社会保障部.人力资源社会保障部办公厅 市场监管总局办公厅 统计局办公室 关于发布区块链工程技术人员等职业信息的通知［EB/OL］.（2020-06-28）. http://www.mohrss.gov.cn/gkml/zcfg/gfxwj/202007/t20200706_378490.html.

明。相关报告的测算数据指出，淘宝直播一年带动就业超过 173 万，网络主播之外的助播、选品、脚本策划、运营、场控等衍生岗位同样抢手[①]；娱乐直播平台 YY 成立以来累计签约星级主播超过 150 万人，合作公会超过 15000 个，彼此之间的分成将近 300 亿元[②]；2020 年春节之后，直播行业的招聘需求同比增长 132%，平均月薪达到 9845 元，其中娱乐休闲领域机遇增多，教育培训领域竞争热度最高。[③]

网络主播被视为电商直播行业既稀缺又核心的资源，成为各地打造"直播电商之都""直播经济总部基地"构想中人才引进政策和教育培养的重要着力点。比如，头部带货主播李佳琦作为 2020 年第一批特殊人才落户上海市崇明区，一时间成为公众舆论的焦点；广州市花都区对优秀网红主播给予购房奖励、入户指标以及子女入学等优待；东南沿海一带是直播就业市场最为活跃的地方，相继出现电商直播研究院和专业人才培养基地；西南地区如云南腾冲的一所职业高中与淘宝合作开设专业课程，首届学生毕业前全部被企业"预定"。另外，互联网平台也通过商业策略扶持大量主播，回应市场需求。淘宝直播于 2020 年 2 月发布《淘宝主播入驻简化及激励公告》，开放商家及个人入驻权限，给予新主播官方流量支持；抖音多次推出扶持计划，培养创作型直播人才，服务优质内容生态。

无论是娱乐直播、游戏直播还是电商直播，对专业人才的需求与竞争在地方政策和商业平台的发酵下愈演愈烈，劳动力市场分工越来越走向规范化、专业化、精细化。尤其是伴随着网红经济发展起来的主播已经走入主流视野，相应的职业标准和人才培养也亟待后续发展完善。

---

① 中国新闻网.直播带货更"带"就业！淘宝直播带动 173 万新型就业［EB/OL］.（2020-07-17）.http://www.chinanews.com/business/2020/07-17/9241045.shtml.

② 晓梅.YY 直播发布十年业绩数据 主播和合作伙伴获分成近 300 亿［EB/OL］.（2021-01-19）.http://science.china.com.cn/2021/01/19/content_41433529.htm.

③ 智联招聘.淘榜单.2020 年春季直播产业人才报告［EB/OL］.（2020-03-28）.http://www.199it.com/archives/1025930.html.

V 传媒新业态篇

B.15
人工智能技术对新闻传播生产力与生产关系的变革 [①]

卜彦芳　董紫薇　唐嘉楠 [②]

摘　要： 当前，以人工智能、大数据、5G、云计算等为代表的技术集群正在引领中国媒体生态进入快速变革期。2017年，国务院发布的《新一代人工智能发展规划》将人工智能提升到国家战略高度，成为新时代打造科技强国的技术基石。2019年，5G进入商用阶段。2020年，中共中央办公厅、国务院办公厅印发《关于加快推进媒体深度融合发展的指导意见》。智能应用创新不断提速、拓展，中国传媒产业已经抵近"智媒时代"的临界点，媒体融合全面向纵深推进。变化蕴含着消解，也推动着重构。中国媒体在强大的国家战略背景下，经历了多年数字化转型和网络化建设，新闻传播的生产组织模式、生产关系形式以及传播监管方式已经发生了深刻的变化。人工智能逐步渗透到新闻采编与传播的各个环节，势不可当地推动着新闻传播生产力与生产关系吐故纳新，推动着舆

[①] 本文系与北京市新闻工作者协会合作课题"人工智能技术对新闻传播的影响研究"部分研究成果。

[②] 卜彦芳，中国传媒大学经济与管理学院教授，主要研究方向为传媒经济、媒介经营与管理、媒体融合、影视产业发展等；董紫薇，西南政法大学讲师，中国传媒大学博士，研究方向为传媒经济；唐嘉楠，中国传媒大学博士研究生，研究方向为传媒经济。

论生态、媒体格局、传播方式浴火涅槃。

关键词：人工智能技术；新闻传播；生产力；生产关系

当前，以人工智能、大数据、5G、云计算等为代表的技术集群正在引领中国媒体生态进入快速变革期。新闻传播的智能化转型正在加速，通过智能创作机器人、写稿机器人、智能主播、智能分发与智能互动带给新闻传播全流程的智能化色彩，我们能够深刻感受到新闻传播内容的生产组织方式、生产关系以及传播方式已经处在急剧变化之中。这种变化来得很快，甚至有点猝不及防，以至于有媒体人惊呼："我们要被 AI 替代了吗？"这样的担忧与发问，确实值得我们深思一些问题：新闻传播的劳动者结构如何变迁？是人工智能持续驱逐人类还是保持人机协同状态？智能化的生产工具能够带来怎样的效率提升？人工智能的大数据处理能力让人类望"数"兴叹的同时已经激发了数据新闻的蓬勃发展，新闻内容形态变革的目标在哪里？新闻生产组织方式将走向何方？这些问题似乎清晰，却又有些模糊，需要我们冷静下来做一个阶段性的梳理与思考。

当前也正值国家媒体融合战略全面向纵深推进的阶段，传统主流媒体在经历了多年数字化转型和网络化建设之后，再一次面临以人工智能、大数据、云计算为代表的新一轮技术的挑战。能否顺利实现智能化转型？能否在新的时期以主流媒体强大的舆论引导能力破解人工智能技术带来的信息茧房、算法黑箱、价值错位、导向错乱、社群撕裂等问题？面对当前复杂的舆论生态与传播格局，这些问题似乎有解，但又十分棘手，需要主流媒体协同各方谋大略、出方略。

在《新一代人工智能发展规划》和《关于加快推进媒体深度融合发展的指导意见》等国家战略指导下，新闻传播生产力与生产关系必将发生深刻变革，上述问题需要相应的求解与问证。在此背景下，本文意欲立足生产力与生产关系理论，进行一些思考与总结。

一、人工智能技术对新闻传播生产力的变革

从生产力的含义及其三大要素来解读，人工智能技术对新闻传播的影响主要体现在三个方面：新闻生产的劳动力已经不仅是人力，随着新闻采集、新闻制作、新闻播出、新闻互动的智能化，AI 似乎已经与人在同一条流水线上平分秋色；移动互联网、5G 通信、大数据、区块链为人工智能技术的应用插上翅膀，已成为智能化新闻生产与传播不可或缺的基本装备；人工智能追踪传播效果和互动反馈的创新机制将激发不同场景下的互动生产，新闻生产的对象不再仅仅局限于事实、信息，新闻生产者与消费者的互动，也将成为新闻生产的对象。

（一）新闻传播的智能化生产能力不断提速

1. 人工智能飞快地提升新闻生产效率

随着人工智能技术的快速升级迭代，嵌入智能技术的终端设备呈现爆炸式增长。自 2013 年以来，全球智能手机市场每年出货量均在 10 亿部以上，2020 年约 12.9 亿部，包括智能手表、智能手环、智能眼镜、智能耳机等在内的智能穿戴设备整体出货量在 2019 年达 3.365 亿部。[①] 在智能终端迅速占领全球市场的同时，人工智能技术也正在作为一种全新的生产要素投入各行各业的生产，进而推动生产效率的提升。在新闻传播领域，以云采平台、虚拟主播、写稿机器人、智能录音笔、AR/VR 智能眼镜等为代表的一系列智能工具正在新闻生产中大显身手，凸显内容的"智造"色彩与效率。

比如，《洛杉矶时报》使用 Quakebot 智能机器人实时监控地震警报并能在地震发生后 3 分钟内生成新闻稿；《纽约时报》自主研发的 Blossomblot 智能机器人能够通过实时分析社交平台大数据来预测舆情热

---

① 根据国际数据公司（IDC）发布的数据整理。

点并为新闻编辑提供选题指导，经过该机器人挑选的文章平均阅读量是普通文章的 38 倍；腾讯的 Dreamwriter 机器人完成一篇新闻报道仅需 0.5 秒；新浪新闻后台的人工智能平台通过深度学习进行热点预测并自动汇集相关信息，将热点专题的制作时间压缩到 5 分钟之内。人工智能应用正在以前所未有的速度提升着新闻传播的生产效率。

2. 智能化新闻生产流程正在形成

当前，人工智能技术已经覆盖了信息采集、新闻生产、编辑审核、内容分发、用户连接、舆情分析、互动反馈的全流程，新闻生产与传播流程的智能化色彩越来越明显。

在信息采集与分析环节，人工智能可以帮助记者发现海量信息中的新闻热点，使新闻素材来源更加多元化。人工智能传感器能够实时收集数据并进行相关分析，为新闻内容生产提供决策参考。2019 年 8 月，新华智云发布自主研发的 25 款媒体机器人，主要运用于采集和处理新闻资源两个方面，其中突发事件识别机器人已经能够辅助记者自动识别突发事件新闻，提高突发事件报道时效。①

在新闻内容生产环节，人工智能应用于写稿机器人、虚拟主持人等领域，以智能化生产模式重塑传统生产流程，提高内容生产的效率和效能。目前，国内外多家媒体已经开始启用智能机器人来进行新闻生产，比如，美联社使用机器人编辑 Wordsmith 来发布企业财报；《华盛顿邮报》使用 Truth Teller 机器人来审查新闻是否真实；今日头条启用写稿机器人"张小明"生成简讯报道；新华智云的数据新闻机器人"生产"财经和体育报道等。人工智能技术在处理大量数据生成数据新闻的过程中改变着当前编辑部的生产样态。

在新闻分发环节，编审权已经在很大程度上让渡给了算法，这也是普通受众感知人工智能最明显的领域。算法基于对用户阅读数据的不断

---

① 网络传播杂志．25 款媒体机器人重磅推出！到底有多强大？［EB/OL］．（2019-08-27）．https://www.sohu.com/a/336716444_181884.

挖掘、反馈和积累，进行个性化分发、智能化推荐。以今日头条为明显开端，目前，算法推荐已经渗透到了很多新闻类 APP 当中。关于信息茧房、用户隐私、算法黑箱等领域的激烈讨论也反衬出算法不可忽视的深刻影响。

在互动反馈环节，人工智能也有诸多应用，比如微信、微博开通的"谣言过滤器""辟谣小助手"服务，在新冠肺炎疫情期间也有许多新闻平台提供了辟谣服务。《纽约时报》曾运用机器学习技术开发一个帮助过滤评论的新型工具，这一过滤工具可以验证出那些可能改变公民价值观的"有害"评论，帮助新闻媒体与用户进行更深层次的互动。①

从上面列举的实践应用可以看到，人工智能正在新闻生产与传播链条的各个环节得到应用并施加影响。2021 年"两会"报道期间，人民日报的"智能创作机器人"更是为策划、采访、编辑、发布的全流程提供了智能支持，与记者"人机协同"完成精彩报道。国内也有媒体搭建起了覆盖整个新闻生产流程的智能化编辑部。新华社智能化编辑部于 2019 年 12 月建成并正式投入使用，该编辑部综合利用"媒体大脑"人工智能平台、智能AR 眼镜、智能录音笔、AI 合成主播等智能应用工具辅助生产数据新闻、视觉新闻、互动新闻、AR/VR/MR 新闻等 30 多个品类的全媒体产品，建立了比较完善的智能化新闻采编生产流程。中央广播电视总台成立的人工智能编辑部于 2019 年 12 月发布了包括"智晓"智能传播效果评估系统、"I 学习"时政创新平台、"融媒智控云矩阵"AI 内容风控平台在内的一系列智能创新产品，构建起集智能策划、智能采集、智能生产、智能运营、智能审核于一体的"五智"全链条内容生产传播流程。

总之，媒体采用智能技术来提升效率，将人力资源集中于更富有创造性的领域，在资源优化布局和均衡配置等方面发掘智能化生产模式的核心优势。因此，智能化新闻生产流程并不意味着人工智能将全面驱逐人力，

① HANSEN M, ROCA-SALES M, KEEGAN J, et al. Artificial Intelligence: Practice and Implications for Journalism [M]. Columbia Journalism School, 2017.

应该说，新闻生产的智能化转型将是一个漫长的人机共存和博弈的过程，人机协同将成为今后一个时期新闻生产力的基本样貌和重要特征。

（二）新闻传播的大数据处理能力空前凸显

1.大数据处理能力引领新闻传播智能化转型

庞大的数据基础是人工智能发挥优势的前提。在互联网时代，数据量非常庞大，人工智能可以成为新闻生产中挖掘数据的突破性工具。它可以在极短的时间内从数据库中抓取数据，把涉及报道的历史数据生成丰富的内容，并与所做的新闻报道相匹配，在提升内容信息量的同时也为记者编辑节省大量时间。2020年2月2日至2月20日，来自31个省、市、自治区的992家媒体在新华智云MAGIC平台上以2万条疫情数据、400万条相关媒资为基本素材，以31款实时在线媒体机器人为辅助生产工具，在线协同生产出约20万条短视频内容。基于此类的大数据处理能力，新闻生产方式的创新与未来潜力都令人惊叹。

在大数据采集与分析环节，新闻内容生产者可以利用机器算法对目标用户群体的搜索轨迹、历史记录、使用频率等大数据进行监测与跟踪，从而在精准把握用户需求的前提下进行新闻内容产品的按需生产。比如，上海广播电视台自主研发的"大数据情感交互可视化测评系统"综合脑电波采集、电子拨盘、面部表情识别、电子问卷等，形成了一套智能化的视听产品测试流程体系，将用户研究贯穿于视听新闻内容生产、分发和营销的全环节、全流程中。

可以预见，率先掌握数据资源优势并能夯实自身大数据处理能力的媒体将在智能化变革的潮流中建立起核心优势。

2.大数据对新闻内容形态变革产生重大影响

从数据抓取、数据分析、数据判断到数据可视化等，数据新闻已经成为新闻报道的重要形态之一。基于海量数据挖掘与处理结果进行报道的数据新闻可以避免主观的、人为的信息错误，还能在数据可视化处理的基础上以交互式、动态化的数字产品样式提升新闻视听与互动效果。值得关注的是，随着物联网的发展，传感器云分布越来越广，利用传感器采集数据也逐渐为媒体所采用。

有不少媒体已经在数据新闻制作方面积累了丰富经验，比如，《纽约时报》曾推出主打数据新闻的栏目 The Upshot，其特色在于通过数据实现与用户的互动对话，如"失业率交互"数据新闻作品就允许个体读者通过选择年龄、性别、教育程度等信息来寻找自己所在阶层的失业率现状和趋势。国内也有很多新闻网站相继开设了数据新闻板块，如网易"数读"、搜狐"数字频道"、人民网"图解新闻"等。丁香园于 2020 年初开发的"中国新冠肺炎疫情地图实时动态查询"等疫情数据新闻产品以数据可视化的叙事方式，精准直观地呈现疫情病例动态数据；新华社推出的《六面一体，稳转有"方"！》数据新闻报道，用魔方的六个面集中展现中国经济的"稳"，整个产品融合音乐、图片等元素，配以可供用户交互的设计环节，极大丰富了用户的视听体验。

总之，随着数据量越来越多，愈加考验一个媒体的大数据处理能力，同时，数据垄断、用户隐私泄露、价值判断缺失也是伴随而至的突出问题。

（三）新闻传播的场景化互动生产渐成趋势

在移动互联网时代，非线性传播的特征允许用户全天候获取信息，而移动智能设备又满足了用户"信息随人走，终端随人转"的需求，因此，多场景成为移动传播的一大特征。在 5G 智媒时代，场景价值将进一步凸显，物联网与智能设备能够满足用户在更多元的场景中的消费信息，而 VR/AR/MR 技术又能构建为用户提供融"视、听、嗅、味、触"等各种感觉于一体的感知互动体验。技术所营造的真实感将虚拟世界与现实世界连接起来，构筑一个线上与线下高度交互的全新媒介空间。中华人民共和国成立 70 周年阅兵活动的"5G+VR"全景直播让观众感受到如临现场的震撼；火神山和雷神山两家医院建设现场的"慢直播"以不加修饰的全场景、原生态画面把事物发展全程呈现在受众眼前，意外成就了突发性公共卫生事件的场景传播。

基于 5G 网络的强大支撑，智能技术应用创新速度将不断加快，智能终端覆盖水平持续提升，智能内容、渠道、终端的互融共生将实现丰富的应用场景和良好的人机交互体验。国家广播电视总局于 2019 年发布的《广播电视人工智能应用白皮书》和《广播电视行业应用大数据白皮书》，专门论述了人工智能和大数据相关技术服务于选题策划、媒资管理、内容制作、内容分发传输等多个应用场景的可能性。2020 年上半年，因疫情而出现的"宅"场景推动了线上生产与消费的爆发，深度加速了许多组织的数字化转型与人工智能应用。

新的需求和场景可以激发人工智能在新闻传播领域的应用，而人工智能也会赋能更多的场景空间，不仅能带给用户更好的沉浸感体验，也将促进"智媒"新兴业态的发展。

二、人工智能技术对新闻传播生产关系的重塑

从生产关系的角度观察，新闻传播主体的类型多样化，形成了不同的生产组织关系；算法促进了新型传受关系的构建；智能化的人机关系逐渐形成。

（一）人工智能重塑新闻传播的生产要素关系

1. 人工智能推动新闻生产主体的"再中心化"回潮

随着互联网的发展和中国传媒市场化改革的推进，新闻内容生产主体已经由原来的专业媒体机构"一统天下"转变为多元角色共同参与的状态，具有明显的去中心化趋势，PGC、UGC、PUGC 等制作力量共存。但是，随着人工智能、大数据、区块链等技术的升级迭代，新闻传播的智能化转型正在加速，也抬高了新闻传播的技术门槛，在市场上占据头部地位的一般是大型媒体机构或互联网公司。这些组织在技术研发上投资巨大，

掌握了更多的技术专利，从而在智能化生产与转型方面占得先机与垄断优势。因此，未来生产者之间的生产组织关系可能会出现一定的"再中心化"回潮，形成以技术拥有者为中心的新格局与新生态。

2. 人工智能推动新闻生产组织方式的"敏捷 + 柔性"特征

在"去中心化"趋势下成长起来的互联网媒体凭借扁平化、灵活的管理优势实现了快速成长，而人工智能、5G、互联网等技术集群将使新闻生产的组织方式变得更加灵活、多样，即使是在融合转型中的主流媒体内部也会发生灵活转变，敏捷生产、柔性生产的方式可能会更常见。采用敏捷生产方式，内容生产者借助互联网、大数据和云平台可以联合其他市场主体共享信息与整合资源，从而取得网络化协同的良好效果。疫情期间，不少"云制作"产品就充分体现了这一点。柔性生产是一种市场导向型的按需生产方式，具有智能化、定制化、精准化的特征。内容生产者可以通过互联网与用户进行深度交互，广泛采集需求，再通过人机交互完成多线程任务的处理，同时为多个用户提供个性化内容服务。前文提及的场景化互动生产也可视为柔性生产。

3. 人工智能推动新闻生产协作的"资源联合"趋势

数据在各生产要素中的重要性日益凸显。掌握核心数据资源的主要是政府、媒体运营商和互联网平台，彼此之间并没有搭建起交换和流通数据资源的开放平台，"数据孤岛"的状况依然存在。与此类似，掌握智能技术资源的公司虽然会以专利转让、授权的形式让渡一部分技术使用权，但尖端智能科技的转让价格往往十分昂贵，核心性的关键技术也不会流入市场。这意味着拓展更多层次的合作、进行更多领域的资源整合越来越成为无法绕开的选择和课题。我们已经看到越来越多的政府机构、传媒组织、商业平台、技术公司开始建立合作关系：新华社与搜狗科技共同研发智能录音笔、智能 AR 眼镜、虚拟主播、写稿机器人，打造中国第一个智能化编辑部；中央广播电视总台与华为等运营商签署建设 5G 新媒体平台框架协议，共建 5G 媒体应用实验室；县级融媒体中心打通公共服务产品数据壁垒等。新闻内容生产者之间、生产者与平台构建方之间、生产者与技术公司之间已经脱离了单纯的产品交换关系，进入了全方位资源整合、联合的新阶段。

（二）智能算法促进新型传受关系构建

1. 智能算法改变生产逻辑，"按需生产"形成螺旋效应

当前，基于算法的个性化内容推送已占到整个信息内容分发的 70% 左右。在新闻传播领域，今日头条、天天快报、新浪新闻、网易新闻等国内主要的新闻资讯平台及主流媒体建设的新闻客户端不断提升自己的智能推荐水平，通过精准把握用户需求来提升内容供给与服务能力，从而推动新型智能化传受关系的形成。

内容生产者根据算法机制可以积累提升内容推荐能力的经验，一般认为坚持发布某一细分领域内容的账号能够持续提升被算法推荐的权重，在文章标题和内容中添加相关领域关键词有助于踩中某些兴趣标签，跟踪热门话题与焦点事件的相关报道更容易得到系统的加推等。因此，智能算法不仅能够对用户大数据进行分析进而持续优化算法，还能通过算法运行机制将用户需求更为清晰地反馈给生产者，并引导他们进行内容创新，其结果是内容生产的用户需求导向思维在算法推荐机制的优化调整中逐渐得到强化，形成螺旋效应。

大数据分析平台能够为新闻生产者提供新闻热点扩散的实时动态分析和跟踪管理服务。今日头条在创作者页面设置了大数据实验室专栏，其中内容分析功能可以帮助创作者获知单篇文章关键词在整个内容推送生态中所处的位置以及具有高相似性和关联度的内容有哪些；粉丝分析功能则帮助创作者掌握文章阅读量、账号订阅量的具体情况并能呈现粉丝量随时间变化的趋势。此外，今日头条还研发了"头条号指数"，该指数使用机器算法对内容产品和用户阅读的行为轨迹进行分析并给出相应的账号价值评

分，指数越高则意味着账号能获得的推荐权重越大。这些大数据分析平台意味着内容生产者可以据此进行供给侧的生产调整，形成灵活配置资源、按需生产的生产逻辑。但不容忽视的是，这种"按需"的螺旋式生产逻辑长期进行下去会给用户的信息消费带来很多负面影响。

智能化的新闻内容生产和传播、运营，试图精准匹配内容产品与用户偏好，优化用户体验以获取丰厚回报。精准化的"饲养"与多样化的需求之间，将形成长期的博弈状态。新闻生产与传播会在智能推荐与自我提升的互动中达成一种均衡。新闻信息消费心理对新闻内容的分发与消费会产生直接影响，用户对差异化产品的偏好和价值圈层之间的壁垒，会使人工智能技术在新的社群关系构建和塑造上面临两难选择，成为新闻传播嬗变的长期影响因素。

2. 新闻传受之间反馈机制变革，"实时智能"再造互动逻辑

每一次技术革新都会带来新闻传受之间的反馈机制在方式、效率及效果方面的变革。从大众传播时代的通信和电报、电话，到互联网时代的电子邮件、跟评和贴吧，再到移动互联时期各种新媒体平台的互动设计和社交平台，传受之间的互动越来越方便、越来越快速。而人工智能、大数据等新一轮技术的应用更增加了互动的即时性与便捷性，智能算法可以向用户实时提供热门新闻榜单、热点话题等动态信息，按照分类标签定向搜索与筛选喜爱的内容。有的平台还采用双标题的方式推送给用户，阅读量较高的标题会得到优先推荐从而获取更多的注意力，阅读量较低的标题则被淘汰。这种根据用户行为优化内容生产与分发模式的反馈机制充分体现了智媒时代新闻内容的分配逻辑。

可见，人工智能基于大数据进行深度学习的机制能够在新闻传受之间构建起持续匹配与反馈的循环，达成"实时智能"的互动。

3. 人际关系、人机关系发生全面变革

从触控交互、语音交互到机器视觉交互，人类与智能设备的交互更为

多样和深入。智能媒介设备在人类社会生活中的渗入程度也在不断加深，促使人们的媒介使用习惯、生活方式与思维方式发生变化，也使得新型人机关系在人类生活中的重要性日益凸显。

在新闻内容创新方面，借助 VR/AR 等技术制作的沉浸式新闻允许用户以第一人称或第三人称视角进入新闻故事的虚拟场景中，体验新闻当事人的切身感受，从而在构建的新闻世界中为用户提供"身临其境"的现场感。《中国青年报》"沉浸式体验新闻"项目在 2019 年完成的《VR 看军械能手火箭炮》《青春扶贫在路上背后的故事》等新闻报道充分体现了这一点。内容与用户的连接方式在互动体验新模式下发生的巨大转变，既属于新闻内容形态的创新，也推动着人机交互形态发生全面变革。

随着人工智能技术的发展，智能媒介逐渐成为人类日常生活的重要参与者，人际交往锐减，而人机互动飙升。智能媒介在机器学习、深度强化学习、计算机视觉等多种技术作用下逐渐适应不同的情境，在与人类实现基本自然交流的基础上建构更高维度的人机互动。随着人类身体与智能手机、传感器及可穿戴设备等智能终端的密切连接，人类的感觉与知觉也逐渐得到重塑，使得数字界面与现实界面之间的差异日趋缩小，人机互动更延展到了现实生活层面。

在这样的技术发展背景下，新闻信息越来越真实可感、触手可及，且富有情感共鸣，良好的用户体验与场景无缝对接促使人类逐渐将社会交往的重心从人际交往转移至人机交往上，直至与机器间形成情感联动。虽然目前人工智能技术的情感算法不够成熟，但已经能够激发一定的情感能量并触发与人类的情感联动，人机信任关系将有望建立。

三、人工智能技术影响下新闻传播面临的突出问题及建议

如前所述，人工智能技术促进了新闻传播各个环节的智能化转型，对

新闻生产的组织形态、生产效率、分发机制、互动反馈（生产与再生产）等诸多方面产生了深刻影响，也改变着生产组织中的各类关系，乃至构建了新型的人际和人机关系。在此基础上，我们可以畅想更美好的智媒时代的到来。但是，在新闻传播智能化转型之路上也有三大问题需要认真面对与解决，即数据、算法和价值判断问题。

（一）新闻传播智能化转型面临的三大基础性问题

1. 数据之争

人工智能发展的潜力在于大数据的挖掘和应用。各大信息平台均围绕数据展开广泛的争夺，以构建自身的数据"堡垒"。由于互联网时代的个人信息数据保护力度不足，繁多的数据采集端口在当事人不知情的前提下过度收集个人信息数据，给保护公民的隐私权带来很大困难。资本的逐利冲动与本能使数据市场呈现明显的垄断特征。尤其是头部互联网平台在各自的细分市场上加深对数据、信息、资本与技术资源的掌握程度而升级为"数据寡头"。

用户数据被过度采集和"倒卖"是平台为了商业利润不惜违背技术伦理而做出的选择。有些 APP 超范围收集、强制收集用户个人信息，平台往往以诱导甚至胁迫的手段，迫使用户自愿让渡隐私权以获取信息服务，用户拒绝同意就无法安装使用该 APP。

数据垄断主要是指以数据为目标对象的控制和占有行为，集中表现为对用户数据潜在价值的疯狂占有，能够充分体现出市场参与主体对数据的统治地位。[1] 作为人工智能时代的新兴垄断形式，数据垄断的内涵覆盖了数据拥有、数据控制、数据流通、数据变现等诸多维度。由于市场监管的缺位，数据逐步向少数数据寡头集中，且日益为这些组织创造超乎想象的市场竞争优势和超额利润。

---

① 徐瑞萍，戚潇.人工智能时代的数据垄断与反垄断治理［J］.佛山科学技术学院学报（社会科学版），2020，38（4）：22-27.

2. 算法之问

作为人工智能的底层构件和基础支撑，算法以万物数据化为前提，以对人类认知的模拟为特征，以机器运算为手段。由于数据化存在误差、人类认知科学的粗略以及机器运算效能的制约，人工智能一方面深度介入人类生活的诸多领域，另一方面又不可避免地带有粗放、简陋、盲目的弊端。新闻传播作为基于价值认同构建人际关系的社会活动，人工智能的深度介入难免带来诸如算法偏见、信息茧房、价值错位、导向错乱、社群撕裂等社会问题。美国新冠肺炎疫情期间，种族冲突和政治对立日益加剧，引发对国会的冲击，令全世界瞠目结舌。人民网曾专门发文批评不良智能算法，指出其推送的劣质信息呈现"真假难辨，鱼龙混杂""对错不分，价值导向错乱""缺乏深度，内容及观点肤浅"三类特征，认为有必要加强对于智能技术的监管力度，不能任由算法决定内容。哈佛大学教授乔纳森·斯特兰更是直接指出，包括 Facebook 等在内的社交媒体平台可能会通过算法等智能技术分析多国用户数据并进行战略性内容推送，从而达到操纵终端用户并在大选中改变阵营的效果[①]，充分反映了新闻媒体对于智能技术的错误应用可能造成的外部性隐患。算法平台还往往以"技术黑箱"为屏障，充分简化问题分析流程、弱化责任归属，对复杂的伦理判断与法律关系加以模糊和隐藏等。

从用户媒介消费的角度来看，人工智能在新闻传播领域的应用还会深刻影响用户的信息消费模式与社会结构，造成社会成员机会与利益的不均等，可能有产生新的信息鸿沟和社会阶层固化的风险。

3. 舆论价值判断之难

虽然包括算法推荐机制、5G 等在内的智能技术有利于建立供需双方的互动纽带，但价值判断力不足的短板，使智能技术更容易倾向于迎合商

---

① LAZER D M J, BAUM M, BENKLER Y, et al. The Science of Fake News [J]. Science, 2018, 359（6380）: 1094-1096.

业价值而忽视内容思想、文化价值，存在加剧新闻传播舆论失控、失调的风险。5G 网络所带来的超高速传播加剧了谣言扩散的风险，"即拍即传"的信息生产和分发流程都处于高速运转之中，一旦有舆情事件发生，短时间内就会有大量内容充斥社交空间，不仅使得舆情难辨，也给负面舆情提供了发酵的土壤，比如杭州女子取快递被偷拍遭诽谤案。5G 时代，视频化生产的大行其道也会增加舆论监管的难度，因为当前的大数据舆论分析系统主要是抓取表意相对清晰的文字与图片进行分析，针对无字幕视频进行审核的精确性还不够高。

在社交媒体上逐渐泛滥的机器人水军已成为舆论治理不可忽视的特殊问题。机器人水军能够借助计算机程序控制成千上万的虚拟社交媒体账号，并通过自动执行指令的方式模拟真实用户发言，干扰其他用户的信息接收与认知判断，有目的地制造热点、营造舆论幻象，从而达到以假乱真、误导公众的目的。如今在社交媒体上层出不穷的舆情反转现象，其背后都有着机器人水军的身影。2019 年第一季度，Facebook 总共删除了 22 亿个虚假账号，这个数量等于相同时间段内真实用户的账号数量。[①] 这些虚假账号在智能机器人的操控下，可以快速学习并模仿真实用户的表达方式，制造虚假民意并发出具有倾向性、引导性和煽动性的言论，影响社交媒体的舆情走向，显著冲击社交媒体的正常舆论秩序。与此同时，新闻媒体平台对于这些对象的识别能力却很有限，现有识别手段无法快速将真人用户与机器人水军加以分辨，这无疑更加剧了舆论引导的难度。

（二）问题解决的方向建议

人工智能技术给新闻传播带来的诸多问题，其解决的基本思路和手段可以考虑以下几方面：严格技术把关，提升反制能力，研发人工智能舆论引导技术；加强监管力度，出台人工智能治理标准；进一步提升主流媒体

---

① 荣婷，李晶菡．人工智能时代社会舆情治理的转变与优化路径研究［J］．中国行政管理，2020（12）：141-143．

在智能环境中的舆论引导能力。

1. 严格技术把关,提升反制能力

人工智能是一项技术,可以采用技术来解决技术问题。算法本质上是一连串的计算步骤,而每一步骤结果的判断取决于设计者对计算结果数值范围的界定,因此,对算法的运行流程设计隐含了设计者的价值判断。即使设计者的初衷是好的,但是智能算法会主动收集大数据并进行深度学习,在运行的过程中很可能会产生无法预料的价值扭曲。

首先,解决算法问题需要从设计者开始。在研发环节,要求设计者严格按照研发设计标准开展工作,并始终以主流价值观为导向来规制算法,从而在源头上降低智能技术的伦理道德风险。在运行过程中,设计者也要负责全流程控制,加强对技术的实时监控,及时解决问题。但是由于算法本身的不确定性,让经验丰富且具备新闻判别能力的记者编辑处于工作流程中仍然是非常必要的。当然,这里面也需要新闻工作者多接触人工智能的研究者和设计者,多投入一些时间去研究人工智能工具、算法和大数据,从而提高对每项技术的理解能力,才能做好把关工作。

其次,需要提高反制能力。面对日益复杂的互联网舆论环境,大力开发区块链、人工神经网络、深度学习等新兴智能技术,提升对机器人水军、网络谣言、恶意算法等现象的反制能力。通过高级别算法程序开发,更好地捕捉网络谣言传播的模式与规律,从源头上制约恶性舆论的蔓延,维护正常社会舆情秩序。大力开发区块链技术,有效利用其非对称加密、点对点、共识机制、时间戳、智能合约等核心技术方法,在网络谣言传播的各阶段及时介入与治理。

最后,还需要积极开发与运用人工智能舆情治理技术,在舆情事件的预警、发生、演变等过程中及时发挥作用,这将是智媒时代舆情治理的最大增量。目前已有一些简单应用落地,如辟谣小助手、谣言粉碎机等,但还远远不够。

2. 加强监管力度，出台人工智能技术标准

大数据和人工智能的快速发展更多是因为技术与资本的融合形成了强劲的市场动能，但同样由于对市场利益的追求而出现了垄断、价值缺失、侵犯用户隐私等问题。对于容易造成市场失灵的领域需要发挥政府的监管与治理作用。

首先，需要加强对头部智媒组织的监管与治理力度。头部平台往往是数据和技术垄断的关键推手，因其掌握数据、技术、资本等优势资源，往往能够在互联网平台上进行"跑马圈地""大数据杀熟"等行为。有些平台滥用用户数据、智能算法实施不合理的信息屏蔽和价格歧视行为，凭借信息垄断权力传播不实言论或营造舆论声势，甚至挟持个人隐私信息，胁迫他人从事违法犯罪行为等，不仅会导致市场失灵，对良性市场竞争和用户福利造成损害，而且会危害国家信息安全和网络安全。

因此，对于头部企业，政府不仅要给予各种优惠政策和资源鼓励创新，更要从制度、规范甚至法律等方面做好对它们的重点监控。2020年11月10日，国家市场监管总局发布《关于平台经济领域的反垄断指南（征求意见稿）》，从垄断协议、滥用市场支配地位和经营者集中等不同情形对市场垄断进行界定，明确了垄断协议的表现，如利用数据和算法对价格进行直接或间接限定、利用数据和算法实现协调一致行为、平台经营者与交易相对人达成排他性协议等，为反垄断的具体施行提供了明确依据。2021年2月7日，国家市场监管总局正式发布了《关于平台经济领域的反垄断指南》。2020年12月1日，国家互联网信息办公室发布关于《常见类型移动互联网应用程序（APP）必要个人信息范围》公开征求意见的通知，文件规定了地图导航、网络约车、即时通信等38类常见类型APP的必要个人信息范围。这些举措针对平台领域的垄断和过度收集用户信息的问题，针对性强，可操作性强。

其次，加大对智媒领域新兴企业的创新扶持力度，激活市场竞争。为

了更好地建立一个良好的新闻舆论生态，政府相关部门需要有选择地加大对新兴企业的支持力度，降低智能媒体技术研发与经营的准入门槛，推动孵化更多创新型智能信息服务企业，抢占智能服务细分领域的新兴制高点，利用新兴市场力量来激活市场的竞争活力。

再次，建立多方协同治理的机制。人工智能技术属于科技前沿，基础数据体量大且呈现动态化、流转速度快的特点，无形之中加剧了监管和治理的难度。仅从数据本身而言，数据体量的庞大性与数据结构的复杂性也极大加剧了保障数据安全的难度。因此，仅仅依赖政府部门监管或者平台自律是远远不够的，需要形成多元主体参与的协同治理机制。但是，协同治理机制并不是简单地由政府、互联网平台、媒体组织、用户、平台使用方等多角色参与的过程，更需要在各方关系识别、协同要素识别、制定协同治理过程规则、资源安排、相关支撑体系建设等方面做好基础工作，才能建立起有效的协同治理机制。2020 年 3 月 1 日施行的《网络信息内容生态治理规定》（以下简称《治理规定》）是我国在网络生态治理方面制定的首部综合性专门立法，要求各级网信部门会同有关主管部门，建立健全信息共享、会商通报、联合执法、案件督办、信息公开等工作机制，协同开展网络信息内容生态治理工作。《治理规定》可以指导协同治理的机制建立。

最后，借鉴全球共识，出台人工智能价值导向的治理标准。在解决人工智能带给新闻传播领域的问题时，世界上通行的一些价值观念和规范可以遵守和参照。从 1942 年阿西莫夫提出"机器人三大定律"至今，"确保智能的有益性"已经成了全世界人工智能研究者的共识。2017 年，阿西洛马会议提出 23 条人工智能原则[①]，其中的"价值归属"原则要求高度自主的人工智能系统的设计应该确保它们的目标和行为在整个运行中与人类的价值观相一致，"人类价值观"原则要求人工智能系统应该被设计和操作，

---

① 自动化网. 阿西洛马人工智能 23 条原则［EB/OL］.（2018-01-23）. https://www.sohu.com/a/218489820_204571.

以使其和人类尊严、权力、自由和文化多样性的理想相一致。2019年，美国颁布了《维护美国在人工智能时代的领导地位》政令，要求设立人工智能治理标准，确保人工智能技术的发展符合美国社会的主流价值观和国家利益。在我国，由于互联网发展非常迅速，人工智能技术升级迭代速度也很快，加上中国的媒体市场庞大而复杂，因此也很有必要出台专门的人工智能治理标准，从安全性、价值观、数据隐私、利益共享、人类控制等多方面制定相关原则。

3. 进一步提升主流媒体在智能环境中的舆论引导能力

习近平总书记强调："要适应公众获取信息渠道的变化，加快提升主流媒体网上传播能力。要主动回应社会关切，对善意的批评、意见、建议认真听取，对借机恶意攻击的坚决依法制止。""要加强舆情跟踪研判，主动发声、正面引导，强化融合传播和交流互动，让正能量始终充盈网络空间。"这为人工智能背景下做好网络舆情治理工作指明了方向，也对主流媒体智能化转型提出了新的要求。

首先，进一步加强主流媒体应对网络传播的能力，提升舆论引导能力。人工智能时代，互联网媒体平台往往仅提供资讯聚合服务，这也进一步凸显了主流媒体对于把握主流舆论导向、弘扬主旋律的积极意义。面对互联网上层出不穷的繁杂信息流，主流媒体可以积极借助人工智能技术进行新闻策划，主动设置网络议题，及时发布权威信息回应公众关切的大事、要事，实现优质化信息源管理。主流媒体还可以充分发挥自身的专业优势，在借助智能技术捕捉焦点话题的基础上深入"第一现场"，进行持续追踪报道，基于丰富的一手资料，全方位厘清舆情事件的来龙去脉，引导公众全方位、多角度地深入了解重大事件的实际情况，形成对于网络谣言的反击，助推社会舆论走向理性。另外，主流媒体可以借助人工智能的情绪感知分析技术，洞察网络舆情的情绪波动及其背后的实际影响因素，多方面、多角度呈现舆情事件的事、理、情，满足民众的心理与情感诉求，缓解由突发事件所引发的焦虑情绪和恐慌心理，实现对于网络舆情的深层次引导。

其次，新型主流媒体需要加强对人工智能技术的研发与应用，以更灵活的组织形态适应人工智能影响下的新闻传播新格局。从媒体的发展和新闻传播的规律来看，科技水平的高低和经济基础的坚实程度会极大地影响不同传播主体的市场地位。尤其是在当前面临人工智能等新一轮技术集群挑战的背景下，能否在技术研发领域走在前沿显得更为关键。以《人民日报》、新华社、中央广播电视总台为代表的国家级媒体由于政策、资金、合作资源等多方面的优势，在媒体智能化转型方面走在了前列。但就整个新闻传播领域而言，对人工智能技术的研发与应用还存在进一步发展空间，媒体智能化转型过程中面临着资金、人才等诸多瓶颈。

从技术研发的规律来看，在一个组织内部的主流业务部门做创新性开发往往很困难，会囿于已有的业务流程、利益目标、价值观念而裹足不前。因此，要想在技术上有较大的突破，往往需要设置一个灵活、独立、不受传统利益目标捆绑的新兴组织或部门来承担创新任务。判断它是否独立，取决于它能否脱离常规资源分配流程而存在。这就要求处于媒体深度融合和智能化转型中的大型主流媒体在组织机构上进行较大的变革和创新，能够有一支"轻骑兵"来对接人工智能技术研发的前沿思维与逻辑，方能在智媒时代的舆论引导格局中准确判断传播态势，发出主流声音，起到中流砥柱的作用。

结语

人工智能技术给新闻传播在生产力和生产关系方面都带来了很大的影响和变革，既拓宽了传播的边界，也深刻地改变着各种关系和结构，引发整个行业的巨变。这个趋势激动人心，但也充满风险。如何更好地规避风险？如何更好地让人工智能服务于人类的进步与福祉？如何更好地让智能传播服务于构建和谐的社会关系？如何让每一个社会成员在享受人工智能带来便利的同时，获得自由和充分的发展？这都是当下每一个研究者、管理者、实践者必须深思且慎行的重大课题。总之，智媒时代不应该是一个机器统治新闻的时代，而是要让人工智能更好地汇聚人类的智慧，更好地拓展人类的认知能力，人机协同，共创美好未来。

B.16
2020年传媒产业新景观分析

王文杰　马戴菲[①]

摘　要： 2020年1月，新型冠状病毒肺炎疫情席卷而来，疫情防控对时空活动产生阻隔，在线用户快速增长。传媒产业演进环境越发复杂，新的挑战赋予了传媒产业新的机遇。2019年发展起来的5G+AI技术内核、4K/8K+VR/AR等现代信息技术在2020年得到了充分发展和应用，"5G+4K/8K+AI"战略格局初步形成；台网关系融合在内容改革、供给侧结构性改革上做出转变，催生了传媒产业的许多新景观。本文将就新冠肺炎疫情背景下的传媒技术实践和后疫情时代下融媒体中技术和内容改革进行讨论。

关键词： 5G；人工智能；4K/8K；AR/VR技术；媒介融合

　　信息技术是驱动传媒产业的重要力量，科学技术的每一次升级和进步都牵动着传媒产业的革命性变革，深刻改变着传媒产业的格局，不断拓展传媒产业的空间，拓宽传媒的边界。传媒边界的拓宽与传媒产业空间的拓展互相推动，形成了良性的正向反馈，推动传媒产业不断向前发展。

　　2020年是一个特殊的年份，新冠肺炎疫情打破了原有的社会运行轨迹

[①] 王文杰，对外经济贸易大学政府管理学院副教授；马戴菲，对外经济贸易大学政府管理学院2021级研究生。

和节奏，对社会生活的各种职业产生了一定影响。与传媒产业相关的旅游业、电影产业停摆，但与此同时，直播和云业务得到了极大的发展，甚至重塑了相关的在线业务。

一、5G 等技术拓展传媒边界并重新定义媒体

继 2019 年 5G 正式进入"商用元年"后，2020 年，5G 的推广和覆盖呈现井喷式增长的趋势。2020 年，我国新增约 58 万个 5G 基站，建成共享 5G 基站 33 万个。截至 2020 年 11 月底，我国共建设超过 72 万个 5G 基站。在 5G 商用套餐用户数量上，2020 年 12 月底的数据显示，中国联通、中国电信与中国移动三大运营商的"5G 商用套餐用户数"超 3.2 亿户。公开数据也显示，5G 网络商用在世界各地呈现井喷式增长的趋势，全球已经部署超过 160 个 5G 网络，5G 终端连接数近 3 亿个，5G 商用的覆盖率远远超过预期。

除了在智能手机移动网络的应用之外，5G 网络也正向多个垂直领域渗透。5G 技术支撑能力的不断提升，将加速 DOICT 等新科技的融合创新，物品将成为新的媒介载体。在 5G 的辅助下，大数据、AI、云计算可以广泛地融入物联网场景中，如智慧家居、智慧物流、智慧工厂等，加快了我国 5G 产业链物联网的核心应用领域的发展。

（一）"5G+4K/8K+AI+VR/AR"赋能云场景

5G 作为信息基础技术，极大地推动了相关信息技术的应用，并且使得新的应用场景可能性在不断增加，在媒体领域的运用中，2020 年的春晚在各种技术融合运用方面做出了很好的探索。

2020 年的春晚因为新冠肺炎疫情而显得与众不同。从技术上来看，春晚不仅是一台美轮美奂的文娱盛会，更是中央广播电视总台（简称总台）在每年度集中使用、展示当年创新技术应用的最佳场景。2020 年春晚，总台在 5G、4K/8K、AI 领域创造了多个"首次"的创新应用。5G 信号全部

覆盖 2020 年春晚主、分会场，有效推进了"5G+"技术的应用。首先，总台应用了首创的 VNIS 虚拟网络交互模式。与此同时，主、分会场中共布置了 7 套 VR 摄像机，可以集成 VR 信号与 VR 春晚节目进行节目制作。与此同时，为满足广大线上用户全景沉浸式观看春晚的需求，总台央视频客户端同步进行 VR 直播。其次，总台首次将"5G+4K"技术实操应用于 4K 超高清《2020·春晚》直播电影的发行中，以满足全球华人华侨在影院观看 2020 年总台春晚的需求；与此同时，利用"5G+8K"技术，首次实现了 8K 版超高清电视春晚制作，为总台 8K 电视节目体系建设储备了节目资源。

2020 年全国"两会"期间，新冠肺炎疫情给各地区人大代表及媒体记者的物理时空活动造成了阻隔。在这一背景下，各家传媒企业和机构通过借助 5G 传输网络和 VR 技术成功对 2020 年全国"两会"进行了"云采访"和"云直播"。"两会"召开前，新华社采取 5G 网络传输和全息成像技术，保证身处异地的人大代表和记者能够通过 5G 全息异地同屏进行"云采访"；中央和各地主流媒体充分运用 5G 及 VR 技术，通过"VR 全景看两会"，向大众实时传播国家政策和"两会"代表委员提案的情况，给人们带来身临其境的感受。依托 5G 网络传输，解放军新闻传播中心的记者通过佩戴 AR 眼镜进行了"交互式直播"，可以从第一视角给观众带来"沉浸式"体验。

慢直播是在传统网络直播基础上的一种新型直播产品，采用在实时场景中无剪辑的直播方式，借助 5G 网络和 VR 技术给受众带来沉浸陪伴式直播体验。央视频建立初期即进行了慢直播栏目孵化计划，并且开设央视频同名主体账号，然而粉丝数寥寥，未得到大众关注。2020 年 1 月 27 日晚至 2 月 2 日，央视频平台开通对雷神山和火神山医院的建造现场实时慢直播，至火神山医院竣工交付，在央视频上累计观看该直播的用户超过了 7000 万人次。在疫情期间，慢直播"云监工"是一种利用新技术的成功尝试，实现了以"5G+VR"为技术内核的高清慢直播形式，7000 万人次在线观看和讨论的景象证明"慢直播＋互动"取得了初步进展。

新冠肺炎疫情对线下文化产业的影响，让更多企业发现了线上平台带来的机遇，借助 VR 技术让因疫情居家的受众享受到更好的云观赏体验。首先，在文娱场景中，"5G＋VR"灵活地展现了极佳的作用。疫情期间，人们借助在线直播来满足娱乐需求。与此同时，许多传媒机构也将 VR 直播与综艺节目带入人们的生活中。对于观众来说，VR 技术可以将综艺现场和用户生活进行衔接，更大程度上增强观众的沉浸感，从多维角度感受现场氛围，增加节目与观众的互动性。如在《中国好声音 2020》中，专业级 8K 直播系统 360anywhere 与国内知名 VR 直播平台环视天下合作，将 VR 直播引进好声音海选现场。对于节目制作方而言，VR 线上直播和传统直播相比，在打破时空上的物理限制的同时，更能以全景环视带来极佳效果，从而扩大收视人群。其次，在音视频领域，随着人们使用移动端习惯的改变以及 5G 和 VR/AR 技术的发展，"爱优腾"、芒果、哔哩哔哩等视频平台开发了多种如竖屏剧、互动剧等新形式的长短视频内容。最后，电商平台利用"短视频＋直播"的线上平台优势打通农村"最后一公里"，成功解决农产品滞销困境；"云旅游"带动直播带货，助力疫情期间乡村经济发展。

疫情期间，为了保证文旅产业的正常发展，VR 技术也在徽杭古道文化的传承中贡献了巨大力量。学者通过多元化媒介平台对徽杭古道的历史故事和文创产品及现存状态进行宣传。互联网平台是与 VR 技术契合度最高的艺术传播媒介，通过打造景区虚拟 AR 作品，并在网络媒体中以提供 VR 产品和 VR 交互性服务的形式进行艺术传播，围绕 VR 技术做构建具有互动与展示等多功能的集约化传播媒介。"徽杭古道 VR"交互模式以自然环境与平台用户的交互为主要形式，通过讲述故事展现徽杭古道文化的历史文化背景。在交互过程中，网络体验者可以借助于 VR 设备进行多层次的选择操作，从而沉浸在虚拟的历史现实场景中，体验与感悟传统文化带给我们的沉浸式魅力。

2020 年 4 月，各地仍处于疫情防控阶段，为了给居民的居家生活增添乐趣，具有 600 年历史的故宫博物院第一次进行网络直播，在闭馆期间联合人民日报客户端及多家媒体在特殊时期给观众送上一场"云上"邀约，让观众能够在家中感受到故宫的春意，体会到故宫建筑之空灵。

（二）人工智能助力智媒体

首先，在数字时代，文化产业借助大数据算法进行多元化内容匹配与生产，但能否实现精准化匹配及能否构成透明公正的网络竞争环境仍是一大难题。区块链技术具有"不可伪造""集体维护""全程留痕"等特征，能够加速形成良好透明的网络竞争环境，在文化产业版权保护中具有极大的作用。在传统文化产业中，由于存在信息不对称且人人能够成为创作者等问题，版权保护成为产业中一大难题，"AI+ 区块链"技术可以加速数字版权的认定和利用，解决视频平台及流量经济带来的内容同质化等问题，建立信任机制，在未来的文化产业中形成巨变。

其次，AI 在辅助节目后期制作和自动生产等领域大放光彩。AI 图像识别、语音识别、AI 剪辑等功能能够显著降低后期节目制作门槛。比如，人民日报建立的 AI 编辑部通过"直播拆条"智能模块导入"两会"现场直播流；总台的 AI 云编辑通过对多路径传输信号的实时采集和人脸、动作、镜头质量的评价，实现实时节目制作；中国网对"两会 AI 看点"打造自动生产平台，记者编辑可对视频主题和内容进行修改和快速审核，在短时间内生成视频产品。另外，在湖南卫视《歌手·当打之年》中，由于新冠肺炎疫情带来的时空限制，节目原本需要的 500 位大众评审皆通过线上视频连线方式参与录制，在《歌手·当打之年》线上云录制中，后期工作人员使用人工智能肖像识别和处理技术，加快了对 500 名在线评审小组录制素材进行智能抽条和标记的速度。此项技术的运用，节省了大量技术人员的工作时间，减短了所需工时，很大程度上提高了录制素材后期处理效率。

最后，AI 技术助力打造机器人主播。在 2020 年"两会"期间，新华社与搜狗联合研发全球首个 3D 版新一代人工智能合成主播"新小微"，与此同时，超过 10 家媒体也推出了智能主播。基于多项人工智能技术，如写实 3D 数字建模、实时面部动作，可以实现表情唇动、肢体动作和语音表达的高度契合，智能主播可根据语义实时播报、实时改变发型和服装，并在演播室的不同虚拟场景中移动。

（三）"5G+4K/8K"推动传媒转型

目前，传媒转型正在向智媒体方向快速演进，新型信息技术内容采集、制作、传输和分发等全链条以及媒体融合发展被频繁提及。2020 年 7 月，《中央广播电视总台 5G 媒体应用白皮书（2020 版）》发布，"5G+4K/8K 超高清制播示范平台"项目正式启动；同年 8 月，总台在"5G+4K/8K+ 区块链"智能制播技术方向启动了首批 11 个合作项目申请报告；11 月，总台计划在 2021 年推出 4K 奥运频道，并开始建设 4 辆 8K 卡车和 2 套 8K 外部传输系统；12 月，总台与中国移动基于"5G+4K/8K+AI"技术展开深度合作，双方共同建设的 5G 超高清视音频传播中心也正式揭牌。2020 年春晚的 VR 直播和 8K 制作，疫情期间对雷神山、火神山医院建设和防控进行 24 小时慢直播，5G+4K 超高分辨率、360 度全景 VR 技术直播珠峰峰顶，5G+8K 实时传输和快编融合制作"两会"期间与时事 AI 互动问答产品，5G+8K 保龄球俱乐部联赛文化活动 VR 直播等，都体现着总台部署"5G+4K/8K"战略布局及面向多元化应用场景的融合技术创新。

二、5G 等技术集群深度赋能媒体融合

传媒技术的演进是催化媒体融合模式不断变化的重要力量，正如麦克卢汉所言，数字科技的发展在不同媒介的介质融合中起到了基础性作用，进而能够推动传媒产业产生巨大变革。"5G+AR/VR+AI"技术、短视频和大数据分析等多种新型科技在传媒产业中的应用，不断推动着媒介融合模式的演进和发展。1996 年央视创办"央视国际"实现了媒介融合最初的复

制模式，即将传统媒体内容单纯复制到新媒体平台上；后澎湃新闻等新闻客户端将媒介融合演变到迁移模式，通过建立新型传播平台，将内容平台和传播平台进行融合；如今演进成为融合模式，通过新型科学技术，实现多屏互联和台网融合等万物互联的融合战略。

2020年9月，中共中央办公厅、国务院办公厅印发的《关于加快推进媒体深度融合发展的意见》指出："要以先进技术引领驱动融合发展，用好5G、大数据、云计算、物联网、区块链、人工智能等信息技术革命成果，加强新技术在新闻传播领域的前瞻性研究和应用，推动关键核心技术自主创新。"2020年，三家央级媒体对智能科技的应用展开了深入实践，为传媒行业新景观建设树立了典范。

（一）技术推动媒介融合纵深发展

在一定程度上，技术壁垒构成了传媒产业中不同内容形式之间的边界，而媒介融合的演进路径也是沿着"技术融合、业务融合到产业融合"的顺序展开的。技术发展是媒介产品形态变化的最大动因。因此，信息技术被视为转换媒体收入方式、打造良性媒体业务的核心渠道。随着5G技术的落地和推行，基于人与人的双向互动连接和多元关系网络将催化媒介利用移动互联网以更高速灵活的方式为用户提供适配其时空场景乃至心理场景的信息与服务。2020年4月，GSMA已经将RCS作为5G终端的必要功能。随后，国内三大运营商联合发布《5G消息白皮书》，宣布推出直接面向受众/用户的RCS业务，与此同时，Google、苹果等巨头也在布局RCS应用。在媒介与媒介内容产品形态演化的同时，传媒产业也在同步进行着相应的变动。随着传媒生产数字化和5G等网络技术的创新，原有的技术壁垒逐渐被打破，RCS使媒介纵向融合得以发展，由此推动了业态之间的融合。

（二）5G技术赋能媒体内容融合

当下，各种媒体在5G技术的帮助下，深度融合了各类媒体传播内容。

曾经的 4G 技术可以通过各种媒介与短视频和视听内容等呈现形式进行融合，突破了传统广播、报纸中物理视听感觉的局限，对内容传播媒介载体实施了改革，但 4G 技术无法满足用户对于媒体内容的新需求。进入"5G 商用元年"后，新型媒体技术和产品，如 AR/VR 的流畅度和稳定性可以在 5G 技术的助力下，充分支持各种媒介的应用场景。5G 技术可以更高效地保证现场用户体验和产品稳定度等，这样，媒体内容和 5G 技术就可以在物理形态上进行深度融合。另外，从媒体产品的内容上看，新媒体与传统媒体的融合并没有真正垂直区分媒体传播与内容生产。由于 4G 技术具有局限性，实现全媒体内容传播服务在现实过程中遇到很多困难，由此可见，当下 5G 技术可以帮助媒体传播打破局限，达到全媒体内容传播的预期，从而实现生产、加工、服务、传播的长效机制。

（三）融媒体助力传播的有效性

在融媒体时代，新闻短视频得到了广阔的发展空间。"Video blog"，缩写为 Vlog，是一种新视频形式，与传统短视频的最大区别在于创作者在拍摄制作 Vlog 时可以进行交互性人格化表达。主流媒体同样察觉到了新闻 Vlog 这一形式在新闻传播领域的潜质。"两会 Vlog"和疫情期间深入一线的 Vlog 在各个视频平台得到了广泛关注。在信息技术的助力下，信息的传播和分享模式发生了翻天覆地的变化，信息逐渐呈现融合、创新的状态。

融媒体时代的特点给新闻短视频的传播提供了巨大的助力。第一，融媒体时代的用户参与性和互动性强，新闻短视频中承载着大量的新闻资讯，可以有效缩短用户和新闻热点之间的距离，且短视频制作发布的过程和成本简单精练，大部分人可由被动获取转换为主动供给的角色定位。第二，新闻短视频内容短小精悍，能够在较短的时间内吸引受众，使其对新闻内容产生了解。第三，新闻短视频可以跨平台传播，拓宽了信息传播的渠道，同时满足用户多样化的浏览需求。现阶段，新闻短视频品牌逐渐向垂直化和专业化发展，能满足特定受众对新闻的需求，为传统媒体提供改革的新方向。

自新冠肺炎疫情发生至 2020 年 3 月 5 日，由总台央视新闻频道和著名美食博主"食贫道"联合推出的"武汉观察 Vlog"系列视频点击量已超过 1000 万次。此次联合活动中，张竣（"食贫道"账号主人）以总台央视特约记者和 B 站美食博主的双重身份，通过 PGC+UGC 拍摄 Vlog 的制作模式，将专业视频平台和自媒体创作者进行整合，实现了主流媒体与自媒体的互联互通，获得了极佳的反馈效应。在 Vlog 中，张竣以第一视角向公众直观地展示了雷神山、火神山医院施工现场，医疗工作者工作状态，方舱医院中的生活状态，食品药品物资供给等一线状况，为观众讲解自己拍摄的对象和内容，在短视频制作与传播过程中，张竣成为连接热点新闻和受众的桥梁，给屏幕前的受众带来了直击一线现场的真实代入感。疫情期间，融媒体措施改变了传统媒体影响力和传播能力迅速下降的局面，而主流媒体占据了信息传播的制高点。

（四）区块链技术开始在新闻编辑中采用

2019 年 10 月 24 日下午，中共中央政治局就区块链技术发展现状和趋势进行第十八次集体学习。中共中央总书记习近平强调，区块链技术的集成应用在新的技术革新和产业变革中起着重要作用。因此，提升区块链技术创新和区块链产业发展，应被视为核心技术自主创新的重要突破。

2020 年 5 月 20 日，全国首个区块链新闻编辑部由湖北广播电视台融媒体新闻中心领头在云端成立，湖北广播电视台"长江云"等 12 个省市的主流新媒体中心成为首批会员单位。在 2020 年"两会"期间，编辑部对"两会"重要议程着重关注，充分利用了各类新媒体资源优势，应用"5G+AI 人工智能 + 远程全息投影"等新媒体通信传播技术，大规模开展了"云上"媒体报道。

实施环节中，区块链新闻编辑部坚持"策划众筹"和"传播去核化"

的运营理念。成员们通过召开云规划会议，共同思考创意、制作产品、进行推广。提出想法的人，就担当项目负责人，是传播的领导者。各媒体平等分享热点风格新闻的开锁值班钥匙，拥有值班钥匙以外的其他成员单位应按照约定为项目负责人提供资源和传播平台。

三、新技术背景下媒介融合的新趋向

5G 技术对于未来媒介融合发展具有三个突出的应用价值：第一，加倍提升网络资源利用率，打破传统网络媒体发展模式，5G 技术在资源管理和共享中成为搭建各大广电媒体平台协作桥梁的重要条件。第二，优化融媒体发展体系和战略，借助 5G 技术深度探索融媒体特点与能力，多样化全面打造智能化融媒体系统，能够保证信息在不同媒介的高速传输和共享，且能对内容信息传输进行专业化的检测并掌握信息数据传输效率。第三，考虑媒体融合发展前景，以保证无线移动通信资源扩大为基础，应用 5G 技术优势支持远程互动、构建远程互动系统，促进广电媒体节目多元化发展。

首先，在媒介融合的发展过程中，新型用户场景呈现两种新趋向：第一，借助智能大数据分析系统，使用精密算法对用户进行定向精准匹配，保证有效连接用户。通过多终端、多渠道来触达并聚集用户。移动终端正在不断向智能化演变，大数据记录用户使用习惯和观看习惯，通过算法实现精准的定向推荐，让每一位用户都能够在首页看到自己感兴趣的内容。第二，以场景融合拓宽用户边界，通过线上线下两种模式结合，多维度覆盖用户需求，通过拓展用户需求场景来持续完成用户转化。随着媒体融合的纵深发展，一方面可以通过线上线下联动的活动来触达用户；另一方面可以通过超媒生态的联动，覆盖用户所需的多元化场景，以跨界合作为导向，持续拓展用户边界。比如 2020 年的"青春芒果节"，通过四项线上线下联动的活动，创造了一场媒介与用户之间交互性与反馈性兼具的媒介生态盛宴。

其次，媒介融合进一步体现在未来的新闻业中。5G 作为新传输渠道，将大量终端移动到互联网并最终形成较大规模的社区，另外叠加 4K/8K 超高清视频新闻，从媒体的内容形态向视频融合。未来的主流媒体在很大程度上是在 5G 网络中传输依托于 4K/8K 技术的超高清竖屏新闻，新闻业将在媒体融合的背景下更深入地演进为视频时代，传统媒体可以探索 5G 技术发展的技术机遇，将 5G 技术与新闻内容传播实现深层次融合，加速实现传统媒体转型，在融媒体时代向新的媒介形态靠拢，巩固自身的稳定发展和持续前进。

再次，在疫情期间，线下影院关闭，面对这种特殊形式，线下影院放映和数字发行之间趋于融合。而这种趋势极有可能在很大程度上改变未来电影市场的消费者行为。影院在疫情期间关闭，打破了行业传统的"窗口期"，不是从一部电影在影院上映，到提供视频点播购买或租赁服务，再到流媒体平台上线，而是直接将发行转向流媒体，美国 Disney+ 和 Netflix 在疫情期间成了社会潮流，推出了一系列观影派对，而这一趋势在国内也早有征兆，在春节档电影上映之前，为了确保疫情防控的有效性，各大影院关闭停业，于是徐峥执导的《囧妈》将目光转向流媒体，选择了因 TikTok 而出名的字节跳动公司作为在线发行商。

最后，伴随着数字时代媒介多样化的发展，相同文本背景逐渐实现"跨媒介叙事"。文本本身没有图像、声音等视听画面，为影像改编二次创作留下了巨大空间。而不同媒介给观众带来的视听感受不同，如电影擅长构建视觉效果，可以作为 IP 改编和构建的核心媒介；电视剧本身具有连续性，可以在其中进行细节的补充和增补，增加文本的宽度和广度；另外，电视综艺真人秀等因更具纪实效果，增强了用户的观感体验；网络短视频中，依赖于传媒技术的互动剧和竖屏短剧都使文本碎片化，能够在碎片化阅读时代迎合受众观看时间和观看地点的随意性，以裹挟最多的受众群体；游戏的互动性可以增强观众沉浸式的观看体验，召唤年轻一代受众加入。比如，在 2020 年总台春晚中，依托于"5G+"技术展现高清舞美设计的《渔光曲》片段致敬经典舞剧《永不消逝的电波》，就是一次成功的跨媒介转化。

B.17
2020年中国体育传媒产业的变局与破局

王瑜　沈小雨　蒋含　云珂[①]

摘　要： 2020年暴发的新冠肺炎疫情对体育产业造成了巨大打击，体育传媒产业也面临着体育赛事叫停、受众流失、体育媒体无赛可报的困难局面。面对因疫情造成的困境，我国体育媒体进行了及时的应对与变通。本文聚焦于2020年中国体育传媒产业面临的困境，用具体案例说明体育媒体如何努力摆脱困境，寻找新的发展机会。并在此基础上，分析和展望2021年中国体育传媒产业又将面对哪些机遇与挑战，以期为我国体育传媒行业的发展提供新的思考。

关键词： 体育传媒产业；体育赛事传播；新冠肺炎疫情；场景化

一、变局：2020年中国体育传媒产业面对的疫情之痛

2020年春节前夕，新冠肺炎疫情突然大规模暴发，面对中华人民共和国成立以来发生的感染范围最广、传播速度最快、防控难度最大的一次重大突发公共卫生事件，各地纷纷响应，启动重大突发公共卫生事件Ⅰ级预警。2020年3月11日，世界卫生组织（WHO）表示，新冠肺炎疫情的

[①] 王瑜，博士，天津体育学院体育文化学院副教授，主要研究方向为体育新闻传播、新媒体运营等；沈小雨、蒋含、云珂，天津体育学院新闻与传播专业在读研究生。

暴发已经构成一次全球性"大流行"。在世界各地疫情防控期间,正常社会秩序必然受到很大影响,包括体育产业在内的很多行业都遭受了巨大冲击,因此,体育传媒产业也面临着重重变局。

(一)赛事叫停:体育节目大幅缩水

受 2020 年新冠肺炎疫情影响,全球体育产业遭受重创,几乎所有大型体育赛事都被延期或被取消,东京奥运会也无奈推迟一年举行。体育赛事的停摆给与之共生的体育传媒产业蒙上了一层厚厚的阴影,赛事的不断减少对于体育传媒产业来说更是雪上加霜,众多体育媒体逐渐陷入"巧妇难为无米之炊"的境地(见表 1)。

表 1　疫情下全球体育赛事推迟及取消信息一览[①]

赛事项目	赛事状态
2020 年东京奥运会	推迟
亚足联杯东亚区所有比赛	推迟
日本、韩国足球联赛	推迟
亚冠小组赛前三轮中超球队比赛	推迟
2022 年卡塔尔世界杯亚洲区预选赛	推迟
中国女足和韩国女足奥运会预选赛附加赛	推迟
意甲联赛	暂停
美国职业足球大联盟(MLS)	暂停
西班牙各级别非职业足球联赛	暂停
南美洲解放者杯比赛	取消
英格兰全部足球赛事	暂停
法国足协所有国内赛事	暂停
全部欧战赛事	推迟
2022 年世界杯预选赛南美区比赛	推迟
中北美洲及加勒比海地区所有比赛	推迟

---

① 新体育网.疫情下全球体育赛事推迟及取消信息一览(一)[EB/OL].(2020-03-25). http://www.new-sports.cn/jingti/202003/t20200325_65264.html.

（续表）

赛事项目	赛事状态
巴西全国性足球赛事	暂停
荷兰所有足球赛事	暂停
欧洲杯	推迟
美洲杯	推迟
德甲、德乙联赛	暂停
2020、2021 年世俱杯	推迟
欧冠决赛	推迟
女篮奥运资格赛佛山站	易地
三人篮球奥运会资格赛	推迟
国际篮联三人篮球亚洲杯	推迟
国际篮联 U16 亚锦赛	取消
非洲篮球联赛	推迟
美国职业篮球联赛（NBA）赛季	暂停
美国大学生体育协会（NCAA）男篮和女篮锦标赛、"疯狂三月"篮球赛及其旗下正在进行的其余体育赛事	取消
国际篮联旗下比赛	推迟
2020 年东京奥运会男女篮分组抽签仪式	推迟
2020 年世界沙排巡回赛厦门思明站	取消
2020 年世界排球国家联赛	推迟
纽约市半程马拉松赛	取消
波士顿马拉松	推迟
伦敦马拉松	推迟
世界室内田径锦标赛	推迟
国际田联钻石联赛卡塔尔、深圳、上海三站比赛	推迟
2021 年尤金田径世锦赛	推迟

资料来源：新体育网。

受此影响，体育媒体的节目大幅缩减。以中央广播电视总台央视体育频道为例，"大众优先、赛事优先、直播优先"是体育频道的核心定位与目标，其中，体育赛事直播是体育频道节目的核心骨干内容。体育频道日常有4档全新的直播栏目，主要是报道国内外体育界的各种重大比赛，运动队、运动员的近况，预告赛事转播计划等。受疫情影响，全球体育赛事资讯明显减少。疫情初期，体育频道依旧按照计划对仍然处在进行中的赛事进行转播。随着疫情不断加剧，国内外体育赛事相继被取消或暂停，体育频道赛事直播数量骤减——取消早间节目《体育晨报》，并将晚间节目《体育世界》缩短为30分钟，主播由男女双播改为单播形式。2020年新春之际，体育频道重点转播了"CCTV贺岁杯"系列的原创体育赛事。春节之后不久，受国内疫情影响，中国足协超级杯、中国男子篮球联赛、第十四届全国冬季运动会等体育赛事纷纷暂停。2020年3月初，疫情开始在全球大规模暴发，国内外体育赛事不断被按下暂停键，体育频道直播赛事和场次数量骤降，逐渐进入"录像"时期。

（二）受众流失：阅读量下降近七成

由于赛事无法举办，许多媒体纷纷陷入无赛可播的尴尬境地，因此，许多以赛事报道为主要内容的网站新闻阅读量纷纷下滑（见表2）。比如，门户网站搜狐体育在疫情较严重的时期（2020年4—5月），其阅读量平均为7425次，而当各大赛事纷纷恢复正常举办时（2021年4—5月），搜狐体育所报道的赛事信息阅读量明显增多，平均为59.9万次。

表2　搜狐体育不同时期文章阅读量举例比较

2020 年 4—5 月报道			2021 年 4—5 月报道		
时间	报道名称	阅读量（次）	时间	报道名称	阅读量（次）
2020-04-02	温网 75 年来首次取消 曾因两次世界大战取消 10 次	2392	2021-04-15	欧冠－福登世界波 埃姆雷詹送点 曼城 2-1 逆转双杀多特	260 万

（续表）

2020 年 4—5 月报道			2021 年 4—5 月报道		
时间	报道名称	阅读量（次）	时间	报道名称	阅读量（次）
2020-04-02	柯蒂斯杯推迟到明年 男女业余锦标赛推迟到 8 月举行	8133	2021-04-16	博格巴：索帅不会和球员作对 这与穆帅完全不一样	8 万
2020-04-08	NHL 高官承认完成赛季已不可能 所有选择正在减少	7364	2021-04-16	哈德森努力调整慢热状态 攻守表现全面填满数据栏	19 万
2020-04-27	纽约州长：考虑空场模式让体育回归 目标 5 月中旬	8371	2021-04-17	戈贝尔 13+23 小萨 22+15+7 米切尔伤退爵士擒步行者	8.3 万
2020-05-09	美国 70% 体育组织申请救助 取消奥运或面临大危机	1.1 万	2021-04-17	热刺欧冠没了！多赛 1 轮落后 5 分 领先下丢分英超第 1	4.2 万

资料来源：搜狐体育。

疫情期间，由于赛事寥寥无几，各大体育类公众号也陷入无话可说的局面，受众难以看到有用或感兴趣的信息，因此，文章阅读量也大大降低。据不完全统计（见表3），新浪体育微信公众号在疫情期间（2020 年 3 月）的报道更倾向于针对运动员自身，或回顾经典赛事、发布深度报道等。疫情期间的平均阅读量为 4478 次，而在疫情相对稳定的时期（2021 年 3—4 月），其平均阅读量为 9864 次。

表3　新浪体育微信公众号不同时期文章阅读量举例比较

2020 年 3 月报道			2021 年 3—4 月报道		
时间	报道名称	阅读量（次）	时间	报道名称	阅读量（次）
2020-03-21	深度｜NBA 一月就开始布局防疫 招招直怼特朗普	4351	2021-03-24	保罗的 10000 次助攻，可不是闹着玩的	1.1 万

（续表）

2020 年 3 月报道			2021 年 3—4 月报道		
时间	报道名称	阅读量（次）	时间	报道名称	阅读量（次）
2020-03-23	人物丨联手排挤詹姆斯？因一句蠢话他被嘲笑 17 年	1366	2021-03-27	用哈登就换来这？火箭才是交易日真·最大输家	1.3 万
2020-03-25	为什么说东京奥运 2021 年举行是最佳选择	3458	2021-03-30	收视率下滑？NBA 要凉凉？你是真不了解这台印钞机啊	9408
2020-03-26	国际足坛的转会泡沫，没想到竟是被疫情戳破？	6413	2021-04-10	女足为中国足球挡住海啸 韩国：你们还没进奥运呢！	7255
2020-03-28	16 天终于痊愈！超新星抗完病毒身上的担子更重了	6806	2021-04-12	场上干架场下忙着叫哥 NBA 球员的"恩怨"你永远别信	8658

资料来源：新浪体育微信公众号。

由此可见，无论是门户网站还是其他新媒体平台，更受欢迎的还是赛事报道，疫情期间无赛可报的局面，导致受众在这一时段流失严重，体育传媒产业举步维艰。

（三）无赛可报：内容质量参差不齐

不仅是国内体育媒体，国外体育媒体也受疫情影响，导致输出内容参差不齐。疫情期间，无赛可报加之新闻数量减少，许多专业体育媒体经历了前所未有的困境，而依赖影像的电视台是其中最无奈的机构。除了回顾以往的经典赛事外，电视可以转播的只有白俄罗斯足球超级联赛。此类赛事在以往并不受关注，如今却成了欧洲唯一未停摆的赛事，从而成为媒体报道的焦点。因此，这场即便在白俄罗斯也算不上火爆的足球联赛，转眼间成为转播覆盖 10 余个国家和地区的最热门联赛之一。

与此同时，部分有未播素材的电视台仍在努力地向观众提供节目，比如，在 2020 年花样滑冰世锦赛取消后，日本富士电视台决定将原本打算与体育赛事配套放映的本国选手纪录片像往常一样播出。然而，如果没有可以应急的播出素材，就会出现像足坛豪门皇家马德里官方电视台那样的尴尬情况——西甲球迷们发现，"皇家马德里 TV" 4 月的节目单里包括了多部奥斯卡的获奖影片，这些影片大多数与体育毫不相关，却被放在了体育频道播出。

相对电视和新媒体来说，更新周期较长的纸媒则呈现"避重就轻"的现象。在大多数海外专业体育类杂志上，难以寻找到任何关于新冠肺炎疫情的报道。比如，《跑者世界》美国版的 5 月刊封面人物为英国长跑名将凯利·霍尔摩斯，在其笑脸旁写着"开心去跑"的字样，杂志的内容仍然以跑步技巧和励志故事为主[1]，并没有出现与疫情相关的报道。

其实在这些海外杂志的官网上并不缺乏疫情相关报道，但由于印刷与编辑周期的问题，杂志无法及时在纸质媒介上呈现最新的内容。比如《扣篮》杂志，其官网上没有任何与疫情相关的内容，而是聚焦于球星乔丹的纪录片以及无法得知什么时候才能恢复正常的 NBA 选秀，或是球迷们最喜欢看的球星之间的比较。不过也不乏一些媒体仍然在努力输出优质内容，比如《体育画报》在其官网上公布了很多有关疫情期间大学生及各类专业运动员的生存和发展现状等方面的深度报道。《跑者世界》与《户外》两本杂志则开辟了疫情时段的专题节目，为广大受众群体提供居家健身的专业指南。当然，在疫情期间，面对赛事的无限停摆，媒体出现空窗期也情有可原，由此也体现了不同媒体在风格与新闻理念方面的差异。

突发公共卫生事件的特点包括危害的复杂性和传播的广泛性。以新冠肺炎疫情为例，短短几个月时间内在全球范围暴发，令全世界多地多行业遭受重创。在这一背景之下，体育媒体尽管因为体育赛事停摆丧失了体育新闻报道的核心内容，但仍然努力结合疫情防控和自身运营条件的实际情

---

① 谢笑添.疫情期间无赛可比，全世界体育媒体都在播什么？[EB/OL].（2020-04-23）.
https://www.sohu.com/a/390301654_120244154.

况，通过报道疫情相关新闻、转播回顾经典赛事、利用电子竞技等比赛项目的线上优势、播放纪录片、推广社交媒体话题、进军线上直播等各种方式维持正常运营，坚持为受众带来有价值、高质量的体育新闻。

二、破局：2020 年中国体育传媒产业的应对与变通

2020 年是我国体育传媒产业变革轨迹中的关键节点。突如其来的新冠肺炎疫情给我国体育传媒产业的发展带来了更多的不确定性：赛事大面积取消、阅读量降低、输出内容质量参差不齐等。这种前所未有的不确定性，在给体育传媒产业带来压力的同时，也为其发展提供了更多选择。我国体育媒体也在努力应对变化，由此开启了新一轮体育传媒产业的更新换代。

（一）流量赋能，优化内容生产能力

传媒业的流量在疫情期间有了明显增长。单从电视来看，其流量有了一定提升，节目点播的收视率提升尤其明显，屏幕前的观众人数也保持在相对稳定的状态。2020 年春节期间，智能电视平均每日用户数量活跃率上升至 52%，与上一年相比上升了 15.6%，与春节前一周相比上升了 10.6%。[①] 而由于疫情导致的春节假期延长等因素的影响，即便在春节假期后，日活率仍未降低，与春节期间相比涨幅控制在 1%（见图 1）。具体到每日观看量（见图 2），与 2019 年春节期间相比，平均每日活跃的观众数量上涨了 35.7%，平均每日活跃的电视用户规模高达 1.14 亿。据国家广播电视总局的数据显示，与 2019 年 12 月份相比，从 2020 年 1 月 25 日一直持续到 2 月 29 日，全国收看有线电视的用户数平均每天增加 23.8%，收视总时长上升 40.1%。[②] 据 QuestMobile 2020 年 3 月 10 日的报告显示，在移动互联网方面，与疫情前相比，疫情后网民每天使用移动互联网的时间规

---

① 国家广播电视总局 . 国家广播电视总局收视数据［EB/OL］. （2020-03-13）. http://www.nrta.gov.cn/col/col2178/index.html.

② 国家广播电视总局 . 国家广播电视总局收视数据［EB/OL］. （2020-03-13）. http://www.nrta.gov.cn/col/col2178/index.html.

模上升了 21.5%。[①]

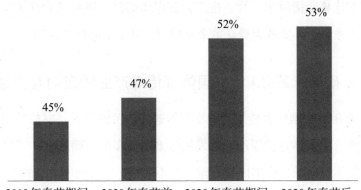

图 1　2020 年春节期间日均日活率

数据来源：勾正数据 ORS（OTT Ratings System）。

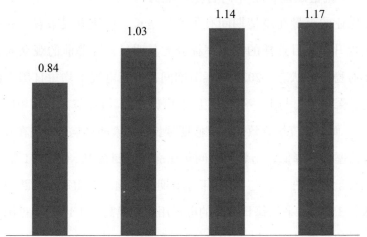

图 2　2020 年春节期间日均日活规模（单位：亿）

数据来源：勾正数据 ORS（OTT Ratings System）。

　　在此背景下，总台央视体育频道的赛事播放经历了一个由疫情初期赛事直播逐渐遇冷——疫情中期重温赛事经典——后疫情时期新媒体端逐

---

① QuestMobile 研究院．QuestMobile2020 中国移动互联网年度大报告·上［EB/OL］．（2021-01-26）．https://www.questmobile.com.cn/research/report-new/142.

步恢复赛事直播的过程。体育频道有 4 档新闻直播栏目，受疫情大环境影响，全球体育赛事减少，如何在赛事资讯信息流"断供"的情况下挖掘具有价值的新闻，从而填补赛事资讯的空缺，成为体育频道新闻生产面对的主要课题。

面对该情形，体育频道除了缩短其新闻节目的播出时长外，还大量采用运动员、教练员及赛事筹办人员手机拍摄的内容作为新闻素材，通过"云连线""云采访"等形式完成报道，一定程度上创新了体育新闻生产模式。

在新闻内容生产方面，体育频道在报道体育资讯的同时，强化板块构成，增加深度报道，反映了在新冠肺炎疫情阴霾下仍然前行的全球体育世界。体育频道于 2020 年 2 月 24 日开始在《体坛快讯》栏目中推出系列人物专题片《征程》，同步上线总台央视体育客户端专题页。该专题片每期时长为 5 分钟，以一位运动员、教练员或一支运动队为主角，既有马龙、丁宁、苏炳添等广为人知的体坛名将，也有攀岩、帆船帆板等小众项目的优秀代表。节目内容主要回顾运动员在赛场上的精彩时刻并报道他们近期的备战状况。晚间《体育世界》栏目也推出《征程：中国体育力量》访谈板块，每期邀请一位专项记者，通过 10 分钟的访谈点评东京奥运会推迟对各项目的影响。此外，各档体育新闻栏目还推出《奥林匹克故事》专题报道，每期 5 分钟，介绍各个奥运项目的发展历史和现状。这些报道有效补充了新闻直播时段，增加了体育新闻的知识性和人文性。①

除电视媒体外，新媒体在疫情的背景下也做出了相应调整。懂球帝 APP 融合多种媒介优势，丰富了其体育新闻内容的呈现方式。懂球帝 APP 在文字报道中穿插使用动图、短视频等手段，丰富了体育新闻的表达形式，既能调动受众的视听体验，又有利于受众接收信息。以足球运动中的进球瞬间为例，懂球帝 APP 在文字报道中插入动图、短视频，球迷可以

---

① 高蔺，杨泽生.新冠肺炎疫情下央视体育频道赛事转播及报道策略［J］.电视研究，2020（10）：64-66.

随意进行反复阅读、观看，既不失文字报道的魅力，又融合了视频的直观性。在懂球帝APP的联赛板块，每一轮体育赛事过后，在各个联赛的球员榜单中，受众都可以通过技术统计数据直观地看到球员的状态变化，还可以看到各个球队之间的数据，如交战次数、比分、胜负场次等历史记录。基于翔实的数据进行缜密的分析，既提升了平台的专业性，又增加了受众黏性。[①]

（二）技术助力，创新信息传播渠道

1. 5G+VR/AR：增强线上传播过程的交互感

5G技术与VR/AR的智能结合可为大型体育赛事的传播提供视觉化、智能化、场景化的交互技术，这有助于传播者超越赛场的限制，构建现实与虚拟相结合的多级互动体系，同时也能够为用户提供更具吸引力的观赛体验。2018年，平昌冬奥会的高山滑雪、冰壶等项目初步运用了VR技术，让受众切切实实地感受到了冬奥会的魅力。在5G技术超高传输速率、大幅降低延时以及能够大规模接入服务功能的加持下，解决了4G所带来的网速困扰，为疫情期间的体育赛事提供了高清画质、虚拟现实、增强现实等受众体验。在电子竞技当中，观众的体验也从"二维平面"上升到"三维立体"层次。[②]

2. 大数据＋人工智能：促进体育传媒产业的价值实现

在大数据、人工智能与算法推荐的助力下，数据新闻逐渐出现在大众的视野中。通过对数据的挖掘、分析和可视化呈现，数据新闻被广泛地应用到新闻的生产之中。同样，在体育传媒行业，从体育大数据价值实现的角度出发，体育大数据产业链可分为体育数据采集、体育数据处理和体育数据应用三个环节（见图3）。体育大数据产业链各个环节层层递进，共同推进体育大数据的价值实现。

---

① 王俊辉.懂球帝APP体育新闻生产与传播探究［J］.新媒体研究，2020，6（12）：61-62.
② 姬宣行，孙佳，费郁红.5G趋势下体育信息传播方式变革研究［J］.南京体育学院学报，2020，19（11）：36-40.

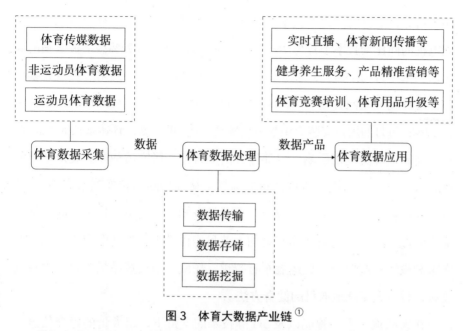

图3　体育大数据产业链①

数据来源：李桥兴、胡雨晴、吴俊芳《体育大数据产业体系结构的分析与优化》。

比如，《体坛周报》作为我国的权威性体育报纸，依托其专业性及权威性，体坛网在新媒体的大背景下应运而生。面对疫情的考验，体坛网依托其专业性，将体育赛事的数据分析搬到了线上，将国内外各项目的比赛时间、比赛状态以及数据分析等进行整合，以更加直观的方式呈献给受众，大大提高了解读体育赛事的精准度和专业性，吸引了大量受众。

（三）场景深耕，满足受众多样需求

当下，传媒的发展已然步入场景时代，新冠肺炎疫情带来了新的生产和生活场景。疫情期间，"宅家"成为人们普遍的生活方式，用户足不出户催热了新的传媒市场。②疫情期间，用户的新闻接触、社交、娱乐、教育、消费等行为全面向线上迁移。从数据消费的增长率来看，2020年1月和2月的平均消费同比增长率为16%，3月为18%，提升幅度很大。其中，按使

① 李桥兴，胡雨晴，吴俊芳.体育大数据产业体系结构的分析与优化 [J].体育科技，2020，41（1）：100-102+105.

② 刘涛，卜彦芳.受疫情影响 传媒经济的下一步走向 [J].中国广播，2020（4）：44-49.

用设备分，手机的同比增长率 1 月为 21%，2 月为 27%，3 月为 34%；互联网电视的同比增长率 1 月为 26%，2 月为 22%，3 月为 27%；平板电脑的同比增长率 1 月为 18%，2 月为 15%，3 月为 12%。[①] 用户使用时长也大幅增加，在移动互联网方面，用户平均每人每日使用时长为 6.92 小时，环比增长 14%；每月的用户安装应用数也创新高，达 50.95 款，环比增长 8.2%。[②]

受新冠肺炎疫情影响，户外体育活动暂停，居家运动成为民众主要的体育锻炼方式。而体育节目针对的场景也从赛场随之转换到了家中。《健身动起来》节目以带动全民健身、普及健身知识为定位，疫情期间增加了播出时段，还广泛邀请文体明星加入节目担任教练，带动电视机前的观众在家和教练一起健身。奥运冠军石智勇、杨威，演员黄品沅等在家中录制视频，教授大家就地取材的健身方法。

在大数据、人工智能以及 5G 等技术的支持下，超大量的媒介信息可被各种移动终端承载，由算法推荐的个性化内容可在具体的使用场景中被精准投放，从而为用户匹配其真正需要的信息。从用户的角度来看，跨平台、跨媒介、快分享成为其媒介使用行为的典型特征。[③] 体育传媒产业在未来必须不断完善媒介与受众等场景要素的精准对接，才能最大限度地改善媒体接触和消费体验，满足用户对场景化不断增长的需求。

三、2021 年：奥运年直面机遇与挑战

（一）机遇

1. 政府给予政策支持

为最大限度减少疫情对体育产业产生的负面影响，在国务院和国家

---

① 陈维宣，吴绪亮，呼丽梦，等. 宏观经济增长框架中的数据生产要素：历史、理论与展望 | 企鹅经济学［EB/OL］.（2020-08-17）. https://www.tisi.org/14625.

② 赵震. 春季数字用户行为分析 2020［EB/OL］.（2020-03-11）. https://www.analysys.cn/article/analysis/detail/20019683.

③ 杭敏. 传媒生态变革与创新的思考［J］. 传媒，2019（15）：22-24.

体育总局扶持政策的引导下，全国各地方政府依据当地经济条件和体育产业发展环境，制定了针对性较强的体育企业扶持政策。通过发放体育消费券、开展体育夜经济和24小时健身房等措施，为中小型体育企业提供软环境支持，持续刺激当地体育消费市场。

全国各地政府也对体育企业加大帮扶力度和政策支持，比如，青岛市为促进全民健身和体育消费出台相关实施意见，主要目标是着力打造体育产业发展平台支撑高地、政策引领高地、品牌隆起高地、人才聚集高地，实现全民健身普及化、体育消费时尚化、体育产业规模化，不断增强市民的获得感和幸福感。① 在深圳，伴随《深圳市人民政府办公厅印发关于加快体育产业创新发展若干措施的通知》《深圳市文化广电旅游体育局关于印发深圳市高端体育赛事资助操作规程的通知》等文件的发布，体育产业专项资金第一批高端体育赛事资助、高水平职业体育俱乐部资助奖励、体育企业贷款贴息资助和体育产业园区与基地奖励申请等快速推进。② 这在很大程度上促进了健康中国理念的推广，也为体育赛事的传播、体育产业的发展打下了良好的基础，这一系列措施也为体育传媒产业的恢复奠定了坚实的基础。

2. 各项赛事蓬勃开展

中国疫情防控和经济社会发展取得显著成就，新冠肺炎疫苗接种工作也在全国范围内陆续开展。很多原本应该在2020年举办的重大赛事都因为疫情推迟到了2021年，其中最重要的莫过于东京奥运会和欧洲足球锦标赛。推迟后的东京奥运会于2021年7月23日至8月8日举行，残奥会则在8月24日至9月5日举行，这一届奥运会成为现代奥林匹克运动会

---

① 潘立超.2021年1号文件来了！推动全民健身和体育产业高质量发展，青岛准备这么干［EB/OL］.（2021-01-19）.https://baijiahao.baidu.com/s?id=1689292315078027142&wfr=spider&for=pc.

② 深圳市文化广电旅游体育局.深圳市文化广电旅游体育局关于受理2021年深圳市体育产业专项资金第一批扶持项目的公告［EB/OL］.（2021-01-26）.http://wtl.sz.gov.cn/xxgk/qt/tzgg/content/post_8518594.html.

124 年历史上首届延期举行的奥运会。此外，一系列赛事也将在 2021 年陆续举办（见表 4），为体育传媒产业注入新的活力。

表 4　2021 年体育赛事年历

月份	赛事	日期
1 月	厦门马拉松	1 月 3 日
	达喀尔拉力赛	1 月 3 日—15 日
	WTA 巡回赛阿布扎比站	1 月 5 日—13 日
	斯诺克大师赛	1 月 10 日—17 日
	羽毛球 2020 世界巡回总决赛	1 月 27 日—31 日
2 月	足球世俱杯赛	2 月 1 日—11 日
	CBA 全明星赛	2 月 5 日—7 日
	澳网正赛	2 月 8 日—21 日
	男篮亚预赛	2 月 18 日—22 日
	中韩女足奥运资格赛两回合	2 月 19 日、24 日
3 月	短道速滑世锦赛	3 月 5 日—7 日
	2021 赛季中超开幕	3 月 11 日
	2021 赛季 F1 澳大利亚站	3 月 19 日—21 日
	女子冰壶世锦赛	3 月 20 日—28 日
	花滑世锦赛	3 月 22 日—28 日
	男足世预赛亚洲区 40 强赛	3 月 25 日、30 日
4 月	男子冰壶世锦赛	4 月 3 日—11 日
	斯诺克世锦赛	4 月 17 日—5 月 3 日
	跳水世界杯	4 月 18 日—23 日
	亚洲羽毛球锦标赛	4 月 27 日—5 月 2 日
5 月	印度羽毛球公开赛	5 月 11 日—16 日
	2021 年世界田联钻石联赛拉巴特站（揭幕战）	5 月 23 日
	欧足联欧洲联赛决赛	5 月 26 日
	欧洲冠军联赛决赛	5 月 29 日

月份	赛事	日期
6月	男足世预赛亚洲区40强赛	6月3日、8日
	2020年欧洲足球锦标赛	6月11日—7月11日
	世界女排联赛总决赛	6月23日—27日
	温网公开赛	6月28日—7月11日
	奥运男篮落选赛	6月29日—7月4日
7月	美国羽毛球公开赛	7月6日—11日
	俄罗斯羽毛球公开赛	7月20日—25日
	东京奥运会	7月23日—8月8日
8月	2021年男篮亚洲杯	8月16日—28日
	日本秋田羽毛球大师赛	8月17日—22日
	第31届大学生夏季运动会	8月18日—29日
	东京残奥会	8月24日—9月5日
	韩国羽毛球公开赛	8月31日—9月5日
	美国网球公开赛	待定
9月	第十四届全国运动会	9月15日—27日
	中国羽毛球公开赛	9月21日—26日
	日本羽毛球公开赛	9月28日—10月3日
10月	印尼羽毛球大师赛	10月5日—10日
	汤尤杯羽毛球赛	10月9日—17日
	世界体操锦标赛	10月17日—24日
	丹麦羽毛球公开赛	10月19日—24日
	第十一届残运会暨第八届特奥会	10月22日—29日

（续表）

月份	赛事	日期
11月	第三届亚洲青年运动会	11月20日—28日
	羽毛球世锦赛	11月29日—12月5日
	2021年WTA年终总决赛	待定
	2021年ATP世界巡回总决赛	待定
12月	2021赛季F1阿布扎比站（收官战）	12月3日—5日
	男女排世界杯	12月6日—19日
	短池游泳世锦赛	12月13日—18日
	2021年世界羽联巡回赛总决赛	12月15日—19日

资料来源：据公开资料整理。

体育赛事的蓬勃开展不仅使体育产业得以复苏，还鼓励体育赛事的球迷在短期内"报复性消费"，以弥补2020年没有比赛可看的空白期。因此，科学合理地规划体育赛事，将有助于竞技表演产业乃至体育产业在疫情后的恢复。一方面，中国的疫情正在逐步好转；另一方面，疫情仍在世界各地蔓延，举办许多大型国际体育赛事的不确定性仍在增加。可以预见，中国今后可能将承担更多国际体育赛事的举办工作。这些都会为我国体育传媒产业的发展带来利好消息。

3. 体育产业整体升级

疫情期间，体育赛事的内容虽然在减少，但其他体育内容的传播却显著增加，家庭健身、在线课程、短视频和体育赛事相关信息成为人们疫情期间居家隔离时关注的焦点。体育作为增进人们健康的重要手段，在满足人们对美好生活的向往、促进人们的全面发展方面发挥着重要作用。在某种程度上，新冠肺炎疫情加速了体育产业和健康产业整合的深度和广度。疫情的冲击使人们对健康、卫生和安全的要求迅速提高。这次疫情的暴发，使人们认识到了科学健身的重要性，促进了健身休闲运动、运动康复技术和医疗技术的发展，同时也促进了可穿戴技术、人工智能技术、区块链技术、远程医疗技术在体育健康领域的应用，推动了健康大数据平台的建设，加快了体育康复和医疗产业融合的步伐。体育公司将触角延伸到了社区健康管理，为群众提供了个性化的健康数据库，提高了体育信息化水平。此外，未来几年，体育旅游模式也将成为旅游产业新的价值追求。

疫情已经给传统线下体育产业带来冲击。为鼓励体育企业创新经营模式，国家体育总局积极探索网上体育供应服务模式，与传统体育消费有机结合，培育体育产业新形态，促进体育产业结构和消费的双重升级。在科技支撑方面，体育企业利用网络精准发力，以线下体育为基础，借助网络技术，通过"体育+"模式，实行"线上+线下"新业态消费模式，在体育训练、体育健身和体育用品产业等方面效果明显，进一步活跃了体育消费市场，消费者也培养了网上消费习惯，为我国体育产业的高质量发展提供了新思路。① 而这些体育产业的整体变革为体育传媒产业的线上转型和线上发展提供了新思路。

（二）挑战

体育产业的蓬勃发展对我国来说是机遇也是挑战。办好国际体育赛事、讲好中国体育故事，要求我国的体育传媒产业要一直在路上。

1. 国际环境不容乐观

目前，各国疫情走势不一，一些国家疫情严重反弹，新增确诊病例数继续在高位徘徊。印度疫情告急，新德里全城封锁。② 受疫情影响，原定2020年举办的东京奥运会推迟到2021年7月举行。但出于对新冠肺炎疫情蔓延的担忧，日本东京奥组委3月20日宣布，夏季的东京奥运会及残

---

① 张亮，焦英奇.后疫情时代体育产业发展的空间转向与价值重构——基于新冠肺炎疫情背景下体育产业发展的分析［J］.2020，41（3）：25-30.

② 刘曦.印度疫情告急 新德里全城封锁［EB/OL］.（2021-04-21）. http://www.xinhuanet. com/world/2021/04/21/c_1211119749.htm.

奥会将不接纳来自海外的观众，以防止可能出现的新冠肺炎疫情传播。[①]

2. 赛事亏损压力增大

全球各大体育赛事先后停摆，群众体育活动也按下了暂停键。数据显示，截至 2020 年 3 月底，计划在第一季度举办的 5584 场体育赛事中，有 3714 场赛事被取消，取消率为 67%，而计划在 2020 年举办的赛事为 49803 场。[②] 体育产业迎来了史无前例的"静默期"。

赛事的大量取消和推迟导致了前期对于赛事的投资缺乏相应的回报。以推迟一年的东京奥运会为例，东京奥组委曾预计，东京奥运会将为日本经济创造更多价值。截至 2019 年 6 月，东京奥运会从 62 家当地赞助商那里获得了超过 31 亿美元的赞助，预计花费也将超过 10 亿美元。政府旅游局称，东京奥运会将使外国游客数量从 2870 万人增加到 4000 万人（2017—2020 年）。然而，东京奥运会的延期举办将导致一系列巨大的损失。日本关西大学名誉教授宫本胜浩估算，如果东京奥运会和残奥会观众仅限于日本人且入场观众人数不得超过可容纳数量的一半，带来的经济损失可能超过 1.6 万亿日元（约合 956 亿元人民币）。[③]

除了奥运会之外，国际、国内的一系列重要体育联赛也未能如期举办，俱乐部承担了很大的经济压力。体育产业属于娱乐产业的一部分，其主要收入依靠举办赛事吸引粉丝，获得门票、餐饮、周边产品的利润等。联赛的停办不但影响了球迷与俱乐部之间的黏性，也导致体育产业经济上的亏损。在这样的亏损压力下，有多少俱乐部还能挺下来，也是未知之数，从我国今年的中超联赛面对的艰难局面中就可见一斑。

总体来看，2020 年新冠肺炎疫情的暴发，影响了我国体育产业的快速

---

① 新华网.海外观众被禁止入境日本观看东京奥运会和残奥会［EB/OL］.（2021-03-20）. http://www.xinhuanet.com/photo/2021/03/20/c_1127235816.htm.
② 胡俊英，于明智.后疫情时代体育产业发展的困境、机遇及对策研究［J］.辽宁体育科技，2020，42（6）：11-13+18.
③ 胡俊英，于明智.后疫情时代体育产业发展的困境、机遇及对策研究［J］.辽宁体育科技，2020，42（6）：11-13+18.

发展，也给体育传媒产业等多领域都带来较大的经济损失。与此同时，现实压力也推动了我国体育产业的转型，地方政府出台惠民政策加快了体育消费结构的转变，促进了体育与健康产业的有机结合，也提高了人们的健康意识，激活了体育消费市场。2021 年，随着国际、国内各项赛事的恢复举办，经历了风雨的体育传媒产业又将迎来恢复后的小高潮，更多的线上赛事报道方式也在持续更新中。我们有理由相信，2021 年的体育传媒产业将在压力下焕发新的生机。

VI 传媒规制篇

B.18
权责并重，疏堵结合——2020年网络生态治理政策回顾

董紫薇[①]

摘　要： 2020年新出台和施行的网络生态治理政策打造了总体性政策和专门性政策相互配合的政策体系。总体性政策提出了建立网络生态多元主体共治模式的全盘规划，在规范主体行为和保护主体权益两方面发力，以期在权责一致、权责匹配的基础上达到主体自律与他律相结合的共治效果。而专门性政策则聚焦网络直播营销、网络互动视频等六类内容领域，通过有针对性地制定促进性政策和限制性政策形成了引导和规制并重的政策运行机制。在这样一个"权责并重，疏堵结合"的政策环境下，流量造假、深度伪造、平台垄断、盗版抄袭、隐私侵权、内容注水、直播刷单、低俗媚俗等不正之风得到了强有力的遏制和整治，精品短剧、原创短视频、互动视频等好作品与新业态的发展也得到了大力支持与有序引导。今后，有关部门仍须加强立法与执法力度，紧密联合社会公众、行业组织、业内机构等多重力量，推动多元主体共治模式趋向完备和成熟。

关键词： 网络生态；治理政策；主体权责；内容监管

---

① 董紫薇，西南政法大学讲师，中国传媒大学博士，研究方向为传媒经济。

技术的进步是一把"双刃剑",人们在享受网络信息内容传播的高速率、便捷性的同时,也饱受网络侵权造成的伤害与困惑,创造和谐的网络生态、营造清朗的网络空间成为社会治理的新课题。在此背景下,2020年,有关部门加大政策监管力度,在新发布的网络生态治理相关政策中不仅明确规定了网络信息传播活动参与主体的权利与义务,还聚焦网络剧、网络综艺、直播、短视频、网络文学、互动视频等重要领域,分别提出了鼓励性与限制性政策。由此,一种"权责并重,疏堵结合"的政策框架逐渐建立起来,这是 2020 年网络生态治理工作取得的一大进步。

一、建立多元主体共治模式,行为规范与权益保护并重

(一)规定网络主体禁止性行为,整治流量造假、平台垄断等问题

从网络生态治理的全盘规划和战略布局来看,国家互联网信息办公室于 2019 年 12 月 15 日发布的《网络信息内容生态治理规定》(以下简称《治理规定》)将网络信息内容服务平台、网络信息内容生产者与使用者一同纳入治理主体,明确了多元主体的行为规范,提出了全主体参与、全流程监管、全环节覆盖的制度设计,构建起多元主体协同共治的模式,为提升网络信息内容治理效能和构建良好网络生态做出了重要探索。具体来说,《治理规定》针对内容信息生产者、平台和使用者三大管理相对人的行为提出了三项要求:其一,明确网络信息内容生产者禁止触碰的十条红线,包括损害国家荣誉、散布谣言、侮辱或诽谤他人等;其二,指出网络信息内容生产者应当防范和抵制的八类不良信息,包括"标题党"、炒作绯闻、软色情、血腥暴力信息等;其三,规定三大管理相对人的共同禁止性行为,对于网络暴力、人肉搜索、深度伪造、流量造假、操纵账号等禁止性行为不仅追责到实施该行为的网络用户,也要求知晓其行为而未采取措施的网络服务提供者承担连带责任。

《治理规定》于 2020 年 3 月 1 日正式施行以来，又有一系列相关政策陆续出台，配合整治行动，进一步将政策监管落实到位，在有效处理违法行为的同时，也突出强调了参与主体的责任意识。比如，在整治流量造假违法行为方面，2020 年 4 月 3 日出台的《广播电视行业统计管理规定》不仅对于收视率统计的管理对象范围、数据责任归属和统计方法做出界定，而且针对虚假收视率和收听率问题明确提出"所在单位的主要负责人承担第一责任"的追责到人原则，这一点与《治理规定》中将流量造假规定为三大管理相对人共同禁止性行为的条款相呼应，体现了将线上、线下视为一体化信息传播空间而进一步落实主体责任、强化担当意识的取向。又如，在整治操纵账号违法行为方面，2020 年 4 月初，国家互联网信息办公室下发《关于开展网络恶意营销账号专项整治行动的通知》，全面排查平台内网络账号恶意营销问题，截至 4 月底已清理相关文章 6126 篇，关停账号 18576 个。[①] 在此次行动中，各地网信部门对于问题严重、影响恶劣的网站平台、网站账号及相关责任人依法依规严肃处置，体现了压紧压实平台主体责任的决心和执行力。

网络平台不仅在网络信息传播活动中负有内容审查义务，而且在维护市场秩序方面也承担着重要的责任。针对平台滥用市场支配地位对竞争对手施加不公平限制、扰乱市场秩序等问题，国家市场监管总局于 2020 年 11 月 10 日发布《关于平台经济领域的反垄断指南（征求意见稿）》，首次从垄断协议、滥用市场支配地位和经营者集中等不同情形明确了相关市场的界定，为预防和制止互联网平台经济领域垄断行为提供了参考指南。总的来说，2020 年的网络生态治理政策明确了建立多元主体共治模式的重要目标，并以网络内容生产者、平台、使用者为三大管理对象，制定了明确的行为规范，在确立主体责任、建立追责机制、开展整治行动等方面推动着网络信息传播活动中各参与主体的责任与义务意识深入人心。

---

① 新京报.国家网信办整治网络恶意营销号 18576 个账号被关停［EB/OL］.（2020-04-24）. https://www.bjnews.com.cn/detail/158771387715684.html.

（二）保障网络主体合法权益，整治著作权侵权、隐私安全等问题

网络生态治理政策应当在规定主体责任和保护主体权益两方面同时发力，才能在权责一致、权责匹配的基础上达到主体自律与他律相结合的共治效果。在加强对网络内容生产者、创作者的版权保护方面，相关政策制定与施行的过程中形成了社会参与、行业自律、政府监管等多方力量共同推进版权保护的良好态势。在 2020 年 4 月 30 日《中华人民共和国著作权法（修正案草案）》开始征求意见的关键时间节点上，有关阅文集团管理团队调整、阅文作者合同大改等话题在微博、知乎等网络平台上逐渐发酵，并引发了一场关于网文平台与作者版权归属以及版权收入实现方式问题的大讨论。网文作者争取著作权保护、创作者反对作品无授权传播以及要求明确作品改编授权规则等诉求在《中华人民共和国著作权法（修正案草案）》多次征求意见的过程中汇聚成社会公众广泛建言献策的声势，最终于 2020 年 11 月 11 日发布的新修正后《中华人民共和国著作权法》中补充了对"作品数字化""同一作品二次开发"的权利说明，加大了对内容产品的网络传播以及网生内容的版权保护力度，这是公众参与政策制定过程的一次有益探索。

此外，行业自律对于扼制作品抄袭现象、唤起版权保护意识也具有重要作用。2020 年 12 月 21 日，以宋方金、汪海林为代表的 111 位编剧、导演、制片人、作家联合发布致媒体公开信，呼吁严厉打击和惩处有抄袭、剽窃等违法行为的编剧、导演，关于著作权保护的问题又一次回到人们的视野中。未来，随着《中华人民共和国民法典》对知识产权侵权性赔偿制度的普遍建立和相关知识产权专门法的陆续完善，在网络内容、广播影视等传媒领域甚嚣尘上的抄袭洗稿、无授权转载等不正之风有可能得到根本遏制，一个更尊重创作且能有效保护创作者权益的行业环境，无疑会使线上线下互联的传媒生态具有更为鲜活、蓬勃的生命力。

在加强对网络内容服务使用者的权益保护方面，2020 年政策制定的重点在于加强对网络用户隐私权的保护。当前，移动互联网应用程序（APP）已成为移动互联网信息服务生产的主要载体。2020 年，我国国内市场上监测到的 APP 数量达 345 万款，第三方应用商店在架应用分发总量达到了 16040 亿次。[①] APP 在为用户开展社交活动、获取信息和娱乐提供便利的同时，也成了传播暴力恐怖、淫秽色情及谣言等违法违规信息的温床，有的 APP 存在窃取隐私、恶意扣费、诱骗欺诈等损害用户合法权益的行为，许多 APP 通过自主设置的"隐私条款"过度收集个人信息且侵犯用户个人信息权，网络用户信息安全面临严重威胁。

为了遏制个人信息非法收集、滥用、泄露等乱象，最大限度地保障个人的合法权益和社会公共利益，全国信息安全标准化技术委员会于 2020 年 3 月发布了《信息安全技术个人信息安全规范》，制定了个人信息控制者在开展收集、存储、使用、共享、转让、公开披露、删除等个人信息处理活动时应遵循的原则和安全要求，明确规定了个人信息主体具有查询、更正、删除、撤回授权、注销账户、获取个人信息副本等权利。此外，国家互联网信息办公室、国家发展和改革委员会等 12 部门于 2020 年 4 月 27 日联合发布的《网络安全审查办法》中规定，关键信息基础设施运营者应通过采购文件、协议等要求产品和服务提供者配合网络安全审查，包括承诺不利用提供产品和服务的便利条件非法获取用户数据、非法控制和操纵用户设备等，这一规定体现了信息基础设施运营者对信息服务提供者的督促义务，为用户隐私安全提供了多重防护。

在个人信息安全立法取得突破的同时，全国各地网安部门在 2020 年也针对 APP 隐私侵权行为展开了大范围、多轮次的整治行动：2020 年 1 月，国家计算机病毒应急处理中心在"净网 2020"专项行动中公布了航旅纵

---

① 工信部运行监测协调局 . 2020 年互联网和相关服务业运行情况［EB/OL］.（2021-02-01）. https://www.miit.gov.cn/jgsj/yxj/xxfb/art/2021/art_12c3219068d34c0494df817942a29fe5.html.

横、搜狗搜索等 24 款存在涉嫌隐私不合规行为的移动应用名单[①]；2020 年第一季度，全国公安机关网安部门依法查处违法违规收集公民个人信息APP 服务单位 386 个，其中有 97 个 APP 被予以行政处罚，192 个 APP 被依法责令改正违法行为，51 个 APP 被下架、停运，有效保护了公民个人信息[②]；国家工业和信息化部于 2020 年 7 月发布《关于开展纵深推进 APP侵害用户权益专项整治行动的通知》，并在 11 月指导电信终端产业协会制定发布了《APP 用户权益保护测评规范》10 项标准以及《APP 收集个人信息最小必要评估规范》8 项标准，有效为用户隐私安全保护工作提供了依据和支撑。

总的来说，2020 年网络生态治理政策在保护网络生态主体合法权益方面着重加强了以创作者为主体的版权保护和以使用者为主体的隐私权保护。在未来，各种专门性法规的出台将推动网络生态中各种参与主体的权利、义务与责任边界逐渐明晰化，多元主体共治的网络生态治理模式正在逐渐形成。

二、发力六大内容领域，引导与规制双管齐下

从对网络信息内容的监管来看，不同的内容领域在生产流程、传播方式、商业模式等方面既有共性也有个性，针对各内容领域在现阶段面临的发展方向和存在的突出问题，有必要制定专门性政策予以引导和规制。2020 年政策重点关注的网络内容领域包括直播电商、互动视频等六大领域。

（一）网络剧治理：鼓励创作短剧，严控明星片酬

近年来，观众倍速播放观看影视剧成为追剧新时尚。观众主动控制内

---

① 魏蔚.国家计算机病毒应急处理中心曝光 24 款违法 App［EB/OL］.（2020-01-13）.https://www.bbtnews.com.cn/2020/0113/332129.shtml.

② 人民公安报.违法违规收集公民个人信息 192 个 APP 被责令改正［EB/OL］.（2020-05-16）.http://news.youth.cn/jsxw/202005/t20200516_12330718.htm.

容播出的速率以过滤掉那些不值得原速观看的剧集，反映出大量影视剧存在着相当严重的内容注水问题，长剧不以剧本质量见长，而是通过穿插大量回忆镜头、多机位反复播放慢镜头、注水台词来凑剧情、拉长集数，其结果是剧集质量普遍不高，存在许多无效信息迫使观众倍速播放。对此，推动影视剧"减量提质"成为政策引导的重点。

国家广播电视总局于 2020 年 2 月 6 日印发《关于进一步加强电视剧网络剧创作生产管理有关工作的通知》，在鼓励性政策方面提倡不超过 40 集、鼓励 30 集以内的短剧创作，在限制性政策方面强调要开展对"注水"问题的协同治理，重申演员片酬配置比例限制并要求制作机构将有关文件提交主管部门备案；随后，国家广播电视总局又于 2 月 14 日发布新通知，要求即日起新提交网络影视剧项目的规划备案必须提供新增材料"剧本承诺书"，这意味着网络影视剧项目必须完成剧本方可提交备案申请，该规定从延长剧本创作时间、保证剧本核心地位的角度来看，有助于推动网络剧的"提质减量"。今后，严控网络剧内容"注水"、演员"天价片酬"等问题仍然是政策规制的一大重点，为了引导整个行业回归创作、去粗取精，也需要进一步出台支持精品短剧创作、简化短剧发行流程的"绿灯"政策，引导与规制双管齐下，方能达到综合施策的良好效果。

（二）网络综艺治理：划定 94 条红线，扭转泛娱乐取向

作为精神产品的网络综艺具有真实性、互动性等特征，在输出价值观方面具有不可忽视的作用，因此，对于网络综艺中出现的扭曲价值观等现象必须及时予以遏制。近年来，网络综艺在价值引导上存在的突出问题表现在通过宣扬娱乐化、功利性取向来激发"虚假需求"进而谋求商业利益，忽视了对于主流价值观的宣传和引导。比如，一些网络偶像选秀节目摒弃专业性标准而以粉丝付费投票定输赢，向观众灌输了资本等于一切、实力让位于人气、炒作改变命运、花钱才是真爱等拜金享乐、急功近利的价值观；一些访谈类、吐槽类节目通过炮制冲突话题、使用低俗语

言"开撕"来刺激观众的猎奇欲和围观心理，形成了"敢撕就能红"的负面观念，在引发社会焦虑、激化群体对立情绪等方面也隐含着极大的舆论风险。

对此，网络综艺新政的监管重点在于通过严控内容审核环节来遏制"泛娱乐化"的不正之风。2020年2月21日，中国网络视听节目服务协会联合央视网、芒果TV、腾讯视频、优酷等视听网站制定的《网络综艺节目内容审核标准细则》（以下简称《细则》）正式发布，《细则》提出了94条具有较强实操性的标准，包括在出镜人员言行举止方面指出了发表拜金主义、享乐主义言论以及煽情做秀、为博出位相互攀比的问题，在节目制作包装方面指出了以流量艺人炒作话题、使用消音或哔音掩盖低俗语言等方式过度包装节目的问题，在制定分类节目细则时重点强调访谈类节目不得以讨论明星生活隐私或展示奢侈生活、子女天价教育等为话题，以及选秀节目不能宣传偏离主流价值观的人员、不能刻意引导网民花钱投票等。《细则》在抵制综艺节目泛娱乐化、低俗媚俗等不良取向方面加强了制度性监管，网络综艺以此为"准绳"，将能更好地发挥在价值引领方面的积极作用。

（三）网络文学治理：推动版权保护落地，建立内容审核机制

当前，网络文学领域"劣币驱逐良币"的现象十分严重，一方面是囿于作者文学素养不高、读者追求浅层感官刺激、网文商业化倾向明显等原因，使得大纲文、爽文等速食文体大行其道，宣扬淫秽色情、血腥暴力的不良作品屡禁不止；另一方面则是由于抄袭、模仿之作层出不穷，少数优秀的原创网络文学作品被淹没在大量高度同质化、类型化的读物中而导致其文学价值得不到彰显。凸显原创价值、激发创新动力的"治本之策"是加强版权保护，2020年新修正后的《中华人民共和国著作权法》的出台在一定程度上增强了原创网络文学作者的合法性基础，但是在实际应用过程中仍然存在着抄袭融梗成本低、作者维权成本高等问题，导致盗版文学难

以根除，在未来有必要通过提高侵权法定赔偿额上限、明确惩罚性赔偿原则、建立反抄袭基金等措施来进一步推动《中华人民共和国著作权法》的落地实施。

此外，较为宽松的内容审核环境也是抄袭作品、低俗文学得以广泛传播的重要原因。对此，应当将建立严格的内容审核机制作为治理网络文学类型化、同质化问题的"治标之策"予以推行。国家新闻出版署于 2020年 6 月 5 日印发的《关于进一步加强网络文学出版管理的通知》，对网络文学出版单位提出建立健全内容审核机制、实行网络文学创作者实名注册制度、加强对互动评论的动态管理等新要求，提升了对网络文学作品的审核与监管力度。今后，网络文学治理仍将坚持治标与治本相结合的原则，努力构建内容审核与版权保护并重的制度环境，着力解决内容低俗、同质化等问题。

（四）直播电商治理：刷单列入禁止性行为，平台应规范交易秩序

2020 年，直播带货的发展如火如荼，在网上边看直播边购物成为一种时髦的消费方式。但由于行业主体良莠不齐以及缺乏规范，这种新兴的电子商务营销模式在助益商家和主播双赢的同时，也引发了"云上"消费维权突出的问题。中国消费者协会发布的《2020 消费维权舆情状况分析报告》指出，直播带货假冒伪劣陷阱是消费舆情关注的主要问题，主播带货假燕窝事件、某网红主播带货假羊毛衫事件等成为舆论各方最关注的热点。[①]

针对网络平台责任落实不到位、经营者售卖假冒伪劣商品、网络主播虚假宣传等问题，有关部门纷纷重剑出击：中国广告协会于 2020 年 6 月24 日发布《网络直播营销行为规范》，明确禁止刷单炒信、虚假评价、篡改数据等流量造假行为以及发布虚假产品服务信息等欺骗和误导消费者的

---

① 详见中国消费者协会等《2020 消费维权舆情状况分析报告》。

行为；国家市场监督管理总局于 2020 年 11 月 5 日发布《关于加强网络直播营销活动监管的指导意见》，要求各级市场监管部门压实网络平台、商品经营者、网络直播者的法律责任，严格规范网络直播营销行为并依法查处网络直播营销违法行为；国家广播电视总局于 2020 年 11 月 23 日发布《关于加强网络秀场直播和电商直播管理的通知》，对直播平台提出了按期向主管部门报备审核员数量、对直播间内容实行标签分类管理、建立直播间业务评分档案等一系列新要求。这些直播治理新政策的出台与实施对于遏制低俗媚俗不良之风和抵制假冒伪劣产品宣传起到了积极作用，有助于推动直播电商产业的健康发展。

（五）短视频治理：重点打击侵权盗版，原创作品得到保护

短视频平台的兴起激发了网民创作各类内容作品的热情，但网民将无授权的视频"搬运"到短视频平台以及随意改编、剪切影视作品的做法已经构成版权侵权行为。12426 版权监测中心在 2019 年 1 月至 2020 年 10 月间累计监测到短视频领域的疑似侵权链接 1602.69 万条，短视频原创作者被侵权率高达 92.9%。① 如此严重的短视频盗版侵权现象早已引起了有关部门的注意，中国网络视听节目服务协会于 2019 年 1 月 9 日发布的《网络短视频内容审核标准细则》中明确规定不得未经授权自行剪切、改编各类视听作品；于 2019 年 11 月发布并于 2020 年 1 月开始施行的《网络音视频信息服务管理规定》中也强调了任何组织和个人都不得制作侵害他人隐私权、知识产权等合法权益的网络音视频信息内容。

此外，国家版权局早在 2018 年就将短视频盗版侵权行为列入"剑网"专项行动清单。"剑网 2020"专项行动期间，共删除侵权盗版链接 323.94 万条，关闭侵权盗版网站（APP）2884 个，整治行动取得一定成果。② 今后，随着短视频监管口径的收紧，不仅涉及他人肖像类、搬运类、二次剪

---

① 详见 12426 版权监测中心《2020 中国网络短视频版权监测报告》。
② 中国新闻网．"剑网 2020"专项行动关闭侵权盗版网站（APP）2884 个［EB/OL］．（2021-01-15）．http://www.chinanews.com/gn/2021/01-15/9388149.shtml.

辑类的短视频未经取得版权许可不允许发布，而且短视频平台在逐步落实主体责任、塑造自身内容优势的过程中，也会逐渐减少对图片轮播、心灵鸡汤、招揽式推荐、尬演小剧场等低质量短视频的推送，而将算法推荐资源向制作精良、质量较高的原创短视频倾斜，在诸多向好力量的推动下，短视频产业或将步入高质量创新发展的轨道。

（六）互动视频治理：统一技术标准发布，引领行业走向规范化

在过去较长一段时间内，我国头部互联网平台主导了对网络内容新业态进行概念界定、制定平台标准以及提出全新商业模式等一系列推动行业步入标准化、规范化轨道的工作，比如，爱奇艺于2014年首次提出了"网络大电影"的概念和标准，"短视频""微综艺"等概念伴随着抖音、快手、西瓜视频等短视频平台的兴起而逐步得到阐释。其实，新业态的涌现并非毫无规律可循，一种内容形态逐渐受到欢迎往往以用户使用行为变化为引线，而2020年我国用户观看视频行为的主要变化在于观看时长大幅提升、分享意愿明显增加以及用户互动量惊人——在某些互动设计环节较多的影视项目中，用户平均每25分钟会与视频互动47次[①]——这一现象说明以用户与视频交互为主线的"互动视频"或将成为下一个风口。

在引导新生的"互动视频"步入规范化轨道时，国家广播电视总局指导中央广播电视总台、芒果TV、爱奇艺、腾讯视频、优酷视频、互影等单位共同制定了互动视频行业的统一技术标准——《互联网互动视频数据格式规范》（以下简称《规范》）。《规范》历经两年打磨后，在互动视频从萌芽期向成长期过渡的"临界点"上适时发布，明确提出了互动视频的术语和定义、系统架构、组件分类与参数配置、数据格式以及数据组织格式等行业标准，对于引导互动视频产业的标准化、规范化发展具有重要意义。以此为先声，今后有关部门在制定产业促进政策时必将联合占据先行

---

① 中国网.互动视频行业技术标准发布，互影开启"互动视频+"的新探索［EB/OL］.（2020-10-16）.https://tech.chinadaily.com.cn/a/202010/16/WS5f893613a3101e7ce9729a13.html.

者优势的主流媒体、商业平台等业内机构，共同研判网络生态的变化趋势，预测新业态的发展机会，相关政策在引领新业态发展、制定行业标准、加强内容监管等方面将会体现出更强的预见性。

总体上看，2020 年网络生态治理政策在对多元主体行为进行规制以及聚焦重点内容领域制定专门性政策两方面取得了一定的成果。首先，《网络信息内容生态治理规定》这一总体规定在对多元主体的行为规制方面呈现出"权责并重"的特点，包括在强化主体责任意识方面提出了规范网络内容生产者行为的"十条红线""八个防范"以及面向三大管理人的共同禁止性行为，同时在对多元主体的权益保护方面强化了对内容创作者的著作权保护和对内容服务使用者的隐私权保护。其次，《网络直播营销行为规范》等一系列专门性政策在对重点内容领域的监管方面呈现出"疏堵结合"的特点，有关部门一方面出台了鼓励短剧制作、保护原创短视频和网络文学作品、引导互动视频合规化发展等一系列产业促进政策；另一方面也制定了包括网络综艺 94 条审核红线、重点网络影视剧备案新规、直播营销行为规范等在内的限制性政策，这种引导与规制双管齐下、治标与治本相结合的政策运行方式取得了较好的治理效果。未来，这样一个"权责并重，疏堵结合"的网络生态治理政策环境将会逐渐发展完善，在此过程中，社会公众、行业组织、业内机构等多元主体将会在辨明自身权利、责任与义务边界的基础上达成自我管束、相互监督的互利互助关系，社会各方也必将切实参与政策制定的过程，发挥群策群力的积极作用，由此推动多元主体共治的网络生态治理模式趋于完备和成熟，进而有效促进网络生态的和谐发展。

B.19
在规范和事实之间——2020年平台经济治理研究综述

杨勇 [①]

摘　要： 随着平台经济和平台企业对社会的影响范围越来越广，平台经济治理已经成为热点议题。回顾2020年的平台经济治理研究发现，过去一年，中国的平台经济治理研究主要聚焦于平台反垄断、平台经济规制、平台责任治理、平台算法治理、平台内容治理、平台数据治理等10个议题。同时，中国的平台经济治理研究也存在范式转变不足、缺乏系统性理论建构、实证研究不足等问题，需要进一步提升平台经济治理研究的系统性、理论性和适用性。

关键词： 平台经济；平台企业；平台治理

随着平台经济和平台企业对社会的影响范围越来越广，平台经济治理已经成为热点议题。国内学界围绕平台经济治理进行了多年的研究和探索。在过去的一年，平台经济治理研究的现状如何，主要聚焦哪些议题，又有哪些不足，对这些问题需要进行总结和反思。本文以"中国知

---

① 杨勇，郑州大学新闻与传播学院教师，传媒经济学博士，主要研究方向为传媒经济、媒体融合。本文得到河南省2020年博士后基金资助项目（资助编号：202003033）、郑州大学人文社会科学启动基金项目支持。

网"为检索数据库,以"平台经济治理"或"平台反垄断"或"平台治理"为检索主题,检索时间段设置为 2020 年,以《中文社会科学引文索引(CSSCI)来源期刊目录 2020—2020(含扩展版)》全库作为检索期刊来源,共计获得 119 篇相关文献。为了及时了解平台经济治理的最新研究动态,本文也将 2021 年最新发表的相关重要文献纳入考察范围。本文以这些文献为基础,考察国内平台经济治理研究的整体现状和趋势。

一、2020 年国内平台经济治理研究的整体现状和趋势

从发文数量上来看,国内学界围绕平台经济治理这一主题在 2020 年共计发表了 119 篇文章。实际上,检索结果显示,平台经济治理这一研究主题的相关文献在 2003 年仅有 2 篇,从 2003 年的 2 篇到 2020 年的 119 篇,文章数量增长反映了平台经济治理这一议题的重要性不断上升。从学科分布来看,2020 年有关平台经济治理的研究主要分布在新闻与传媒、经济法、贸易经济、企业经济、信息经济、行政学、民商法及国家行政管理等领域,上述 7 个领域占整体发表文献的 78% 以上。从作者分布来看,陈兵、肖红军、阳镇、杨东、汪旭辉、王勇、白让让、毛文娟等 8 位研究者发表数量位居前列,均在 2 篇及以上。从机构分布来看,清华大学、中国人民大学、上海交通大学、中国政法大学、南开大学、东北财经大学、复旦大学、中国社会科学院工业经济研究所等 8 家机构发文数量位居前列。从发表期刊来看,《法学》《中国工业经济》《南开管理评论》《中国行政管理》《经济研究》《中国法学》《科学学研究》等期刊发表平台经济治理的相关文献数量位居前列。

二、2020 年国内平台经济治理研究的主要议题

(一)平台反垄断

2021 年 4 月 10 日,国家市场监督管理总局公布处罚决定书,责令阿

里巴巴集团停止滥用市场支配地位行为，对其处以182.28亿元的罚款，并向该集团发出《行政指导书》，要求其全面整改。紧随其后，4月13日，国家市场监督管理总局会同中央网信办、国家税务总局召开互联网平台企业行政指导会，百度、腾讯、京东、滴滴等34家互联网平台企业代表到会。会议要求各平台企业要在1个月内全面自检自查，彻底整改，并向社会公开《依法合规经营承诺》，接受社会监督。伴随着平台经济的发展，平台企业强迫实施"二选一"、滥用市场支配地位、实施"掐尖并购"、实施"大数据杀熟"等垄断行为也引起了学者的关注。

针对平台经济发展给反垄断法带来的基础理论和规制体系挑战，需要遵循平台、数据、算法三元融合的规制原理，重构反垄断法体系。具体来说，需要构建市场支配地位和相对优势地位双层规制模式；跳出市场支配地位框架规制下的流量垄断；重构相关市场分析框架；以监管科技强化事前事中监管范式，弱化事后处罚机制。[①] 针对数字科技企业的纵向合并问题，需要通过精准识别纵向合并行为，适当调整经营者集中反垄断触发机制，加强对协调效应进行分析等，进一步更新数字企业纵向合并反垄断规制政策。[②] 针对数字经济中的隐私保护与支配地位滥用问题，现阶段我国应坚持以反竞争效果作为支配地位滥用的认定基础，在认定网络平台市场支配地位要素中，用户数量应当具有优先适用性；为提升消费者的隐私保护意识，促进企业围绕隐私保护度展开竞争，执法部门可以通过竞争倡导、培育隐私保护竞争文化。[③]

为了推动平台经济的健康发展，主张对超级平台施行"强监管、早监管、长监管"的规制模式，探索建立审慎、科学的"预防＋事中、事后＋持续"的规制逻辑。[④] 滥用平台管理权、限制交易与优待自营业务，互联

---

① 杨东.论反垄断法的重构：应对数字经济的挑战［J］.中国法学，2020（3）：206-222.
② 郭玉新.论数字科技企业纵向合并的反垄断法规制［J］.甘肃政法大学学报，2020（6）：53-64.
③ 韩伟.数字经济中的隐私保护与支配地位滥用［J］.中国社会科学院研究生院学报，2020（1）：37-45.
④ 陈兵.因应超级平台对反垄断法规制的挑战［J］.法学，2020（2）：103-128.

网平台垄断违法行为存在多种表现形式，不合理地实施并购或者内部整合、滥用数据和算法控制权、实施排除或者限制竞争的行为等是其典型代表。为了有效开展反垄断执法，需要确立综合性的务实策略，改革相关市场垄断的判定标准，建立阶段性的反垄断执法目标。针对互联网医药行业的垄断案件，在进行判定和反垄断执法过程中，需要正确区分市场机制与非市场机制、医药实体与互联网平台两类关系。[①] 也有研究显示，面对平台垄断难题，重构反垄断法、国家占有、价格管制、收益率管制对策是实现多元价值目标的必要措施。[②] 针对互联网平台最惠国条款规制问题，研究认为，首先，界定现行法律下该条款可能构成的垄断行为是其首要任务；其次，宜通过经济分析考察个案中的竞争效果；最后，须革新数字经济下的平台监管，在审慎原则下增强竞争政策的灵活性。[③]

（二）平台经济规制

平台经济存在机会主义与负外部性行为、垄断风险与恶意竞争威胁、信息失灵、委托代理及监管困难等问题，为了推动平台经济健康发展，需要建立激励相容的规则，调动协同治理的动力与优势，搞好机制设计与技术辅助，降低共治的交易成本，建立多元主体协同共治的框架。平台的双轮垄断有可能导致数据集中、产业集中、内容集中等问题，需要从竞争政策、数据安全、基础服务能力和特别监管机制等方面多方发力，进行有效治理。[④] 数字经济平台存在滥用其支配地位或相对优势地位的可能性，对此需要重构数字经济理论和规制体系，建立反不正当竞争、电子商务、反垄断等领域分层次的数字经济竞争法体系，重新界定相关市场的分析框

---

① 崔婷，李晨.反垄断法总则与双边市场理论的铆合适用——以互联网医药行业为例 [J]. 产经评论，2020，11（1）：5-16.

② 张泉.互联网经济"下半场"的垄断危机与管制对策——基于互联网寡头市场动态均衡模型 [J].贵州社会科学，2020（9）：138-146.

③ 谭景.互联网平台经济下最惠国条款的反垄断法规制 [J].上海财经大学学报，2020，22（2）：138-152.

④ 李勇坚，夏杰长.数字经济背景下超级平台双轮垄断的潜在风险与防范策略 [J].改革，2020（8）：58-67.

架，强化事前与事中监管措施，弱化事后监管行为，建构基于技术驱动的执法体系和司法体系。①

数字经济的双边市场特性给相关市场带来的理论与实践挑战使得传统的单边市场分析方法不再适用于数字经济的反垄断研究。有研究指出，推动数字经济反垄断规制变革，需要坚持反垄断经济价值标准统合与法律约束标准演化的方向，加速实现数字经济反垄断理论分析范式转型，科学确定数字经济反垄断规制目标，合理设定数字经济反垄断规制限度，推进数字经济反垄断规制模式融合创新，改革数字经济的监管方式，将监管重点转向对数字企业反竞争行为本身的认定上，坚持监管的市场化取向。对数字经济的监管，政府应坚持宽松、包容、审慎的监管基调，强化行业内的反垄断行为，监管跨行业的无序扩张，规范数据使用权的开放，推动监管过程市场化，建立更加公平和更加规范有序的市场竞争环境。②

（三）电商平台治理

目前，我国电商平台已经高度集中，电商平台"二选一"行为不仅损害着商家的多归属和消费者的选择权，也不利于平台的公平竞争。为维护市场的竞争性，让商户和消费者更好地受益于电商带来的便利，执法机关应当保证商户的多平台归属。

针对电商平台自治，有研究指出，平台自治体系是介于科层制和市场化的中间层法治体系，当平台自治不足或自治权行使不当时，司法应当介入，以调整失衡的法律关系，引导平台经济恢复健康发展。③立足平台主动治理视角，研究发现，商家规范机制和争议处理机制对强、弱投机行为

---

① 杨东.后疫情时代数字经济理论和规制体系的重构——以竞争法为核心［J］.人民论坛·学术前沿，2020（17）：48-57.

② 刘诚.数字经济监管的市场化取向分析［J］.中国特色社会主义研究，2020（Z1）：35-42.

③ 姚辉，阙梓冰.电商平台中的自治与法治——兼议平台治理中的司法态度［J］.求是学刊，2020，47（4）：90-102+2.

具有抑制作用；交易保障机制对弱投机行为具有促进作用。[1]针对我国跨境电商平台存在的诸如线上线下监管脱节、跨国境监管追溯难、不同跨境电商模式缺乏针对性规制方面的问题，有学者提出了以制度设计、规则执行与效果反馈为基础，技术支撑为主线，数据驱动为核心，虚拟与实体治理有效融合为目标的数字经济平台治理机制实现路径。[2]

（四）平台企业治理

周辉认为，政府与平台企业间的关系在平台治理关系中居于核心地位。目前，政府与平台企业之间的关系主要有三种类型：政府为管理主体、平台企业为管理对象的管理型关系；政府主导、平台企业参与的协助型关系；政府与平台企业共治的合作型关系。[3]毛文娟等学者基于视频平台哔哩哔哩的单案例研究发现，平台会员制是会员参与平台治理的基础，提出要以平台治理策略为前提，平台治理机制为渠道，擅用制度赋权方式。平台赋予会员监督权、举报权和评论权后，可以让会员参与平台治理机制。如此参与平台治理机制的会员才能够持续与平台协同，并进一步增强用户对平台的黏性。[4]汪旭辉等学者认为，由于平台企业的商业价值导向与社会责任导向发生冲突、新兴媒体与主流媒体地位难以协调、传统治理模式向多主体协同治理模式转型困难等问题，网络媒体平台治理面临着较为严峻的治理困境。为了解决上述难题，需要建立多主体协同治理、主体规制与行为规制并重、兼顾多重逻辑的现代治理体系。网络媒体平台作为平台型企业运营者、生态系统管理者和基础设施提供者，需要构建兼顾多重逻辑的企业自治机制、考虑用户差异的行政治理机制和立足网络生态

① 王仙雅，王称意，慕静.平台经济视域下的商家投机行为治理——基于平台主动治理视角 [J].商业经济与管理，2020（10）：17-28.
② 张顺，费威，佟烁.数字经济平台的有效治理机制——以跨境电商平台监管为例 [J].商业研究，2020（4）：49-55.
③ 周辉.网络平台治理的理想类型与善治——以政府与平台企业间关系为视角 [J].法学杂志，2020，41（9）：24-36.
④ 毛文娟，廖孙绅.会员参与平台治理对用户黏性的影响——基于BILIBILI的单案例研究 [J].管理案例研究与评论，2020，13（1）：71-85.

的市场治理机制，这三种机制与治理情境的协同匹配构成互联网平台型企业现代治理模式。[①]

亦有研究指出，网络餐饮平台治理义务包括内部治理体系建设、审核公示义务、监控报告与制止义务和争端解决义务四大类，其实现仰赖事前合规、事中监督、事后查处一整套法律机制。[②] 王节祥等学者剖析了跨边网络效应的衰减机制与治理策略。研究认为，为了有效应对知识付费平台跨边网络效应的衰减，需要构建包含知识管理和平台治理的综合性协同治理模式，知识管理的主要作用在于降低收益的减少，平台治理的主要作用在于减少成本的增加。在知识转化过程中，平台企业可分别采取"多中有精、散中有优、乱中有序、群中有首"的治理策略。[③] 蔡元臻等学者提出，我国应当坚持避风港规则在平台知识产权治理中的原有地位，建议对以云平台为代表的新型网络服务提供者在立法中加以明确，强化避风港规则的包容性。对于一般侵权行为，云平台可以采取相对缓和的"三振出局"结合合同责任的"分段式措施"；针对重复侵权、恶意侵权等情节严重的行为，则采取"釜底抽薪"式的制裁手段。[④]

（五）政务平台治理

智能化新兴平台的涌现，不仅使国家安全和主权面临新问题，也使公私关系和防卫国家权力的权利保障机制面临新的挑战。反观当前中国的平台治理体系，其理念、内容、工具、主体、目标、场域等方面都未能适应人工智能带来的新型挑战。[⑤] 对此，应当构建智能化的平台治理结构，传

---

① 汪旭晖，乌云，卢星彤.融媒体环境下互联网平台型企业现代治理模式研究［J］.财贸研究，2020，31（12）：72-84.

② 王红霞，李超.网络餐饮平台治理义务实现机制研究［J］.治理研究，2020，36（6）：120-128.

③ 王节祥，高金莎，盛亚，等.知识付费平台跨边网络效应衰减机制与治理［J］.中国工业经济，2020（6）：137-154.

④ 蔡元臻，白睿成.云计算服务平台适用避风港规则的局限性及其破解［J］.知识产权，2020（4）：42-52.

⑤ 梁正，余振，宋琦.人工智能应用背景下的平台治理：核心议题、转型挑战与体系构建［J］.经济社会体制比较，2020（3）：67-75.

统的假定公私界限分明的规制模式应该让位于公私合作、私人企业作为监管中介承担一定公共责任的治理模式，实现"敏捷适应、多元共治、场景驱动、技术赋能"的治理。

当前，基层政府数字治理尽管有着强大的治理效能，但依然面临治理理念不明确、治理体系不完善、治理机制不健全、基础设施不配套、公众参与程度低的现实困境。提升基层政府数字治理水平，不仅需要更新治理理念、改善治理方式、优化治理目标，也需要改善治理结构、优化治理路径。[①] 针对新冠肺炎疫情对地方公共卫生应急体系的挑战，刘家明和胡建华认为，地方政府应当创建公共卫生应急多边平台，积极推行平台型治理；作为地方公共卫生应急平台主办方的省级卫生健康委员会，应当履行相关职能，促进多边用户参与治理和监督，以提升公共卫生应急治理效能。[②]

（六）平台责任治理

平台作为独立主体，参与公共事务管理时，如何平衡私人利益和公共利益，如何判断违法内容并提高其处置能力，如何保障其程序的正当性，应当成为平台考虑的问题。此外，由于平台具有独特的双元属性，平台企业在治理目标、治理角色、治理过程等多维度发挥的作用均超越了传统的企业社会责任治理。[③] 应对这些问题，需要多元治理主体形成合力，在法律法规不断完善的前提下，调动各方的积极性，注重行业公约、用户监督、政府监管等各方力量的协同治理，推动互联网平台责任治理效能的有效实现；需要以激励机制设计和评价体系建立为基础，以数字化工具为保障，共同提升平台、卖方与买方参与治理意愿，提高合作治理效率。[④]

① 沈费伟, 叶温馨. 基层政府数字治理的运作逻辑、现实困境与优化策略——基于"农事通""社区通""龙游通"数字治理平台的考察 [J]. 管理学刊, 2020, 33（6）: 26-35.
② 刘家明, 胡建华. 多边平台创建与平台型治理: 地方公共卫生应急体系优化的对策 [J]. 中国矿业大学学报（社会科学版）, 2020, 22（2）: 75-87.
③ 阳镇, 尹西明, 陈劲. 新冠肺炎疫情背景下平台企业社会责任治理创新 [J]. 管理学报, 2020, 17（10）: 1423-1432.
④ 毛文娟, 陈月兰. 激励机制视角下平台社会责任治理的演化博弈分析 [J]. 商业研究, 2020（9）: 71-81.

平台价值共毁问题也引起了学者的重视。有学者认为，突破平台价值共毁，实现平台领导范式转变，平台领导需要由商业型平台领导向责任型平台领导转变，实现社会领导力和商业领导力的融合。为了应对平台价值共毁问题，肖红军构建了一个治理模式的"罗盘模型"，提出以尽责型自治实现平台价值共毁的基础治理，以督责型互治实现对平台价值共毁的焦点治理，以拓责型共治实现对平台价值共毁的高阶治理。[①]平台型企业社会责任治理存在多个理论视角，双边市场理论、商业生态圈理论、公共选择和公共治理理论等是其典型代表。理论视角不同，对治理对象、治理机制、治理主体的界定也不尽相同。整体来看，目前对平台型企业社会责任治理的影响效应研究主要聚焦于平台型企业个体、平台内双边用户和"平台—用户"耦合这三个层面。今后在深化平台型企业社会责任治理的研究中，不仅需要对其前置性底层理论进行探索，也需要对其前置性价值动因进行实证分析。[②]

（七）平台算法治理

平台算法共谋具有多种类型，信使类共谋、预测类共谋、轴辐类共谋、代理类共谋、自主类共谋等是其常见类型。针对平台算法共谋问题，研究指出，需要通过反垄断法对算法共谋进行规制。有学者提出，应当以算法实施者作为算法共谋的责任主体，反垄断执法机关可以通过采取有限公开算法、采用监管科技等具体措施，对算法共谋实施者施行合理的反垄断规制。此外，对算法共谋进行反垄断规制时应以"合理规则"为主、"本身违法原则"为辅，对不同类型的算法共谋进行规制时的侧重点有所不同。限制算法权力的滥用，需要通过自律与他律并举，打破算法权力黑箱，解决算法的透明性问题；通过法规与技术规范并行，规范算法利用伦

---

① 肖红军.责任型平台领导：平台价值共毁的结构性治理[J].中国工业经济，2020（7）：174-192.

② 肖红军，阳镇.平台型企业社会责任治理：理论分野与研究展望[J].西安交通大学学报（社会科学版），2020，40（1）：57-68.

理准则，解决算法的规范性问题；通过自治与他治策略并行，厘清算法案件的主体责任，解决算法的责任认定问题。[①] 针对算法合谋问题，研究认为，主动合谋是本身违法原则所严格禁止的，被动合谋则需要根据合理性原则审慎处理。[②] 算法歧视消费者的现象使算法技术偏离了工具理性，损害了消费者权益，扰乱了市场竞争秩序。为避免算法歧视消费者，需要从消费者、企业、行业协会、执法等多方面对算法进行多维规制。[③]

（八）平台内容治理

彭正银等学者建构了"UGC 平台—MCN 机构—头部用户"三方演化博弈模型，其中指出中介机构管理成本、惩罚成本和治理强度、流量损失和声誉损失等因素对内容治理主体的决策行为具有重要影响。根据演化模型，研究提出了有利于博弈主体向｛治理，管理，合规｝稳定点演化的建议措施。[④] 由于当前我国对垄断行为的治理过于依赖事后管控，无法有效应对数字内容平台版权集中的行为，对此，需要调整监管思路，促使反垄断法朝向竞争导向，以应对自然垄断效应以及事后监管工具的失灵。设定合理的经营者集中申报审查标准、引入版权控制人关键设施开放义务、扶持替代性公共选项等措施的实施，既能够以较低成本维持多个平台有限竞争的市场结构，也能够在兼顾版权集中规模效率的同时，重拾竞争益处。[⑤]

（九）平台数据治理

由于平台兼具企业属性和市场属性的双重冲突属性，平台自治和政府治理无法有效克服平台双重属性所具有的张力难题。有研究指出，平台治

---

① 段鹏.平台经济时代算法权力问题的治理路径探索［J］.东岳论丛，2020，41（5）：110-117+192.
② 戚聿东，蔡呈伟，张兴刚.数字平台智能算法的反竞争效应研究［J］.山东大学学报（哲学社会科学版），2021（2）：76-86.
③ 李丹.算法歧视消费者：行为机制、损益界定与协同规制［J］.上海财经大学学报，2021，23（2）：17-33.
④ 彭正银，徐沛雷，王永青.UGC 平台内容治理策略——中介机构参与下的三方博弈［J］.系统管理学报，2020，29（6）：1101-1112.
⑤ 王伟.数字内容平台版权集中的法律规制研究［J］.政治与法律，2020（10）：134-147.

理需要解决的是数据资源权益分配的实质问题。由于数据资源权益具有非独占性，因而只能在其使用权的合理分配上进行创新，也就是说，实现平台治理，需要建立基于网络公民权的数据资源权益的共享机制。[①]有研究者认为，针对获得数据垄断地位的优势平台企业有能力实施强制不兼容、不正当数字定价、市场挤出、减损隐私等问题，可以考虑在《中华人民共和国个人信息保护法》的制定过程中引入数据可携带权，破除优势平台的数据锁定。而域外数据可携带权"全有全无"的运行模式也存在一定的问题，则可以从平台规模和数据用途等方面进一步细化标定，有效应对大小平台之间不成比例的合规成本现象和"搭便车"现象，以实现数据利益与竞争活力之间的平衡。[②]亦有研究指出，网络平台数据治理需要推动治理观念变革、创新完善法律规则、夯实多主体共治基础、改进治理机制，驱动网络平台数据治理法治化和现代化转型。[③]

（十）平台综合治理

崔保国等学者认为，平台层正在上升为关键层级，在网络空间整体治理体系中，平台层治理处于政府化管理和去政府化管理之间的特殊地带。私营的平台公司正在成为新的社会权力中心，对此需要实施以权力制约为核心的数字社会契约平台治理原则，构建融合多边和多方精神的平台公共化治理机制，突破平台治理困境。[④]赵志云等学者提出了网络社交平台的治理问题。研究指出，网络社交平台存在易成为网络恐怖主义的工具和不良信息传播的温床、用户个人信息泄露问题严重、对国家意识形态安全建设提出新挑战等问题。实现网络社交平台治理的有法可依，需要完善相关的法律法规；加强网民、政府、网络社交平台等主体的协同治理；提高利

①　张兆曙，段君.网络平台的治理困境与数据使用权创新——走向基于网络公民权的数据权益共享机制［J］.浙江学刊，2020（6）：38-47.

②　袁昊.新兴权利视域下互联网平台数据垄断的法律规制［J］.西北民族大学学报（哲学社会科学版），2020（5）：81-91.

③　陈荣昌.网络平台数据治理的正当性、困境及路径［J］.宁夏社会科学，2021（1）：72-80.

④　崔保国，刘金河.论网络空间中的平台治理［J］.全球传媒学刊，2020，7（1）：86-101.

用技术手段识别并应对网络平台风险的水平；强化网络社交平台用户的自律意识。[①]

三、2020 年平台经济治理研究的不足

（一）平台经济治理范式转变不足

不同于传统的经济模式和企业类型，平台经济和平台企业具有许多新颖的特征，这些特征导致了完全不同于传统经济模式和企业类型的治理方式和路径。传统经济模式和企业类型的治理对象、治理主体、治理难度，其复杂程度远不及平台经济和平台企业。平台经济和平台企业的治理不仅涉及自身，还要面对双边或多边用户，是涉及多重主体的行为。平台经济和平台企业的治理还具有传导效应，平台本身治理的缺失会引起双边或多边主体治理的缺失，平台双边或多边主体任何一方治理的缺失都会导致彼此治理的缺失，并最终影响平台自身的治理。平台治理的传导性和关联性凸显了平台治理的复杂性。传统的治理内涵和治理模式不适用于平台经济和平台企业，亟须进行治理模式的创新。

（二）平台经济治理研究整体性不足，缺乏系统性理论建构

平台经济和平台企业作为新生事物，它的发展有自身独特的规律和特点。现有对平台经济治理的研究还处于零散的探索阶段，许多研究只是针对某一特殊现象展开，整体上缺乏对平台经济治理研究的系统性思考。对于平台经济和平台企业发展过程中涌现出来的各种治理问题，既没有探究其内在联系，缺少理论性提升、归纳和总结，也缺乏高度的理论概括和理论建构。

（三）平台经济治理的实证研究不足

现有平台经济治理的研究多采用文献分析法和个案研究法，对平台

---

① 赵志云，杜洪涛，张楠.大数据时代网络社交平台风险治理的国际政策比较与启示 [J].中国行政管理，2020（2）：129-134.

企业和平台经济发展过程中出现的议题进行梳理、归纳和总结。平台经济治理的复杂性和重要性要求研究者需要克服单一研究方法的不足，采用问卷、访谈和田野调查等多种实证研究方法，对平台经济治理的相关问题做深入分析，尤其是要采用定量和定性相结合的方法，对平台经济治理问题进行多维度、多角度的探索，关注平台经济治理的机制和实际效能。

结语

作为新兴事物，平台经济和平台企业的健康发展，离不开好的治理模式。面对新兴事物，作为研究者，既不能因循守旧，沿用传统的思维模式来探索平台治理，也不能因平台治理的复杂性而懒于探索、滞于创新。如何在现有研究的基础上，总结我国平台经济和平台企业的治理现状，系统探讨适合我国平台经济和平台企业的治理理论和治理机制，这才是研究者创新前行的方向。

附录
英文摘要及关键词

Abstract

Annual Report on the Development of China's Media Economy (2021) is edited by the Institute of Media Economics (IME) of the Communication University of China. Many experts from domestic academic circle, industry and government departments have made contributions to this book.

This book focuses on the research and analysis of the important issues of China's media economy development in many dimensions, actively explores the media economy phenomena in media content innovation, media market development, new industry forms of media, media regulation and other aspects, and excavates the annual hot topics, latest progress and innovation forms in 2020. This book also prospects and forecasts the further development trends of media economy in 2021.

The outbreak of COVID-19 epidemic in 2020 has brought certain negative effects to the development of China's media economy. With the advent of post COVID-19 epidemic era, the related fields affected by the epidemic began to recover gradually. In addition, the development of China's media economy has shown some obvious changes in the past year. First, under the logic of content production and operation, the media industry adhered to content innovation and created new content forms like "Variety Show in the Cloud" and "Slow Live-steaming", which contributed to realize the optimization and upgrading of the media industry. Second, under the logic of development and governance, the media industry focused on building new industry forms, new technologies and new economy engines, further took digital economy as the direction of transformation and development, and put forward the strategic development direction for the media industry from the aspects of digital transformation, technology empowerment and ecological construction, which contributed to form a stable media ecological system with full use of resources, reasonable structure and high efficiency. Third, under the logic of convergence, the practice of media convergence has stepped into a deep-water zone, and the application of 5G, cloud computing, AI, big data, block-chain and other intelligent media technologies has made contributions to the further development of media convergence. Fourth, under the logic of capacity optimization, media organizations have eliminated redundant departments, cut off backward production capacity and rebuilt development engines, which effectively promoted the reform of supply-side and the high-quality development of media economy.

Based on the main characteristics and industrial patterns of the media economy development under the background of Internet technology cluster grows, combined with the settings and realistic conditions of the media economy development as well as the transformation in the post COVID-19 epidemic era, this book consists of the following parts: General Report, Content Production, Media Market, Business Model, New Industry Forms of Media and Media Regulation, so as to carry out the research on China's media economy.

In the General Report section, this book summarizes the five new achievements and five new driving forces of the media economy development in 2020, strives to explore the essential characteristics and key influencing factors of the media economy, and predicts the three major trends of the media economy development in 2021.

In the Content Production section, this book profoundly discusses the content innovation trends in the related fields of media economy such as radio television, newspaper, online audio-visual field, digital music, digital reading, etc. Combined with certain content products, this section analyzes the new trends and prominent problems of content production, so as to provide strategic suggestions for content production innovation in the media industry.

In the Media Market section, we discuss about the development status, market structure, communication features and further evolution trends of traditional TV, Internet drama, Internet variety show, short video and other market areas, and observes the significant characteristics and development patterns of China's media economy from the changes of market structure.

In the Business Model section, this book analyzes hot topics such as the intelligent advertising marketing of Internet platforms, the advance of on-demand video model and live-streaming economy, interprets the new breakthroughs and new problems in areas of media business model innovation combined with specific practical cases, and discusses the future development trend in related fields.

In the New Industry Forms of Media section, on the one hand, this book interprets the new productive forces which generated by the application of smart technologies such as 5G, AI, cloud computing, big data and other intelligent technologies, as well as analyzes the corresponding production relations and economic organization forms; on the other hand, this book combs the new features, new models and new trends of new industry forms of media such as sports media industry, not only highlights the function of technology as an important engine of economic development to drive the continuous upgrading of media industry, but also points out the opportunities and challenges that the media industry would face in the future.

In the Media Regulation section, based on the perspective of superstructure adapting to the development of productive forces, this book made an inventory of the governance path in internet ecology and platform economy deeply at the macro institutional level, including the progress of proposing the collaborative planning of multi-participants co-governance mode, building a policy operation mechanism of both emphasis on power and responsibility as well as the combination of guidance and regulations, etc. It shows that a stable and efficient media institutional framework is becoming complete and mature.

Compared with other media industry reports, *Annual Report on the Development of China's Media Economy (2021)* mainly focuses on new characteristics and new features of media economy in the post COVID-19 epidemic era, the further development direction of media economy, and the transform trend between new productive forces and productive relations in the media field. This book takes the media economy as main research object, starts from the five driving forces which promote the development of the media economy, focuses on the topic of overall operation status, content production, market structure, business model, new industry forms and regulations of the media economy in 2020. It shows important theoretical and practical value for the follow-up academic research and practical innovation of the media economy.

Keywords: Media Economy; Media Market; Business Model; New Industry Forms of Media; Media Regulation

Ⅰ　General Report

B.1　A Review on the Development of China's Media Economy in 2020 and Prospects of 2021

Bu Yanfang, Liu Tao

Abstract: The sudden attack of COVID-19 has greatly affected the development of the media economy in the beginning of 2020. Subsequently, the media industry and China's economy create a new track of development together. China's media economy has also made many achievements: keeping innovation, so as to open up new forms of content and new model of industrial operation; trying to become stronger and better, as well as to realize the development of media economy and media governance; promoting media convergence into the deep stage; accelerating the supply-side reform and high-quality development of the media economy with the help of resource integration in the form of "Closure & Merger & Transfer". Besides, user, technology, business model, content and capital constitute the five new driving forces of China's media economy development in 2020. Looking forward to 2021, the media economy presents the following trends: stricter regulation will guide the standardized development of media economy, technological progress will enable the intelligent development of media economy and the containment of monopoly will promote the orderly development of media economy.

Keywords: Media Economy; Development Achievement; Driving Force; Development Trend

II Reports on Content Production

B.2 A Report on the Content Innovation of China's Radio and Television Media in 2020

Xu Jianhua, Ouyang Hongsheng

Abstract: The COVID-19 epidemic braked out in 2020 stimulated the upgrading of China's Radio and television media. Broadcasting and television media focused on the major themes like fighting against COVID-19, tackling with poverty and so on to promote the continuous innovation of various themes with the convergence of different means towards expression and communication. The achievement were mainly showed in the following points: The news report of important themes promoted the innovation of content products through the convergence of different expression methods, and further enhanced the guidance of public opinion through innovation; the news report in a panoramic view showed the great achievements of poverty alleviation and the unique practical experience of poverty alleviation in China, as well as the advantages of the socialist system and the people's firm confidence in the socialist system; the news report portrayed the Chinese image and spirit of forging ahead and constantly striving for self-improvement; the news report praised the heroes who fight against COVID-19 and highlighted the contribution and spirit of the youth; the news report kept broadening the subjects of Chinese traditional culture, which can present the beauty of China and help the cultural tourism industry return to work and production; the news report paid attention to people's livelihood, including showing the appearance of new era and presenting the warmth between people; the news report innovated the expression mode of ideological and political education programs, leading the healthy growth of young people with the progressive role models of new era.

Keywords: Radio & Television Media; Content Innovation; Poverty Alleviation; News Report of COVID-19 Epidemic

B.3 A Report on the Development Model and Innovation Path of Chinese Newspaper Industry in 2020

Tian Xiaoxue, Qi Yalin

Abstract: As a "gray rhino" event in 2020, the COVID-19 epidemic has changed the world and tested the content production at the aspects of technology application and business model of the newspaper industry to some extent. The traditional newspaper industry is facing with tremendous pressure of transformation and actively seeks new business model innovation. The circle model of newspaper groups' convergence and innovation is refreshing. Under the influence of new infrastructure, 5G, digital economy and the COVID-19 epidemic, the newspaper industry struggles to survive in the gap between opportunities and challenges. The newspaper industry of China actively explores various of innovation paths, embraces the community economy, data economy, long tail economy, and creates unlimited possibilities for further development.

Keywords: Newspaper Industry; Development Model; Innovation Path

B.4 A Report on the Content Innovation of China's Online Audio-visual Media in 2020

Chen Peng, Gong Yilin

Abstract: As one of the most innovative areas in cultural and entertainment, the online audio-visual industry created a new content production mode and business mode in course of fighting against COVID-19 epidemic during 2020. With the in-house economy and new technology like 5G, VR, AR stimulated the vitality of online audio-visual industry, the industrial form has tended to be mature, and the practice of media convergence has made new progress, as well as the online audio-visual products with good quality and reputation have been constantly emerging, which reminded media operators that the key to the prosperity and development of the online audio-visual industry lies in the sustainable content innovation ability. This report focuses on the content innovation and industrial development of the industries such as online drama, online film, online audio, online live-streaming and short video. Combining with specific content products innovation of online audio-visual media, this report analyzes the new changes, new dynamic, new trends and development issues of audio-visual media, and provides strategic suggestions for the development of online audio-visual industry in China.

Keywords: Online Audio-visual Media; Content Innovation; Online Drama; Short Video; Online Live-streaming

B.5 A Report on the Development of China's Digital Music Industry in 2020

Si Si

Abstract: To the digital music industry, the market is full of challenges as well as opportunities in 2020. Based on the national support policies for the digital music industry, the promulgation and amendment of *the Copyright Law of the People's Republic of China*, the growing scale of Internet users and the improvement of people's cultural consumption level, with the rapid development of digital technologies such as 5G, blockchain and digital audio technology, the development of China's digital music industry has achieved great external conditions, endogenous motivation and technical support at the policy, legal, technical, market and target audience areas. In 2020, the digital copyright environment was more purified, the digital music industry has been improved steadily, and hasn't declined due to the COVID-19 epidemic. The industrial structure has been optimized and adjusted, the industrial form and profit model has been innovated and developed. The digital music industry shows the characteristics of sharing, order, innovative and prosperous development. Based on industry data and market analysis, this report analyzes the development environment of the digital music industry, sorts out the market situation and industry characteristics of the past year, and forecast the future development trend of China's digital music industry.

Keywords: Digital Music Industry; Online Music Platform; Digital Music Copyright; Copyright Law

B.6 An Analysis on the Development of China's Digital Reading Industry in 2020

Zhang Jianyou

Abstract: In 2020, the external environment of China's digital reading industry improves integrally. The regulatory policies issued by the government ensures the orderly development of the industry. The "In-house Economy" promotes the continuous growth of the digital reading industry, as well as the technology empowers the diversified development of the digital reading industry. In this environment, the development of the digital reading industry presents the following characteristics: the continued growing of the market scale, the continued market entering of multi-party capital, the market space for derivative development of the industrial chain with Internet literature IP as the core is broad, and users are willing to pay for the high-quality audio-visual content. China's digital reading industry has good prospects for development, and its future development trends are as follows: The "paying & free" business model will help improve the digital reading industry ecology, and audio reading will usher in a period of high growth through big data analysis and in-depth operation and development, the industry will explore the perfect combination mode of commercial value-added effect and user reading behavior; oversea markets expansion and cultural globalization will be an important trend in the development of digital reading companies.

Keywords: Digital Reading; Nationwide Reading; User Experience; Audio Reading

Ⅲ Reports on Media Market

B.7 A Report on the Development Status and Innovation Trend of China's TV Market in 2020

Tang Jianan, Ao jia

Abstract: 2020 is a year of great commemorative significance for the China's TV market. The TV market, in which market share had been declining for years, has gained some room for development from the sudden outbreak of the COVID-19 epidemic. The screening of various TV programs has effectively eased social tensions and fully demonstrated the social function of traditional TV media. In addition, the viewing differentiation of different channel groups has further intensified, and the leading position of key channels has become more and more obvious. From the industrial dimension, the construction of media convergence, national broadcasting network and intelligent radio & television have all achieved certain progress in the past year, and the development of ultra-high-definition video technology and smart audio-visual fields have also made certain achievements.

Keywords: TV Market; Program Ratings; Media Convergence; TV Technology

B.8　A Report on the Market Structure and Innovative Development of China's Online Video Industry in 2020

Li Qiulin, Jia Ziyang

Abstract: This report mainly analyses the development trend of online video market in 2020 includes three aspects: the overall market environment, the development of market actors, and the forecasts of future trend, especially focuses on the review of the competition pattern among integrated video platforms. At present, the video industry is developing steadily, showing the steady growth in the number of users, the relatively stable competition landscape, the innovative development of content supply and the continuous strengthening of policy supervision. The commercial development of the integrated video platform has achieved certain results, and it has made continuous efforts in seeking platform business growth engine, promoting the development of content brand, exploring the upgrade of payment mode and continuously expanding overseas market. In the future, there will be deeper exploration in content cooperation between platforms. Platform business model will be much more mature with the improvement of the linking mechanism between the supply side and the demand side, and new entrants from the pan-consumption and pan-content fields will also bring about a new round of market integration in the process of market convergence and the competition among market actors, which will promote the new development of the online video industry.

Keywords: Online Video; Market Structure; Innovative Development; Further Prospects

B.9　A Report on the Development Trend and Future Prospects of the Short Video Industry in 2020

Xia Yangyu, Lu Zhaoxue

Abstract: 2020 is a year of an important milestone for the development of China's short video industry. The development of the short video industry in this year presents three distinct characteristics: First, the concentration of attention resources, which is manifested as a blowout growth in the scale of short video users as well as the development of the small-town and rural market at a macro level. Second, the expansion of the market has formed a monopolistic competition market structure from the perspective of the short video industry, while the profit model and the industrial chain are also continuously optimized. Third, the scene of communication is diversified and short video platform has carried out deep cultivation of diverse content at the micro level and continues to integrate with other fields.

Keywords: Short Video Platform; Attention Resources Centralization;

Market Expansion; Diverse Scenarios

B.10 An Analysis of the Convergence Trend towards the Communication Pattern of China's Online Drama in 2020

Chen Zhou, Liu Yueshang

Abstract: Under the dual influence of national macro-control policy and market environment, the trend of "scale reduction and quality improvement" in the drama market during 2020 is becoming more and more obvious, accompanied by the emergence of high-quality content. With the in-depth development of media convergence, the win-win cooperation between the video websites and TV stations has become increasingly extensive and diverse. TV stations and video websites continued to strengthen and innovate the cooperation mode of drama, in which context has "bilateral linkage and product collaboration" become the choice of both sides. This report focuses on the review of online drama aired in 2020, makes an in-depth explanation from three aspects including the distribution of themes, the innovation of content and the model of production and marketing.

Keywords: Bilateral Linkage; Scale Reduction and Quality Improvement; Internet Communication

B.11 An Analysis on the Communication Characteristics and Convergence Trend of the Variety Show in 2020

Luo Tao, Liu Xuan

Abstract: With the deep convergence of media been written into the

"14th Five-Year Plan" proposal, the practice of media convergence is further promoted, and profoundly affected the content communication trend and the market format of audio-visual programs. As for the aspect of variety show market, the cooperation between TV stations and video websites was constantly promoted, and the program innovation was promoted through the construction of multi-platform linkage. The high-quality variety shows have also made a breakthrough at the aspect of content innovation, as well as broken the wall in marketing and propaganda. This report focuses on the review of the variety shows aired in 2020 and explains the innovative content features of the variety show and new trends in program communication.

Keywords: Media Convergence; Variety Shows; Communication Trend

Ⅳ Reports on Business Model

B.12 A Research on the Intelligent Advertising Marketing of Internet Companies in 2020

Liu Jing

Abstract: Facing the fierce competition and great challenges in customer market and user market, Internet companies had accelerated the layout and application of artificial intelligence in 2020. Based on the financial annual reports or relevant media reports of six Internet companies, this paper analyzes their main business and advertising revenue, discusses the intelligent process of internet advertising and the application of intelligent terminal, and finally puts forward the fundamental contradiction of Internet companies in the application of artificial intelligence.

Keywords: Artificial Intelligence; Internet Companies; Intelligent Advertisement; Intelligent Terminal

B.13 Normalization of Advance of On-demand Video: Self-help from the Predicament of Video Platforms

Fang Han, Zhai Chunxiao

Abstract: With the help of the Internet, China's online video market has continued to grow after several years of development. At the same time, facing practical problems such as the gradually peaking in attention resources growth, the slightly weakness of profit model and the intensified competition among video platforms, the pressure among video platforms has also increased. Under such circumstances, Tencent Video and iQiyi successively tested the advance of on-demand video model in 2019, which caused controversy from all walks of life for a time and were even sued to court by users. By 2020, there had been more and more episodes broadcasting in this way. Mango TV and Youku have also tried this model. According to the report *Scanning of Advance of On-demand Video from January to August 2020* issued by the Supervision Center of SARFT, the number of episodes under this type in 2020 has increased significantly, and the number in the first eight months has reached a scale of sixty-six. The audience's doubts about advance of on-demand video has gradually reduced, and the content of the video platform has formed a situation of differentiated scheduling and multi-level payment.

This report starts from the perspective of platforms, and discusses the background, development process and impact of the advance of on-demand video combined with case analysis. This report also looks forward to the sustainable development prospect of this innovative revenue model, and puts forward some development suggestions, aiming at promoting virtuous circle of video content production in China.

Keywords: Advance of On-demand Video; Video Platform; Content Payment; Profit Model

B.14 A Report on the Development and Innovation of China's Live-streaming Economy During 2020—2021

Zhou Enze

Abstract: China's live-streaming economy has made a huge step in 2020, including the rapid growth of the market and user size, the deeply cultivation of segmented programs, the emergency of e-commerce live-streaming programs and the stricter regulation followed up, which has given it a higher position as third place in the user scale ranking of all kinds of online audio-visual industries, second only to the short video industry and the long video industry. While the market scale is growing rapidly, live-streaming economy continues to empower platform operations, industrial development and media transformation and served as pillar of economic and social development. All in all, live-streaming industry will integrate more resources such as technology, capital and attention to open up a promising prospect of content production in the future.

Keywords: Emerging Media Business; Live-streaming Economy; Innovative Development

V Reports on New Industry Forms of Media

B.15 A study on the Influence of AI Technology on News Communication Productivity and Production Relations

Bu Yanfang, Dong Ziwei, Tang Jianan

Abstract: At present, technology clusters such as artificial intelligence, big data, 5G and cloud computing are leading China's media ecology into a period of rapid change. In 2017, *the New Generation of Artificial Intelligence Development Plan* issued by the State Council has promoted artificial intelligence to the national strategic height and become the technical cornerstone of building a powerful scientific and technological country in the new era. 5G entered the commercial stage in 2019 and *the Guidance on Accelerating the Development of Media Deep Integration* issued by the General Office of the CPC Central Committee and General Office of the State Council in 2020, will speed up and expand the innovation of intelligent applications. China's media industry has reached the critical point of the "era of intelligent media", and the practice of media convergence will be comprehensively promoted in depth. Change implies deconstruction and promotes reconstruction. Under the background of powerful national strategy, Chinese media has experienced many years of digital transformation and network construction, and profound changes have taken place in the production organization mode, production relationship form and communication supervision mode of news communication. Artificial intelligence has gradually penetrated into all aspects of news gathering, editing and communication, which has irresistibly promoted the productivity and production relations of news communication, and promoted the innovation of public opinion ecology, media business mode and communication mode.

Keywords: Artificial Intelligence Technology; News Communication; Productivity; Relations of Production

B.16 A Report on the Progress of Media's Adoption and Use of New Technologies in 2020

Wang Wenjie, Ma Daifei

Abstract: In January 2020, the prevention and control of COVID-19 epidemic has kept people staying at home, which has accelerated a rapid growth of online users. With the evolution environment of the media industry getting more complicated, new opportunities accompanied by new challenges has emerged. Technology with 5g + AI as the core and modern information technology like 4K/8K+VR/AR emerged in 2019 has been fully developed and applied in 2020, and the strategic pattern of "5G+4K/8K+AI" has taken initial shape. Besides, The innovation of content and the structural reform of the supply side have given birth to many new landscapes of the media industry in the process of the convergence between TV stations and websites. This report focuses on two aspects: one is the practice of media adoption and use of new technologies under the background of COVID-19 epidemic spreading, the other is the achievements of converged media in technology application and content innovation under the background of post COVID-19 epidemic era.

Keywords: 5G; Artificial Intelligence; 4K/8K; AR/VR Technology; Media Convergence

B.17　A Report on Changes and Breakthroughs of China's Sports Media Industry in 2020

Wang Yu, Shen Xiaoyu, Jiang Han, Yun Ke

Abstract: The outbreak of COVID-19 epidemic in 2020 has caused a huge blow to the sports industry, and the sports media industry was also faced with the difficult situation of the suspension of sports events, the sharp decline in the number of audience and the absent of reportable events for the sports media. Faced with the dilemma caused by the epidemic, China's sports media responded and adapted in a timely manner. This report focuses on the difficulties confronted by China's sports media industry in 2020, illustrates how sports media strived to get rid of the difficulties and found new opportunities for development with specific cases. On this basis, this report analyzes and forecasts what opportunities and challenges will China's sports media industry meat in 2021, so as to provide new ways of thinking for the development of China's sports media industry.

Keywords: Sports Media Industry; Sports Event Communication; COVID-19 Epidemic; Scene-based Communication

VI　Reports on Media Regulation

B.18　A Review of Governance Policy towards Network Ecology in 2020: Rights, Obligations, Guidance and Restrictions

Dong Ziwei

Abstract: In 2020, the new governance policy towards network ecology has created a policy system in which the overall policy and the specific policy cooperate with each other. The overall policy puts forward the overall planning of establishing the multi-agent co-governance model of network ecology, which makes efforts in regulating the behavior of the main body and protecting the rights and interests of the main body, in order to achieve the co-governance effect, which is highly depends on the consistence of rights and responsibilities and the combination of self-discipline and heteronomy. The specific policies focus on six content areas, including online live broadcast and online interactive video. Through targeted formulation of promotional and restrictive policies, a policy operation mechanism with emphasis on guidance and regulation is formed. In such a policy environment which emphasis rights, obligations, guidance and restrictions, the unhealthy tendencies which related to the fabrication of user size, the monopoly of platform or the behavior of piracy and plagiarism has been strongly curbed and rectified. The behavior of privacy infringement, the production of overlong drama and the spread of vulgar content has also been curbed. New trends such as the emergence of interactive video have also been strongly supported and orderly guided. In the future, it is necessary for the relevant departments to strengthen the legislation and law enforcement, and closely unite with the public, industry associations, media institutions and other multiple forces, so as to promote the multi-agent co-governance model to be complete and mature.

Keywords: Network Ecology; Governance Policy; Rights and Duties; Content Supervision

B.19　A Review of the Research on the Governance of Platform Economy in 2020: A Balance between Norms and Facts

Yang Yong

Abstract: With the platform economy and platform enterprises' influence on the society become wider and wider, the governance of platform economy has become a hot topic. Reviewing the research on the governance of platform economy in 2020, it is found that China's research on the governance of platform economy mainly focused on 10 topics in the past year, including the opposition to platform monopoly, the regulation of platform economy, the governance of content on the platform, the governance of algorithms used by the platform, the governance to the responsibility of platform, the governance to the data of platform, etc. However, problems such as the lack of paradigm transformation, the lack of systematic theoretical construction, the lack of empirical research and so on exists in the research on the governance of platform economy in China, it is necessary to further improve the systematicness, theorization and applicability of the research in related fields.

Keywords: Platform Economy; Platform Enterprises; Platform Governance

图书在版编目（CIP）数据

中国传媒经济发展报告. 2021 / 卜彦芳主编. —北京：中国国际广播出版社，
2021.8

ISBN 978-7-5078-4968-4

Ⅰ.① 中… Ⅱ.① 卜… Ⅲ.① 传播媒介－经济发展－研究报告－中国－
2021 Ⅳ.① G206.2

中国版本图书馆CIP数据核字（2021）第157226号

中国传媒经济发展报告（2021）

主　　编	卜彦芳	
执行主编	漆亚林　司　思	
责任编辑	尹春雪	
校　　对	张　娜	
版式设计	邢秀娟	
封面设计	赵冰波	

出版发行	中国国际广播出版社有限公司 ［010-89508207（传真）］
社　　址	北京市丰台区榴乡路88号石榴中心2号楼1701
	邮编：100079
印　　刷	环球东方（北京）印务有限公司

开　　本	710×1000　1/16
字　　数	340千字
印　　张	23.75
版　　次	2021 年 0 月　北京第一版
印　　次	2021 年 8 月　第一次印刷
定　　价	128.00 元